SWAHILI

A COMPLETE COURSE FOR BEGINNERS

written by

Khalfan Mohamed and Abdulwahid Mazrui

edited by

Christopher A. Warnasch and Agnes C. Kimokoti

LIVING LANGUAGE®

Published in the United States by Living Language, an imprint of Random House, Inc.

www.livinglanguage.com

Editor: Christopher A. Warnasch
Production Editor: Lisbeth Dyer
Production Manager: Thomas Marshall
Interior Design: Sophie Ye Chin

First Edition

ISBN: 978-1-4000-2346-2

Library of Congress Cataloging-in-Publication Data available upon request.

This book is available at special discounts for bulk purchases for sales promotions or premiums. Special editions, including personalized covers, excerpts of existing books, and corporate imprints, can be created in large quantities for special needs. For more information, write to Special Markets/Premium Sales, 1745 Broadway, MD 6-2, New York, New York 10019 or e-mail *specialmarkets@randomhouse.com*.

PRINTED IN THE UNITED STATES OF AMERICA

10 9 8 7 6 5 4

ACKNOWLEDGMENTS

Thanks to the Living Language team: Tom Russell, Nicole Benhabib, Christopher Warnasch, Zviezdana Verzich, Suzanne McQuade, Shaina Malkin, Elham Shabahat, Sophie Chin, Denise De Gennaro, Linda Schmidt, Alison Skrabek, Lisbeth Dyer, and Tom Marshall.

DEDICATION

To
Fatma, Hanan, Haifa, and Ahmed
And to
Hafsa, Ammar, Arkam, and Adeela

Course Outline

VOCABULARY	GRAMMAR

VOCABULARY	GRAMMAR
	Kuwa Na/"to Have" with *M-Mi* Nouns
	Possessive *–a* with *M-Mi* Nouns

Introduction

Swahili, or more properly Kiswahili, is a member of the Bantu language family, a large family of languages spoken throughout a vast section of sub-Saharan Africa. It's related to such languages as Zulu and Xhosa in South Africa; Sotho in Lesotho; Kongo in Angola, the Democratic Republic of the Congo, and the Republic of the Congo; and Fang in Gabon, Equitorial Guinea, and Cameroon. Swahili is a national language of both Tanzania and Kenya, but it's spoken by millions more throughout the region, in Uganda, Burundi, Somalia, Mozambique, South Africa, and beyond. For anyone interested in Bantu languages for personal enrichment, traveling, or doing business in East Africa, Swahili is an excellent choice.

This course is designed to provide you with an easy and practical introduction to the language. It will help you learn the basics of Swahili vocabulary, structure, and conversation, so that you'll be able to take part in everyday conversations, find your way around, and make yourself understood in a range of situations in Swahili. Of course learning a language is not a simple thing; it takes time, patience, and commitment, but it can be a lot of fun and very rewarding. This program doesn't assume that you have any knowledge of Swahili, or that you're a whiz with grammatical concepts. Everything is explained in plain English, grammatical concepts are put in simple language, and there are plenty of examples to help you understand each point as you progress through the course. You'll probably find that with this course, Swahili comes to you far more painlessly than you would have imagined! But before you begin, take a moment to read the "How to Use This Course" section, so that you can get the most out of *Living Language Swahili.*

HOW TO USE THIS COURSE

This beginner-level course is designed to use both audio and visual instruction to help you master the basics of Swahili. No previous knowledge of Swahili at all is assumed.

Following this introduction, you'll find a section that teaches you everything you need to know about Swahili spelling and pronunciation. Use it in conjunction with the audio to become fully acquainted with the sounds of Swahili. Imitate the native speakers that you hear, but don't be worried if you don't sound quite native yourself. After all, you're not. Good pronunciation will come in time. Just use the pronunciation section enough to familiarize yourself with the sounds and spelling of Swahili. Then you can begin the 15 lessons, each of which is dedicated to a particular topic and to a number of structural points.

As a general piece of advice, fight the urge to skip ahead or rush over any part of this course. It's designed in a careful sequence, and each section represents a building block that adds to everything before it, while at the same time preparing you for everything that comes after it. Always move ahead at your own pace; if you don't understand something, or if you don't feel quite comfortable with some point, simply go over it again. That's the best way to make sure your learning experience is painless and effective.

Each lesson of this course contains the following sections:

Vocabulary Warm-Up

The vocabulary warm-up kicks off the lesson with key words you'll hear in the dialogue. Many will be related to the topic of the lesson; some will be related to the grammar you'll be learning in that particular lesson.

Dialogue

The dialogue in each lesson serves the double purpose of allowing you to read and hear natural Swahili at work and introducing you to Swahili culture. Read these dialogues carefully; they'll contain the grammar and key phrases that you will be learning later in the lesson. Don't be afraid to read them several times, and listen to them on the recordings a few times, as well. Always go at your own pace, and stick with a section until you're comfortable with it.

Vocabulary

The vocabulary list contains new words from the dialogue as well as other words related to the overall topic of the lesson. You can refer to this list while reading through the dialogue, but of course the translation of the dialogue is provided as well. Use the vocabulary lists as a chance to build a good foundation for your Swahili vocabulary, one topic at a time. Experiment with different methods of learning vocabulary—spoken or written repetition, flashcards, practice sentences, Web searches . . . Be creative, and find what works for you.

Key Phrases

The key phrases section contains more practical words or phrases related to the lesson topic. Don't worry if you don't grasp the grammar behind each phrase right away. Treat the phrases as extended vocabulary lists; the grammar will be filled in as you progress, and the idiomatic and practical expressions you learn in the key phrases will come in handy.

Culture Notes

Each lesson contains two culture notes. These notes are intended to give you a window on Swahili culture. These notes cover topics such as food, clothing, manners, and etiquette, and they also offer practical advice for anyone traveling to the Swahili speaking region.

Grammar

Each lesson contains a number of notes on particular aspects of Swahili grammar. These notes are introduced in a careful sequence, so that they build on one another, and they explain the key structures you encounter in the lesson, particularly the dialogue. Each point is explained in plain and simple language, and there are plenty of examples to help you understand. Grammar can be tricky for many beginning language learners, especially with a language that looks and sounds so different from English. But take your time on the grammar notes. Grammar is the nuts-and-bolts of any language learning; without it, you wouldn't know how to put words together!

Exercises

The exercises in each lesson will give you more opportunities to practice the grammar and vocabulary you've learned in each lesson. Each lesson includes an answer key at the end, so you can check your progress.

Independent Challenge

The most important part of learning a language is practice. These challenge activities are designed to give you ideas for finding contexts in your life where you can practice your Swahili. They're meant as a guide; if you feel inspired to create your own independent challenge activities, go right ahead. The more contact you have with a language, the better you'll learn it. And don't forget about the internet. Language learners have an incredible tool at their disposal—they can find newspapers, blogs, online references, travel and tourism sites, and much, much more, all of which can be used to add depth and color to language lessons.

Audio

The audio portion of this course is divided into two sets: Set A and Set B.

Set A includes the dialogue, vocabulary, key phrases, and several grammar examples from each lesson. This part of the audio course should be used along with the book, following the order of each lesson, to allow you to hear the words on the page in spoken Swahili. A good approach is to read each section first without the audio so that you're prepared to get the most out of the audio when you do listen to it. Then, take it step-by-step and listen to each section at a time, always allowing yourself the time and repetition that you need.

Helpful Hint: Once you've listened to the dialogue several times while reading along in the book, try listening to it without the help of the book. This will help tune your ear to Swahili, and it will make understanding the spoken language easier down the line.

Set B is intended to be used on the go to supplement your studies. It contains the dialogue from each lesson, broken down into easily digestible sentences. You'll hear pauses after each line of dialogue; use the pause to repeat the line and practice your pronunciation. Set B also includes several audio-only exercises that do not appear in the book but are based on exactly the same grammar points. A good way to make use of Set B is to listen to it following each lesson, once you've comfortably finished reading the text and listening to the Set A audio. Use Set B wherever it's convenient for you—in the car, on the train, at the gym, while you do dishes, in the garden . . . It's up to you. You can also use Set B as a review of lessons you've long since completed to keep you on your toes!

Glossary

At the end of this book you'll find a Swahili–English / English–Swahili glossary. It includes all of the words from the vocabulary lists, plus any important vocabulary that's taught in the grammar notes. It also includes a wide range of common and practical words that may not come up in the context of this course. It's not meant as a complete dictionary, but it certainly includes enough to be a valuable reference tool for the beginning student of Swahili.

As you use this course, keep this in mind: Language learning is a gradual process; it won't happen overnight. Still, with repeated exposure and practice, you'll find yourself becoming a better and better Swahili speaker each time you pick up this course. But languages aren't just used in books; they're used by people. So, if you can, seek out speakers of Swahili where you live or on the internet. That way, you can practice the language and discover new people while you do.

Kila la heri! Best of luck!

Swahili Spelling and Pronunciation

Swahili spelling and pronunciation are probably easier than you think. Swahili uses the same alphabet as English, and pronunciation of each letter is very similar to English, for the most part. Best of all, Swahili is phonetic, so what you see is what you say. Of course, Swahili sounds are not exactly identical to English sounds, so let's look at each letter and focus on its pronunciation, along with a few examples.

VOWELS:

Letter	Approximate Sound	Examples
a	Like the *a* in *father*	**baba, kama**
e	Like the *e* in *bet*	**yeye, pete**
i	Like the *ee* in *see,* but crisp. Don't glide into a *y* sound at the end.	**kiti, viti**
o	Like the *o* in *go,* but clipped. Don't glide into an *oo* or a *w* sound. Keep the *o* pure and crisp.	**moto, soko**
u	Like the *oo* in *mood*	**huru, nusu**

Be careful not to reduce vowels as in English. Swahili words are almost always stressed on the second-to-last syllable, but even in unstressed syllables, vowels retain their full pronunciation. Double vowels are pronounced separately, as two distinct syllables. So if a word ends in two vowels, the stress will fall on the first vowel:

makaa, wazee, hii, koo, kuu, nafuu, kuuliza

In combinations of two or three different vowels, each vowel is pronounced separately, as its own syllable:

kutia, abiria, chai, kuenda, zambarau, kuondoa, eusi, palilia, maendeleo, kuzoea, kuzuia

CONSONANTS:

Letter	Approximate Sound	Examples
b	Like the *b* in *bake*	**baba, basi**
d	Like the *d* in *day*	**dada, deni**
f	Like the *f* in *far*	**fisi, feni**
g	Like the *g* in *go*	**gani, gogo**
h	Like the *h* in *hat*	**hizi, hivi**
j	Like the *j* in *jar* (but with the tongue held more tightly against the roof of the mouth)	**jana, juzi**
k	Like the *k* in *keep*	**kesho, kijiko**
l	Like the *l* in *lion*	**leo, lake**
m	Like the *m* in *moon*	**moja, mama**
n	Like the *n* in *not*	**neno, nani**
p	Like the *p* in *pull*	**paka, pwani**
r	Like the *r* in *rake,* but slightly rolled	**rangi, robo**
s	Like the *s* in *same*	**sisi, saba**
t	Like the *t* in *top*	**tano, tembo**
v	Like the *v* in *very*	**vipi, vazi**
w	Like the *w* in *we*	**wale, wewe**
y	Like the *y* in *yes*	**yule, yai**
z	Like the *z* in *zoo*	**zawadi, zaidi**

CONSONANT COMBINATIONS:

Letter	Approximate Sound	Examples
ch	Like the *ch* in *choice*	**chakula, chumba**
dh	Like the *th* in *either*	**fedha, aidha**
gh	Similar to French *r*	**ghali, ghorofa**
kh	Like the German *ch* in *Bach*	**Alkhamisi, Khadija**
sh	Like the *sh* in *ship*	**shuka, shauri**
th	Like the *th* in *think*	**thelathini, theluji**

THE CONSONANT *M*

Many Swahili words begin with the combination of *m*– plus another consonant. They may look intimidating, but they're actually easy to pronounce. The *m*– is pronounced as its own consonant, almost like a short "mmm," as in "Mmm, that smells good!":

mtoto, mtu, mzazi, mzee, mkulima, mji, mkate

In the combination *mw–* at the beginning of a word, though, *m–* is not pronounced as a separate syllable:

mwaka, mwenza, mwizi, mwalimu, mwanafunzi

THE CONSONANT *N*

The consonant *n–* can also appear at the beginning of a word before another consonant:

ndizi, ndefu, ndiyo, ndugu, njaa, njia, nchi

The combination *ny–* is pronounced as one sound, like the *ni* in *onion* or the *ny* in *canyon*:

nyumba, nyani, nyumbu, nyoka

Finally, be careful of the combination *ng–*. When it's written without an apostrophe, it sounds like the *ng* in *finger* or *longer*, with a pronounced *g*. But when it's written *ng'*, the combination is pronounced as one sound, like the *ng* in *sing* or *wrong*:

nguo, ngozi, ngoma, ng'ambo, ng'ombe, ng'ofu

LESSON

1

Habari Gani?

How Are You?

In this first lesson, you'll learn how to greet people and use the most common courtesy expressions. You'll also learn subject pronouns, the present form of the verb *to be,* and the present tense forms of other verbs. You'll also become familiar with a great deal of vocabulary and culture to get you started on the road to learning Swahili!

First, each lesson begins with a vocabulary warm-up. These words are related to the topic of the lesson, and many of them will appear in the dialogue, as well. Use these short warm-up lists as a way to transition into each new lesson.

1A. VOCABULARY WARM-UP

Karibu.	*Welcome.*
Habari gani?	*How are you doing? How are things?*
Hujambo?	*Hi! How are you?*
Sijambo.	*I'm fine.*
Jina lako ni nani?	*What's your name?*
Jina langu ni Ali.	*My name is Ali.*
Sawa.	*Well. Okay.*
Unasema Kiswahili?	*Do you speak Swahili?*
Unasema Kiingereza?	*Do you speak English?*
Nzuri.	*Good. Fine.*
Asante.	*Thank you.*
Kwaheri.	*Good-bye.*

1B. DIALOGUE 1: GREETING FRIENDS

Lela and Ali are college students in Tanzania. It's morning, and Lela is on her way to class when she passes by Ali's house.

Ali: Habari gani?

Lela: Nzuri.

Ali: Hujambo?

Lela: Sijambo.

Ali: Habari za asubuhi?

Lela: Salama. Na wewe?

Ali: Salama.

Lela: Habari za hapa?

Ali: Nzuri tu. Na wewe?

Lela: Nzuri.

Ali: Karibu.

Lela: Asante sana.

Ali: How are you doing? ("What's the news?")

Lela: Fine.

Ali: How are you?

Lela: I'm fine.

Ali: How are things this morning?

Lela: Fine ("peaceful"). And with you?

Ali: Fine.

Lela: How are things here?

Ali: Just fine. And with you?

Lela: Fine.

Ali: Welcome.

Lela: Thank you very much.

DIALOGUE 2: GREETING PEOPLE OF DIFFERENT AGE OR STATUS

Now listen to how Lela speaks to Baba Ali, Ali's father.

Lela: Shikamoo.

Baba Ali: Marahaba. Hujambo?

Lela: Sijambo.

Baba Ali: Habari za asubuhi?

Lela: Nzuri.

Baba Ali: Habari za nyumbani?

Lela: Nzuri.

Baba Ali: Mama na baba hawajambo?

Lela: Hawajambo.

Baba Ali: Ndugu zako pia hawajambo?

Lela: Wote hawajambo.

Baba Ali: Karibu nyumbani.

Lela: Asante sana.

Lela: Greetings!

Baba Ali: Greetings! How are you?

Lela: I'm fine.

Baba Ali: How's the morning going? ("What's the news of the morning?")

Lela: Fine.

Baba Ali: How are things at home?

Lela: Fine.

Baba Ali: How are (your) mom and dad?

Lela: They're good.

Baba Ali: Your siblings are fine, too?

Lela: (They're) all fine.

Baba Ali: Welcome.

Lela: Thank you.

DIALOGUE 3: INTRODUCTIONS AND ASKING SOMEONE'S NAME

Liz is an American student visiting Tanzania with a group of friends to learn Swahili. She meets Ali on campus.

Liz: Habari gani?

Ali: Nzuri sana. Hujambo?

Liz: Sijambo. Habari za hapa?

Ali: Nzuri. Karibu.

Liz: Asante. Jina lako ni nani?

Ali: Jina langu ni Ali. Na wewe?

Liz: Jina langu ni Liz. Ninatoka Marekani. Mimi ni Mmarekani.

Ali: Nimefurahi kukuona.

Liz: Asante. Na mimi pia. Na huyu ni rafiki yangu.

Ali: Vizuri. Jina lake ni nani?

Liz: Jina lake ni Mark.

Ali: Nimefurahi kukuona, Mark. Huyu ni rafiki yangu, jina lake ni Lela.

Liz: Nimefurahi kukuona, Lela.

Ali: Tutaonana

Liz: Tutaonana.

Liz: *How are you doing?*

Ali: *Very well. How are you?*

Liz: *I'm fine. How are things here?*

Ali: *Fine. Welcome.*

Liz: *Thank you. What's your name?*

Ali: *My name's Ali. And you?*

Liz: *My name's Liz. I come from the United States. I'm an American.*

Ali: *I'm happy to meet you.*

Liz: *Thank you. And me too. And this is my friend.*

Ali: *Good. What's his name?*

Liz: *His name is Mark.*

Ali: *It's nice to meet you, Mark. This is my friend; her name is Lela.*

Liz: *It's nice to meet you, Lela.*

Ali: *See you.*

Liz: *See you.*

1C. VOCABULARY

The vocabulary list from each lesson will give you a chance to focus on individual words and phrases from the dialogues. It will also introduce important related vocabulary. Experiment with several different ways to master new vocabulary—spoken or written repetition, flashcards, labeling objects in your home, typing the words into search engines . . . Be creative!

Asante.	*Thank you.*
asubuhi	*morning*
gani	*which, what*
habari	*news*
hapa	*here*
Hujambo?	*How are you?*
huyu	*this*
jina	*name*
karibu	*welcome*
kidogo	*a little, few*
kukuona	*to see you, to meet you*
kwaheri	*good-bye*
lake	*his, her*
lako	*your*
langu, yangu	*my*
mimi	*I*
Mmarekani/Wamarekani	*an American/Americans*
Mtanzania/Watanzania	*a Tanzanian/Tanzanians*
mwanafunzi/wanafunzi	*student/s*
na	*and, with*
Nimefurahi.	*I'm glad. I'm happy.*
nyumba	*house/s*
nyumbani	*home, at home*
nzuri	*good, fine*
pia	*also*
rafiki	*friend/s*
salama	*peace, peaceful*
sana	*very much, a lot*
sasa	*now*

Sijambo.	*I'm fine. I'm doing well.*
tu	*just, only*
Tutaonana!	*See you!*
wewe	*you*
za	*of*

1D. KEY PHRASES

Each lesson contains a Key Phrases list designed to give you more practical vocabulary related to the topic of the lesson. Now let's build on what you've learned with more greetings used by Swahili speakers, as well as a few other forms you might use in greeting and introducing yourself and others.

Hujambo?	*Hello! How are you? (sing.)*
Hamjambo?	*Hello! How are all of you? (pl.)*
Hatujambo.	*We're fine.*
Habari gani?	*How are you doing? ("What's the news?")*
Nzuri.	*Good. Fine.*
Habari za asubuhi?	*Good morning!*
Habari za mchana?	*Good afternoon!*
Habari za jioni?	*Good evening!*
Habari gani?	*How are you? (general)*
Nzuri, asante.	*Fine, thank you.*
Sijambo.	*I'm fine.*
Jina lako ni nani?	*What's your name?*
Jina langu ni . . .	*My name is . . .*
Jina lake ni	*His/Her name is . . .*
Nimefurahi kukuona.	*I'm glad to see you.*
Kwaheri.	*Good-bye.*
Tutaonana!	*See you!*
Usiku mwema!	*Good night! (before bed)*
Mchana mwema! / Siku nzuri!	*Have a nice day!*
Jioni njema!	*Have a nice evening!*

1E. CULTURE TOPIC 1

Swahili-speaking people use different forms of greetings depending on the age or status of the person they're greeting, and also on time of the day. For example, people of the same age or status will ask each other *Habari gani?* which literally means *What's the news?* The respondent will answer by saying *nzuri,* which means *fine* or *good.* When a younger person greets an older person, he or she will normally say *shikamoo,* and the respondent will say *marahaba.* There may also be some regional variations, but the general forms are universally applicable. While greeting one another, people usually shake hands for a few seconds, smile, and share direct eye contact. In some places, especially along the East African coast where the majority of the population is Muslim, people greet one another by saying *assalam alaykum,* which is an Arabic phrase meaning *peace be upon you.* The response is *wa alaykum salaam,* which means *and upon you be peace.*

1F. GRAMMAR

Grammar Topic 1: Subject Pronouns

Pronouns are words that stand in for nouns—*I, she, it, they,* and so on. Subject pronouns are specifically the pronouns that are used as the subject of a sentence—the main doer of the action. In Swahili, the subject pronouns are:

mimi	I
wewe	you (singular, used with one person)
yeye	he, she
sisi	we
nyinyi	you (plural), all of you, you all
wao	they

Grammar Topic 2: Subject Prefixes on Verbs

In Swahili, there are special prefixes—short pieces added to the beginning of words—that are attached to verbs to represent the subject of the sentence. It's not enough to use a subject pronoun alone. Below are the subject prefixes for the personal pronouns. In a moment you'll learn how they're attached to a verb to show its conjugation—the pattern of changes it undergoes to match its subject.

mimi	ni–
wewe	u–
yeye	a–
sisi	tu–
nyinyi	m–
wao	wa–

Grammar Topic 3: Verb Conjugation

A verb conjugation is a pattern of changes that a verb undergoes to "match" its subject. In English, for example, from the infinitive (basic form) *to sing*, we say *I sing*, but *she sings*. In Swahili, verb conjugations work a bit differently, with things being added to the beginning (and even the middle!) of a verb rather than the end. But don't worry; you'll get used to it. Let's look at the verb *kutoka*, which means *to come from*. The first step in the verb conjugation process is to drop the infinitive part of the verb *kutoka*, which is the prefix *ku–*. That leaves us with the verb root *toka*. We then have to add the infix (a chunk put *into* a word) *–na–*, which indicates the present tense, and then the subject prefix to the very beginning. So, a Swahili verb can be built with three elements in it: subject prefix + tense infix + verb root. Here are examples of this with *kutoka*:

Mimi ninatoka Marekani.	*I come from the United States.*
Wewe unatoka Marekani.	*You come from the United States.*
Yeye anatoka Marekani.	*He/She comes from the United States.*
Sisi tunatoka Marekani.	*We come from the United States.*
Nyinyi mnatoka Marekani.	*(All of) You come from the United States.*
Wao wanatoka Marekani.	*They come from the United States.*

Now let's try that again with *kusema* (to speak). Again, we'll drop the *ku–*, and then add the present tense infix *–na–* along with the subject prefixes.

Mimi ninasema Kiswahili.	*I speak Swahili.*
Wewe unasema Kiswahili.	*You speak Swahili.*
Yeye anasema Kiswahili.	*He/She speaks Swahili.*
Sisi tunasema Kiswahili.	*We speak Swahili.*
Nyinyi mnasema Kiswahili.	*(All of) You speak Swahili.*
Wao wanasema Kiswahili.	*They speak Swahili.*

Examples of other verbs that follow this pattern are: *kusoma* (to study/read), *kukaa* (to live/stay), *kupenda* (to like/love), *kulala* (to sleep), *kucheka* (to laugh), *kuimba* (to sing), *kucheza* (to play/dance), *kuandika* (to write), *kusikia* (to hear), and *kuona* (to see). You may have noticed that all of the above verbs in their infinitive form end with the letter *–a*. A few Swahili verbs do not end with *–a*, but the majority of them do. However, all these verbs follow a similar pattern when they are conjugated in the present (affirmative) tense form. Here are some examples: *kuishi* (to live), *kujibu* (to answer or respond), *kujaribu* (to try), *kurudi* (to return to), and *kufikiri* (to think).

Mimi ninaishi Marekani.	*I live in America.*
Yeye anajibu.	*He/She is answering.*
Sisi tunajaribu.	*We are trying.*
Wewe unarudi Marekani?	*Are you returning to America?*

Note that the present tense in Swahili can be translated as the simple present in English (I live, they speak) or the present progressive (she is answering, we are trying), depending on context. Also note that sometimes the preposition is built into the Swahili verb, as in *ninaishi* (I live *in*) and *unatoka* (you come *from*).

Grammar Topic 4: Present Tense of *to Be*

In English, the verb *to be* is pretty irregular—*is, am,* and *are.* In Swahili, the verb *to be* in its present tense form is very simple, with just one form, *ni.*

Jina langu ni Liz.	*My name is Liz.*
Mimi ni Mmarekani.	*I'm an American.*
Mimi ni Liz na huyu ni Mark.	*I'm Liz and this is Mark.*
Sisi ni Wamarekani.	*We are Americans.*
Sisi ni wanafunzi.	*We are students.*

Grammar Topic 5: Yes/No Questions

To ask basic questions in Swahili that can be answered with *ndio* (yes), also spelled *ndiyo,* or *hapana* (no), sometimes *la,* from Arabic, simply add *je* to the beginning of the question. You may also ask the same question without the *je,* but you have to use rising intonation, just like in English.

Je, jina lako ni Ali? / Jina lako ni Ali?	*Is your name Ali?*
Ndiyo. Jina langu ni Ali.	*Yes. My name is Ali.*

Grammar Topic 6: Negation of *to Be*

The negative of the verb *to be, ni,* is the word *si:*

Jina lako ni Liz?	*Is your name Liz?*
Hapana, jina langu si Liz.	*No, my name is not Liz.*
Je, huyu ni Mark?	*Is this Mark?*
Hapana. Huyu si Mark.	*No, this is not Mark.*

Wao ni Wamarekani?	*Are they Americans?*
Hapana, wao si Wamarekani.	*No, they are not Americans.*
Je, yeye ni mwanafunzi?	*Is he a student?*
Hapana, yeye si mwanafunzi.	*No, he is not a student.*

Finally, note that in Swahili there are no articles like *a, an,* and *the.* These words are understood from context.

1G. READING

Liz ni mwanafunzi. Yeye anatoka Marekani. Anaishi New York. Yeye anasoma Kiswahili. Yeye anapenda Kiswahili. Mark ni rafiki wa Liz. Yeye pia anatoka Marekani. Mark pia anasoma Kiswahili. Mark na Liz ni wanafunzi na wanapenda Kiswahili. Wao wanakaa Tanzania sasa. Wanasoma Kiswahili Tanzania. Liz na Mark si Watanzania, wao ni Wamarekani. Liz na Mark wanasema Kiswahili kidogo tu. Wao wanasoma Kiswahili sasa.

Ali na Lela wanatoka Tanzania. Wao wanakaa Dar es Salaam. Ali na Lela si Wamarekani, wao ni Watanzania. Wao wanasema Kiswahili na Kiingereza. Baba Ali ni Mtanzania. Yeye anatoka Tanzania na anakaa Tanzania pia.

Liz is a student. She comes from the United States. She lives in New York. She is studying Swahili. She likes Swahili. Mark is a friend of Liz. He also comes from the United States. He also studies Swahili. Mark and Liz are students, and they like Swahili. They now live in Tanzania. They're studying Swahili in Tanzania. Liz and Mark are not Tanzanians; they are Americans. Liz and Mark speak just a little Swahili. They're now studying Swahili.

Ali and Lela come from Tanzania. They live in Dar es Salaam. Ali and Lela aren't Americans; they're Tanzanians. They speak Swahili and English. Ali's father is a Tanzanian. He comes from Tanzania and also lives in Tanzania.

1H. CULTURE TOPIC 2: THE SWAHILI LANGUAGE

Swahili is one of the most important sub-Saharan African languages. Millions of people from several countries in East and central Africa speak Swahili. It's the national language of Tanzania and Kenya. Many people in Uganda, Rwanda, Burundi, Congo, Malawi, Mozambique, and the Comoros speak Swahili as well, so it's a great language to know throughout much of Africa.

Swahili belongs to the family of languages referred to as Bantu languages. These languages are spoken in East, central, and southern Africa. Swahili has borrowed many words from foreign languages, especially Arabic. It has also borrowed to a lesser degree from English, Portuguese, Persian, Hindi, German, and other languages. Even though its vocabulary has been so influenced by outside languages, Swahili is solidly a Bantu language, as it bears all the grammatical features of other Bantu languages. These will become familiar to you as you progress through this course, and if you ever want to study another Bantu language, such as Zulu, Xhosa, Kongo, Gikuyu, Luganda, Fang, or many others, your foundation in Swahili will be very helpful.

Swahili was originally spoken along the coastline of East Africa and on the adjacent islands. The language began to spread into the interior of East and central Africa through the trade routes. As many Swahili-speaking traders, including foreign merchants, ventured inland in search of merchandise, they introduced the language to the people who lived there. Swahili therefore became the *lingua franca* between the local peoples and the traders. Initially the language was spoken along the trade routes, but it continued to spread further inland, far away from the trading centers. The language was further spread by missionaries seeking converts. Swahili became more popular after Tanzania's independence and formation in 1964, when it was officially declared the national language.

EXERCISES

Exercise 1. Use the following words to complete the dialogue. You don't have to use all the words

nzuri hujambo tutaonana kwaheri sijambo langu gani nani hamjambo.

A: Habari ___?

B: ___.

A: ___?

B: Sijambo.

A: Jina lako ni ___.

B: Jina ___ ni Liz.

A: Kwaheri.

B: ___.

A: ___.

B: Tutaonana.

Exercise 2. Fill in the blanks with the appropriate subject pronoun.

1. ___ ninasoma Kiswahili.

2. ___ unasoma Kiswahili.

3. ___ anasoma Kiswahili.

4. ___ tunasoma Kiswahili.

5. ____mnasoma Kiswahili.

6. ____wanasoma Kiswahili.

Exercise 3. Negate the following sentences.

1. Mimi ni mwanafunzi.

2. Wewe ni Mmarekani.

3. Yeye ni mwalimu.

4. Sisi ni wanfunzi.

5. Nyinyi ni Wamarekani.

6. Wao ni Watanzania.

Exercise 4. Answer the following questions with both *ndio* and then *hapana*.

1. Wewe mwanafunzi?

2. Liz ni Mtanzania?

3. Mark Mmarekani?

4. Baba Ali ni Mmarekani?

5. Lela na Ali ni Wamarekani?

INDEPENDENT CHALLENGE—SWAHILI JOURNAL

Now it's your turn to practice everything you've learned in this lesson by putting it to use. Your first task: start a Swahili journal. Every day, write a new entry. In the beginning this can be simple lists of things that you want to know how to say in Swahili. (Use the glossary at the end of this book or a dictionary. Also look online by typing "online Swahili dictionary" into a search engine.) As you progress through the course, your journal can evolve to include descriptions, sentences, and even short passages about something you've done or experienced. You could even imagine conversations you might have on some topic. In short, be creative! Don't worry about writing perfect, native Swahili; just surround yourself with opportunities to be exposed to Swahili. And here's a hint for learning vocabulary. Make flashcards of the vocabulary lists from each lesson and keep them in your pocket. When you have a spare moment—on the bus, while you're waiting for an appointment, while dinner's cooking—flip through them. Start with the Swahili sides, seeing if you can remember the English. Then, once you've gotten that down, flip them over and go from English into Swahili. It may sound very "elementary school" to you, but it's really a great way to learn vocabulary.

ANSWER KEY

Exercise 1:

A: Habari gani?

B: Nzuri

A: Hujambo?

B: Sijambo.

A: Jina lako ni nani?

B: Jina langu ni Liz.

A: Kwaheri.

B: Kwaheri.

A: Tutaonana.

B: Tutaonana.

Exercise 2: 1. Mimi ninasoma Kiswahili. 2. Wewe unasoma Kiswahili. 3. Yeye anasoma Kiswahili. 4. Sisi tunasoma Kiswahili. 5. Nyinyi mnasoma Kiswahili. 6. Wao wanasoma Kiswahili.

Exercise 3: 1. Mimi si mwanafunzi. 2. Wewe si Mmarekani. 3. Yeye si mwalimu. 4. Sisi si wanafunzi. 5. Nyinyi si Wamarekani. 6. Wao si Watanzania.

Exercise 4: 1. Ndio, mimi ni mwanafunzi. Hapana, mimi si mwanafunzi. 2. Ndio, Liz ni Mtanzania. Hapana, Liz si Mtanzania. 3. Ndio, Mark ni Mmarekani. Hapana, Mark si Mmarekani. 4. Ndio, Baba Ali ni Mmarekani Hapana, Baba Ali si Mmarekani. 5. Ndio, Lela na Ali ni Wamarekani. Hapana, Lela na Ali si Wamarekani.

LESSON

2

Baba Yangu na Mama Yangu

My Father and My Mother

In this lesson you'll learn how to speak about your family, and you'll also learn how to introduce yourself and others to new acquaintances. In addition, you'll learn how to say *my, your, his, her,* etc., with family relationship terms, and you'll learn how to negate verbs in the present tense. You'll also be introduced to the concept of noun classes—a very central concept in Bantu languages. As usual, let's warm up with some vocabulary.

2A. VOCABULARY WARM-UP

baba yangu	*my father*
mama yangu	*my mother*
kaka yangu	*my older brother*
dada yangu	*my sister*
Karibu nyumbani.	*Welcome (to my) home.*
Jina lako ni nani?	*What's your name?*
Unaishi wapi?	*Where do you live?*
Unakaa wapi?	*Where do you live? Where are you staying?*
Unafanya nini?	*What are you doing? What do you do?*
Unasema Kiswahili?	*Do you speak Swahili?*
Unasema Kiingereza?	*Do you speak English?*
Ninasema Kiswahili kidogo tu.	*I speak just a little Swahili.*
Kaa chini!	*Sit down! Have a seat!*
Nimefurahi kukuona.	*I'm glad to see you.*

2B. DIALOGUE: GETTING ACQUAINTED

Ali has invited Liz and her friend Mark to visit his home on the outskirts of Dar es Salaam. Let's listen in.

Liz:	Hodi hodi!
Ali:	Karibu
Liz:	Asante.
Ali:	Kaa chini.
Liz:	Asante.
Ali:	Huyu hapa ni baba yangu. Jina lake ni Juma.
Liz:	Asante sana, nimefurahi kukutana na wewe Baba Ali.
Ali:	Na yule ni mama yangu. Jina lake ni Aisha.
Liz:	Asante sana. Nimefurahi kukuona Mama Ali.
Ali:	Na wale ni ndugu zangu. Yule ni Daudi na yule ni Sarah.
Liz:	Asante.
Ali:	Na hawa ni bibi yangu na babu yangu.
Liz:	Asante. Na huyu ni rafiki yangu. Jina lake ni Mark.
Ali:	Asante. Karibuni nyumbani Mark na Liz.

Na baadaye Liz anasema na Baba Ali.

Liz:	Habari za hapa Baba Ali?
Baba Ali:	Nzuri. Habari za Marekani?
Liz:	Nzuri.
Baba Ali:	Unapenda Tanzania?
Liz:	Ndio, ninapenda sana Tanzania.
Baba Ali:	Unapenda Kiswahili pia?
Liz:	Ndio ninapenda Kiswahili lakini sisemi Kiswahili bado. Ninasema Kiswahili kidogo tu. Unasema Kiingereza, Baba Ali?
Baba Ali:	Mimi sisemi Kiingereza, ninasema Kiswahili tu.
Liz:	Mimi ninasoma Kiswahili, Chuo Kikuu cha Dar es Salaam sasa.
Baba Ali:	Wewe unatoka Washington DC?
Liz:	Hapana, sitoki Washington DC, ninatoka New York.

Baba Ali: Na rafiki yako anatoka wapi?

Liz: Rafiki yangu anatoka New York pia.

Baba Ali: Yeye anasema Kiswahili?

Liz: Hapana yeye hasemi Kiswahili.

Baba Ali: Nimefurahi kukuona. Karibu Tanzania.

Liz: Knock, knock!

Ali: Welcome.

Li: Thank you.

Ali: Have a seat.

Liz: Thank you.

Ali: This is my father. His name is Juma.

Liz: Thank you very much. I'm glad to meet you, Baba Ali.

Ali: And that's my mother. Her name is Aisha.

Liz: Thank you. I'm glad to see you, Mama Ali.

Ali: And those are my siblings. That's Daudi and that is Sarah.

Liz: Thank you.

Ali: And these are my grandmother and grandfather.

Liz: Thank you. And this is my friend. His name is Mark.

Ali: Thank you. Welcome to my home, Mark and Liz.

And later Liz speaks with Baba Ali.

Liz: How are things here, Baba Ali?

Baba Ali: Fine. How are things in the United States?

Liz: Fine.

Baba Ali: Do you like Tanzania?

Liz: Yes, I like Tanzania very much.

Baba Ali: Do you like Swahili, too?

Liz: Yes, I like Swahili, but I don't speak Swahili yet. I only speak a little Swahili. Do you speak English, Baba Ali?

Baba Ali:	*I don't speak English, I only speak Swahili.*
Liz:	*Now I'm studying Swahili at the University of Dar es Salaam.*
Baba Ali:	*Are you from Washington DC?*
Liz:	*No, I'm not from Washington DC, I'm from New York.*
Baba Ali:	*And where does your friend come from?*
Liz:	*My friend comes from New York, too.*
Baba Ali:	*Does he speak Swahili?*
Liz:	*No, he doesn't speak Swahili.*
Baba Ali:	*I'm glad to meet you. Welcome to Tanzania.*

2C. VOCABULARY

Notice that in the following list, both singular and plural forms of many of the nouns are given. In some cases, there is a difference (*mtoto/watoto*, meaning *child/children*), and in others, the forms are the same in Swahili (*baba*, meaning *father/s*). You'll learn all about Swahili plurals; for now, just try to memorize the singular and plural forms.

baba	*father/s*
babu	*grandfather/s*
bibi	*grandmother/s, Mrs., Ma'am, Ms.*
dada	*older sister/s*
hapa	*here*
Hodi hodi!	*Knock, knock!*
jina/majina	*name/s*
kaka	*older brother/s*
Karibu!	*Welcome!*
kuishi	*to live*
kukaa	*to live, to stay, to sit*
kulala	*to sleep*
kuona	*to see*
kupenda	*to like, to love*
mama	*mother/s*
mjomba/wajomba	*maternal uncle/s*

mjukuu/wajukuu	*grandchild/grandchildren*
mke/wake	*wife/wives*
mpwa/wapwa	*nephew/s*
mtoto/watoto	*child/children*
mtu/watu	*person/people*
mume/waume	*husband/s*
mwalimu/walimu	*teacher/s*
mwanafunzi/wanafunzi	*student/s*
mzazi/wazazi	*parent/s*
mzee/wazee	*elder/s, older person/people*
na	*and, with*
nani?	*who?*
ndugu	*sibling/s, relative/s, cousin/s*
nini?	*what?*
nyanya	*grandmother/s*
rafiki	*friend/s*
shangazi	*paternal aunt/s*

2D. KEY PHRASES

Here are some phrases that will come in handy when you want to talk about your family and ask about others.

Habari za hapa?	*How are things here?*
Hawa hapa ni bibi yangu na babu yangu.	*Here are my grandparents.*
Huyu hapa ni baba yangu.	*Here's my father.*
Huyu ni rafiki yangu.	*This is my friend.*
Karibuni nyumbani.	*Welcome (to my) home.*
Nimefurahi kuwaona.	*I'm glad to see/meet them.*
Ninapenda sana Tanzania.	*I like Tanzania a lot.*
Rafiki yako anatoka wapi?	*Where does your friend come from?*
Rafiki yangu anatoka Los Angeles.	*My friend comes from Los Angeles.*

Unapenda Kiswahili?	*Do you like Swahili?*
Unapenda Tanzania?	*Do you like Tanzania?*

2E. CULTURE TOPIC 1: POLITE FORMS OF ADDRESS

Many people who live in East Africa and some parts of central and southern Africa speak Swahili as either their first or their second language. Even though the customs of these people may differ in some ways, they do share common traits of African culture. One such trait is that elders are held in high esteem. This custom is manifested in the language, so the learner should take care to learn proper forms of address that show respect. A younger person cannot, for example, address a superior by first name. In the dialogue, for example, you heard Liz address Ali's parents as *Baba Ali* and *Mama Ali. Baba* and *Mama* are similar to the titles *Mr.* and *Mrs./Ms.* Other terms of address such as *Bwana* (Mr.) and *Bibi* (Mrs.) are also very common. Some people may be addressed by professional title, such as *mwalimu* (teacher), *daktari* (doctor), *profesa* (professor), and so on. As in English, it's also possible to address someone by his or her relationship to you, such as *bibi* (grandma), *mjomba* (maternal uncle), *shangazi* (paternal aunt), etc.

2F. GRAMMAR

Grammar Topic 1: Noun Classes and the *M–Wa* Class

Take a look at a few of the nouns you've learned so far: *Mmarekani/ Wamarekani* (American/s), *Mtanzania/Watanzania* (Tanzanian/s), *mwanafunzi/wanafunzi* (student/s), *mtoto/watoto* (child/ren), *mjukuu/wajukuu* (grandchild/ren), and *mwalimu/walimu* (teacher/s). Do you notice any pattern? All of the singular forms begin with *m–*, and the plurals begin with *wa–*. That's because all of these nouns belong to the same class, unsurprisingly called the *M-Wa* Class.

A noun class is a category of nouns that are linked by form and sometimes also by meaning. You can tell from the examples that the *M-Wa* Class includes humans, and in fact it also includes such other living beings as animals and insects. Nouns belonging to the same class function grammatically in the same way. For example, the plurals in this class are formed by replacing the *m–* with *wa–*. There are other aspects of grammar that behave differently depending on class, but we'll get to all of that later, piece by piece. For now, just be aware that Swahili nouns are divided into eight classes, the first of which is the *M-Wa* Class, denoting people and other animate beings.

Grammar Topic 2: Demonstratives

Demonstratives are the words we use to point to people or things. For nouns of the *M-Wa* Class, the demonstratives are *huyu* (this), *hawa* (these),

yule (that), and *wale* (those). These demonstratives are only used with
M-Wa nouns. You'll learn the others as you learn more noun classes.

Huyu ni Ali. Yule ni Lela.	*This is Ali. That is Lela.*
Huyu ni mwalimu.	*This is a teacher.*
Wale ni Ali na Lela.	*That's ("those are") Ali and Lela.*
Hawa ni baba na mama.	*These (people) are (my) mother and father.*
Hawa ni wanafunzi.	*These are students.*
Wale ni watoto.	*Those are children.*

Grammar Topic 3: Possessives

Possessives, which show ownership or belonging, are words like *my* or *your*
in English. In Swahili, possessives are formed by taking a possessive root
and adding a prefix depending on the noun class. Let's start by learning the
possessive roots:

–angu (*my*)	–etu (*our*)
–ako (*your*)	–enu (*your* [*pl.*])
–ake (*his, her*)	–ao (*their*)

The *M-Wa* possessive prefix is *w–* for both singulars and plurals, so the pos-
sessives are *wangu* (my), *wako* (your), *wake* (his, her), and so on. Here are a
few examples of *M-Wa* nouns with possessives. Notice that the possessive
follows the noun, unlike in English.

Hawa ni watoto wangu.	*These are my children.*
Yule ni mwalimu wetu.	*That is our teacher.*
Hawa ni wazazi wenu?	*Are these your parents?*
Hawa ni wazazi wetu.	*These are our parents.*
Wale ni watoto wao.	*Those are their children.*
Mume wake anasema Kiswahili.	*Her husband speaks Swahili.*

You've actually already seen the possessive in *Jina lako ni nani?* (What is
your name?) and *Jina langu ni Ali.* (My name is Ali.) As you can see, the pos-
sessive prefix for the noun *jina* is *l–*, because *jina* is not in the *M-Wa* Class.
You'll learn the other noun classes gradually.

Grammar Topic 4: Negation in the Present Tense

In Lesson 1, you saw that in conjugating Swahili verbs, you have to include
at least three elements: the subject prefix, the tense infix, and the verb root.
Now let's see how to negate verbs in the present tense. There are a few im-

portant characteristics of the negative present tense form. First, the affirmative ending –*a* changes to –*i* in the negative. Second, the present tense infix –*na*– is omitted. And third, the negative prefix *ha*– (as in *hapana*, meaning *no*) is added. The only exception is in the *mimi* (I) form, where the prefix is *si*– instead of *ha*–. Also, in the *wewe* (you, singular) and *yeye* (he/she) forms, the –*a* in *ha*– is "absorbed" by the vowel at the beginning of the subject prefixes *u*– and *a*–. That gives you the following conjugation of *kutoka* (to come from), with hyphens added only to indicate the components:

	Affirmative	Negative
	prefix + -na- + verb stem	neg. prefix + neg. stem
mimi	ni-na-toka	si-toki
wewe	u-na-toka	h-u-toki
yeye	a-na-toka	h-a-toki
sisi	tu-na-toka	ha-tu-toki
nyinyi	m-na-toka	ha-m-toki
wao	wa-na-toka	ha-wa-toki

Let's look at examples with *kusoma* (to study/learn). Notice again that the Swahili may be translated either as the simple present (studies) or the present progressive (is studying) in English. And don't forget that the *yeye* forms can mean either *he* or *she*.

Mimi ninasoma.	*I'm studying./I study.*
Mimi sisomi.	*I'm not studying./I don't study.*
Wewe unasoma.	*You're studying./You study.*
Wewe husomi.	*You aren't studying./You don't study.*
Yeye anasoma.	*He's studying./He studies.*
Yeye hasomi.	*She's not studying./She doesn't study.*
Sisi tunasoma.	*We're studying./We study.*
Sisi hatusomi.	*We are not studying./We don't study.*
Nyinyi mnasoma.	*You (all) are studying./You (all) study.*
Nyinyi hamsomi.	*You (all) are not studying./You (all) don't study.*
Wao wanasoma.	*They're studying./They study.*

Wao hawasomi.	*They're not studying./They don't study.*

The Swahili verbs that don't end with the letter –*a*, such as *kuishi* (to live), *kujaribu* (to try), *kujibu* (to answer/respond), *kurudi* (to return), and *kufikiri* (to think), don't change their ending when negated.

Mimi siishi Marekani	*I don't live in the United States.*
Yeye harudi Marekani.	*She's not retuning to the U.S.*
Wewe hujibu.	*You're not responding.*
Wao hawafikiri.	*They don't think.*
Sisi hatujaribu.	*We aren't trying.*

2G. READING: UKOO WA BABA ALI

Baba Ali anatoka Tanzania na anakaa Dar es Salaam. Mama Ali ni mke wa baba Ali. Yeye anakaa Dar es Salaam pia. Baba Ali ni mume wa Mama Ali. Baba Ali na Mama Ali ni wazazi wa Ali. Sarah na Daudi pia ni watoto wa Baba Ali na Mama Ali.

Baba Ali anapenda watoto. Watoto wake ni Ali, Sarah na Daudi. Ali anasoma Kiingereza Chuo Kikuu cha Dar es Salaam. Yeye anapenda Kiingereza. Sarah anapenda watoto pia lakini hapendi Kiingereza. Yeye hasemi Kiingereza. Adili ni mtoto wa Sarah. Baba Ali ni babu wa Adili na mama Ali ni bibi wa Adili. Ali ni mjomba wa Adili na Adili ni mpwa wa Ali. Adili pia ni mjukuu wa Baba Ali na Mama Ali.

Baba Ali's Family

Baba Ali comes from Tanzania and lives in Dar es Salaam. Mama Ali is Baba Ali's wife. She also lives in Dar es Salaam. Baba Ali is Mama Ali's husband. Baba Ali and Mama Ali are Ali's parents. Sarah and Daudi are Baba Ali and Mama Ali's children too.

Baba Ali likes children. His children are Ali, Sarah, and Daudi. Ali studies English at the University of Dar es Salaam. He likes English. Sarah likes children, too, but doesn't like English. She doesn't speak English. Adili is Sarah's child. Baba Ali is Adili's grandfather, and Mama Ali is Adili's grandmother. Ali is Adili's uncle, and Adili is Ali's nephew. Adili is also Baba Ali and Mama Ali's grandchild.

2H. CULTURE TOPIC 2: SWAHILI-SPEAKING FAMILIES

The meaning of *family* in many Swahili speaking communities goes beyond the concept of the "nuclear" family known in the West, that is, a couple or single parent with one or more children. The word that is closest to *family* in Swahili is *ukoo,* but it encompasses a much wider range of relationships. *Ukoo* includes people who share a common ancestor but who may now belong to many more individual family units. So, *ukoo* means something along the lines of a kinship group. Another word related to the concept of family is *jamaa,* which literally translates as *relative* rather than *family member* in its narrower sense.

Belonging to the wider family kinship group comes with responsibilities; each individual is responsible to the whole group. For example, those who are better-off have the obligation of caring for the less fortunate. But such wide and strong family ties have great advantages, too. It is still regarded as a noble duty to care not only for one's immediate parents but also for uncles, aunts, and grandparents. So, kinship ties often mean security in old age.

Of course, with the advance of urbanization and increasing physical and social mobility, such traditional relations are beginning to erode. For example, families often produce fewer children, and kinship ties may be broken—at least geographically—by opportunities away from the family. As is often the case, traditional ways do not always mix well with newer ways, at least not during periods of social change. But perhaps we'll see a unique marriage of the new and the old as Swahili-speaking communities change with the times but hold onto their traditions.

EXERCISES

Exercise 1. Fill in the blanks with the appropriate phrases.

A: Unapenda Tanzania?

B: Ndio, ____ .

A: Unapenda Kiswahili pia?

B: Ndio, ____ .

A: Unasema Kiingereza?

B: Ndio, ____ .

A: Wewe unatoka Washington DC?

B: Hapana, ____ .

A: Yeye anasema Kiswahili?

B: Hapana, yeye ____ .

Exercise 2. Change the following sentences from singular to plural. That is, change both the noun prefix and the demonstrative.

1. Yule ni mzee.

2. Yule ni mwalimu.

3. Yule ni mtoto.

4. Huyu ni mwalimu.

5. Huyu mwanafunzi.

6. Huyu ni mzee.

Exercise 3. Supply the correct form of the possessive.

1. Wale ni watoto ____. (*their*)

2. Hawa ni wezee ____. (*our*)

3. Yule ni mwalimu ____. (*my*)

4. Huyu ni mtoto ____. (*her*)

Exercise 4. Negate the following sentences.

1. Mimi ninasoma Kiswahili.

2. Wewe unasoma Kiswahili.

3. Yeye anasoma Kiswahili.

4. Sisi tunasoma Kiswahili.

5. Nyinyi mnasoma Kiswahili.

6. Wao wanasoma Kiswahili.

INDEPENDENT CHALLENGE

It's once again your turn to practice everything you've learned in this lesson by putting it to use. Imagine that your Swahili-speaking friend is visiting you during a family gathering. Introduce him or her to your extended family and friends, and write down the dialogue in your journal. You could also explore the internet in Swahili by typing the phrase *ukoo wangu* (my family) into a search engine. See what comes up, and see if you recognize any words. Or, go through your old family albums and label photos that you find with phrases such as *baba yangu, mama yangu, kaka yangu, dada yangu,* and so on.

ANSWER KEY

Exercise 1:

A: Unapenda Tanzania?

B: Ndio, mimi ninapenda Tanzania.

A: Unapenda Kiswahili pia?

B: Ndio mimi ninapenda Kiswahili.

A: Unasema Kiingereza?

B: Ndio mimi ninasema Kiingereza.

A: Wewe unatoka Washington DC?

B: Hapana, mimi sitoki Washington DC.

A: Yeye anasema Kiswahili?

B: Hapana, yeye hasemi Kiswahili.

Exercise 2: 1. Wale ni wazee. 2. Wale ni walimu. 3. Wale ni watoto. 4. Hawa ni walimu. 5. Hawa ni wanafunzi. 6. Hawa ni wazee.

Exercise 3: 1. Wale ni watoto wao. 2. Hawa ni wezee wetu. 3. Yule ni mwalimu wangu. 4. Huyu ni mtoto wake.

Exercise 4: 1. Mimi sisomi Kiswahili. 2. Wewe husomi Kiswahili. 3. Yeye hasomi Kiswahili. 4. Sisi hatusomi Kiswahili. 5. Nyinyi hamsomi Kiswahili. 6. Wao hawasomi Kiswahili.

LESSON

3

Nyumba ni Nzuri!

The House Is Beautiful!

In this lesson, you'll get a tour of a house that someone is considering renting. Naturally, you'll learn a lot of basic vocabulary for talking about things around the house. You'll also learn some descriptive words, including colors. As far as Swahili grammar is concerned, you'll make great progress by learning two more noun classes, the *Ki-Vi* Class and the *N*– Class. With three noun classes under your belt, you'll be able to see how different types of agreement work in each of the noun classes you know. You'll also learn how to say *have* in Swahili and how to use adjectives. Lesson 3 covers a lot of important ground, so don't be afraid to take it slowly. Let's begin with a vocabulary warm-up!

3A. VOCABULARY WARM-UP

kwa mwezi	*per month*
mwenyenyumba	*landlord/landlady*
ni bei gani?	*how much?*
Nimeipenda.	*I like it.*
Nitakupigia simu.	*I'll call you.*
Tutaongea.	*We'll talk.*
Twende . . .	*Let's go . . .*
Uko wapi?	*Where are you?*

3B. DIALOGUE: AROUND THE HOUSE

Alice is looking for a house to rent. First, you'll hear Alice's phone call to the landlord, and then you'll listen in as she visits the house.

Mwenyenyumba: **Nyumba ina vyumba vitatu. Kimoja kikubwa na viwili vidogo. Chumba kikubwa kina choo ndani.**

Alice: **Sawa. Kuna sehemu ya kulaza gari?**

Mwenyenyumba:	Ndio. Pia nyumba ina jiko kubwa, stoo, sehemu ya kulia, ukumbi wa kupumzikia na choo kingine.
Alice:	Je, nyumba ina maji ya bomba?
Mwenyenyumba:	Ndio, inayo.
Alice:	Sawa. Je nyumba ina jenereta na pia ina bustani?
Mwenyenyumba:	Hapana. Nyumba haina jenereta lakini ina bustani.
Alice:	Sawa. Ni bei gani kwa mwezi?
Mwenyenyumba:	Dola mia nne kwa mwezi.

Siku ya pili.

Alice:	Hodi.
Mwenyenyumba:	Karibu!
Alice:	Asante. Habari za mchana?
Mwenyenyumba:	Nzuri. Karibu ndani.
Alice:	Asante.
Mwenyenyumba:	Sawa. Sasa hii nyumba ina vyumba vitatu vya kulala. Hiki ni chumba kikubwa cha kulala. Chumba hiki kina choo. Pia kina kitanda kikubwa.
Alice:	Sawa. Vyumba vidogo vina vyoo pia?
Mwenyenyumba:	Hapana. Vyumba vidogo havina vyoo. Hiki hapa kimoja. Hiki ni chumba kidogo. Hakina choo. Chumba kingine kidogo ni sawa na hiki.
Alice:	Sawa.
Mwenyenyumba:	Hii hapa ni stoo na hili hapa ni jiko.
Alice:	Sawa. Ukumbi uko wapi?
Mwenyenyumba:	Huu hapa ukumbi na hapa ni sehemu ya kulia.
Alice:	Ukumbi ni mzuri na mkubwa!
Mwenyenyumba:	Ndio. Sasa twende nje. Hii hapa ni sehemu ya kulaza gari.
Alice:	Sawa asante. Nyumba ni nzuri na nimeipenda. Nitakupigia simu Jumatatu.

Mwenyenyumba:	Sawa. Tutaongea Jumatatu.
Alice:	Kwaheri.
Mwenyenyumba:	Sawa. Kwaheri.

Landlord:	The house has three bedrooms, one big room and two small rooms. The big room has its own separate bathroom.
Alice:	Okay. Does the house have a garage?
Landlord:	Yes, it does. The house also has a big kitchen, a pantry, a dining room, and a living room. It also has another bathroom.
Alice:	Okay. Does the house have running water?
Landlord:	Yes, it does.
Alice:	Does it have a generator and a garden?
Landlord:	No. It doesn't have a generator, but it has a yard.
Alice:	Okay. How much is the rent per month?
Landlord:	It is $400 per month.

The next day.

Alice:	Knock, knock!
Landlord:	Welcome!
Alice:	Thank you. How's your day going?
Landlord:	Good. Come on in. ("Welcome in.")
Alice:	Thank you.
Landlord:	Okay. So, this house has three bedrooms. This is the big bedroom. The room has a bathroom. It has a big bed, too.
Alice:	Okay. Do the small rooms have bathrooms as well?
Landlord:	No. The small rooms don't have bathrooms. Here's one. This is the small bedroom. The other small room is similar to this one.
Alice:	Okay.
Landlord:	This is the pantry, and this is the kitchen.
Alice:	Okay. Where's the living room?

Landlord:	This is the living room, and this is the dining room.
Alice:	The living room is big and beautiful!
Landlord:	Yes. Let's go outside now. This is the garage.
Alice:	Okay. Thanks. The house is beautiful, and I like it. I'll call you on Monday.
Landlord:	Okay. Talk to you on Monday.
Alice:	Bye.
Landlord:	Okay. Bye.

3C. VOCABULARY

In this list you'll see some adjectives, or descriptive words, that begin with dashes, such as *–dogo* (small), and others that don't, like *manjano* (yellow). You've probably figured out by now that prefixes play an important role in Swahili grammar, and this is true of adjectives as well. You'll learn about that in this lesson.

anuani/anwani	*address/es*
au	*or*
bluu	*blue*
bustani	*yard/s, garden/s*
choo/vyoo	*bathroom/s*
chumba cha kulala/vyumba vya kulala	*bedroom/s*
chumba/vyumba	*room/s*
dirisha/madirisha	*window/s*
–dogo	*small, little*
–ekundu	*red*
–eupe	*white*
–eusi	*black*
fleti	*apartment/s*
gari/magari	*car/s*
–ingine	*other*
jiko/majiko	*kitchen/s, fireplace/s, oven/s, stove/s*

Jumatatu	*Monday*
kijani	*green*
kitabu/vitabu	*book/s*
kitanda/vitanda	*bed/s*
kiti/viti	*chair/s*
kompyuta	*computer/s*
–kongwe	*old*
kuangalia	*to view, to watch*
–kubwa	*big*
kuja	*to come*
kula	*to eat*
kulala	*to sleep*
Kuna . . .	*There is/are . . .*
kuona	*to see*
lakini	*but*
manjano	*yellow*
meza	*table/s*
mlango/milango	*door/s*
–moja	*one*
ndani	*inside*
nje	*outside*
nyumba	*house/s*
–pya	*new*
runinga, televisheni	*television/s*
Sawa.	*Okay.*
sehemu ya kulia/ sehemu za kulia	*dining room/s*
stoo	*pantry/ies*
–tatu	*three*
ukumbi/kumbi	*living room/s*
umeme	*electricity*
wapi?	*where?*

| –wili | *two* |
| –zuri | *beautiful, nice* |

3D. KEY PHRASES

Here are some key phrases for talking about the home:

Nyumba hii ina vyumba vitatu.	*This house has three bedrooms.*
Hiki ni chumba cha kulala.	*This is a bedroom.*
Chumba hiki kina choo.	*This room has a bathroom.*
Vyumba vidogo vina vyoo pia?	*Do the small rooms have bathrooms too?*
Hili hapa ni jiko.	*This is the kitchen here.*
Ukumbi uko wapi?	*Where is the living room?*
Ukumbi ni mzuri na mkubwa.	*The living room is big and beautiful.*
Twende nje.	*Let's go outside.*
Nyumba ni nzuri.	*The house is beautiful.*
Tunaangalia televisheni.	*We're watching television.*
Ninasoma kitabu.	*I'm reading a book.*

3E. CULTURE TOPIC 1: FURNISHING A HOME IN TANZANIA OR KENYA

If you ever need to rent a house or apartment in Kenya or Tanzania, it's of course possible that your new home will be fully furnished. But if it's not, you'll need to know where to find furniture and other household essentials. Of course, details will vary from place to place, but here are some general guidelines. Furniture such as beds, couches, or dressers can be bought cheaply in open markets (*sokoni*), at the auction (*mnadani*), or at one of that many carpentry workshops (*viwanda vya useremala*) you'll find. It's a good idea to ask what type of wood furniture is made of, because cheaper furniture made of softer wood will of course not last as long as harder wood. And don't be shy about haggling! The price that's initially asked may not be the actual price, and customers are in fact expected to bargain. Of course there are big stores like *Nakumat* in Kenya and Shoprite in Tanzania. There are also some small stores that sell furniture (*maduka ya fanicha*). The furniture available in these stores is normally imported, and prices may reflect that. Furniture available in the local auctions (*minadani*) is inexpensive, but may not be of the best quality. And if you don't need the furniture for a long time, renting is always an option. Kitchenware such as plates (*sahani*), glasses (*gilasi*), knives (*visu*), forks (*uma*), spoons (*vijiko*), bottles (*chupa*), teapots (*buli za chai*), coffee makers (*mideli ya kufanya kahawa*), pots (*vibakuli* or *vyungu*), pans (*masufuria*), and so on, can be bought both at open markets and in the big stores.

3F. GRAMMAR

Grammar Topic 1: The *Ki-Vi* Noun Class

The second noun class that you'll become acquainted with is the *Ki-Vi* Class, which mostly includes words for inanimate objects, but also has a few other types of words. As you can guess, the singular of these nouns begins with *ki–*, and the plural begins with *vi–*. A few examples of *Ki-Vi* nouns are: *kitanda/vitanda* (bed/s), *kiti/viti* (chair/s), *kitabu/vitabu* (book/s), *kitu/vitu* (thing/s), *kichwa/vichwa* (head/s), *kikombe/vikombe* (cup/s), and *kisu/visu* (knife/knives). If the root part of the noun begins with a vowel, the prefixes become *ch–* and *vy–*, as in *chumba/vyumba* (room/s) and *chakula/vyakula* (food/s). The names of languages, such as *Kiswahili* and *Kiingereza*, are also in the *Ki-Vi* class, but naturally there are no plural forms.

Grammar Topic 2: Agreement with Noun Classes

Now that you've gotten two noun classes under your belt, *M-Wa* and *Ki-Vi*, it's a good time to start to see how agreement works in Swahili based on noun classes. The concept is simple—any element of a sentence that's linked to a particular noun will show its relationship by "agreeing" with the noun. So, different elements—verbs, adjectives, possessives, and so on—will take different prefixes that agree with the noun class of the noun that they're related to. Let's take a look at a pair of examples. Thankfully, the word for *long* and *tall* is the same in Swahili, so the examples are as similar as possible:

Mtu <u>m</u>refu <u>huyu a</u>natoka Kenya.   *This tall person comes from Kenya.*

Kisu <u>ki</u>refu <u>hiki ki</u>natoka Kenya. *This long knife comes from Kenya.*

In the first example, the noun *mtu* (person) is a *M-Wa* noun, so the adjective agrees by taking the prefix *m–*. The demonstrative (this) has the form *huyu*, and the verb takes the *M-Wa* subject prefix *a–*, as you learned in lesson 1. But in the second example, the noun *kisu* (knife) is a *Ki-Vi* noun, so the adjective takes the prefix *ki–*, the demonstrative has the form *hiki*, and the verb takes the subject prefix *ki–*. So, in this course, as you learn new noun classes, you'll also go through a list of agreement patterns—subject prefixes, possessive prefixes, demonstratives, and so on. Here's a suggestion: start to get used to these patterns by making a table that you can add onto, or by drawing up a noun class "cheat sheet" on an index card. That way, you can always go back and check on prefixes that you might not remember.

Now let's look at how agreement works with the *M-Wa* class and the *Ki-Vi* class, starting with subject prefixes. Do you remember the subject prefixes that you learned in the first lesson? To review, those were: *ni–* (for *mimi*/ I), *u–* (for *wewe*/you, sing.), *a–* (for *yeye*/he, she), *tu–* (for *sisi*/we), *m–* (for *nyinyi*/you plural), and *wa–* (for *wao*/they.) Those prefixes are the ones that you use if a pronoun is the subject of a sentence. But if an *M-Wa* noun is the subject of a sentence, then the subject prefixes are *a–* in the singular, and *wa–* in the plural. You'll notice that those are exactly the same as the prefixes used for pronouns in the third person, which makes a lot of sense, since they all refer to animate beings, such as people. In fact, whenever a noun refers to an animate being, no matter what class it belongs to, it uses those subject prefixes. But for the *Ki-Vi* class, the prefixes are even easier—they're *ki–* in the singular, and *vi–* in the plural, as you saw in the "knife" examples above. Here are a few more examples:

Mimi *ni*natoka Marekani.	*I come from the United States.*
Mtu *a*natoka Nairobi.	*The person comes from Nairobi.*
Watu *wa*natoka Nairobi.	*The people come from Nairobi.*
Kitabu *ki*natoka Tanzania.	*The book comes from Tanzania.*
Vitabu *vi*natoka Tanzania.	*The books come from Tanzania.*

Subject prefixes aren't the only type of agreement you'll see with noun classes, though. In lesson 2 you learned both demonstratives and possessives, although only for the *M-Wa* class. To review, you learned the demonstratives *huyu* (this), *hawa* (these), *yule* (that), and *wale* (those.) And you also learned that the prefix *w–* is used for possessives with *M-Wa* nouns, giving you: *wangu* (my), *wako* (your), *wake* (his/her), *wetu* (our), *wenu* (your, pl.), and *wao* (their.)

For *Ki-Vi* nouns, the demonstratives are: *hiki* (this), *hivi* (these), *kile* (that), and *vile* (those.) Can you see the *ki* of the singular and the *vi* of the plural in those forms? For possessives, there's a different prefix used for singular (*ki–*) nouns and for plural (*vi–*) nouns. But you actually already know it. Do you remember the special forms of *ki–* and *vi–* before vowels? They were *ch–* and *vy–*, and since the possessives without their prefixes begin with vowels, those are the forms that you use with *Ki-Vi* nouns. For singular possessions, that's: *changu* (my), *chako* (your), *chake* (his/her), *chetu* (our), *chenu* (your, pl.), and *chao* (their), and for plural possessions that's: *vyangu* (my), *vyako* (your), *vyake* (his/her), *vyetu* (our), *vyenu* (your, pl.), and *vyao* (their).

Hiki ni kitanda changu.	*This is my bed.*
Hivi ni vitanda vyangu.	*These are my beds.*
Kile ni choo chetu.	*That's our bathroom.*
Hivi ni vitanda vyao.	*These are their beds.*

Vile ni vitanda vyenu.	*Those are your (pl.) beds.*
Hiki ni kisu chako?	*Is this your knife?*
Hivi ni vijiko vyetu.	*These are our spoons.*

Grammar Topic 3: The *N–* Class

The third noun class that you'll learn is called the *N–* Class, because some of the nouns in this class begin with one of the nasal sounds *n–*, *ny–*, *m–*, or *ng–*. For example: *nyumba* (house/s), *njia* (road/s), *mbwa* (dog/s), *ng'ombe* (cow/s), *ndizi* (banana/s), *ngoma* (drum/s), *mvua* (rain/s), *nyoka* (snake/s). But a lot of the nouns in this class do not begin with any prefix at all: *tembo* (elephant/s), *simba* (lion/s), *paka* (cat), *chupa* (bottle/s). There are a few family and relationship terms, which you actually learned in the last lesson, in this class as well: *baba* (father/s), *mama* (mother/s), *dada* (sister/s), *kaka* (brother/s), *rafiki* (friend/s). Finally, a lot of foreign loan words belong to the *N–* class. Of course, you don't really need to know that they come from other languages, but here they are in case you're interested: *lugha* (language/s, from Arabic), *safari* (trip/s, Arabic), *kahawa* (coffee, Arabic), *saa* (hour, watch, Arabic) *meza* (table/s, Portuguese), *gereza* (prison/s, Portuguese), *motokaa* (car/s), *kompyuta* (computer/s), *stoo* (pantry/ies), *posta* (post office/s), *stampu** (stamp/s), *sukari* (sugar), *teksi* (taxi/s), *televisheni* (television/s). As you can tell from the examples, there isn't one unifying theme to the *N–* Class. It's pretty mixed! But one important thing to notice about all *N–* nouns is that their singular and plural forms are identical. But you'll still always be able to tell if one is singular or plural by the agreement patterns that other words will show.

So, then, let's go through all of the types of agreement that you've learned for the *M-Wa* and *Ki-Vi* classes, and apply them to the *N-* class. First, the subject prefix that you put on verbs to agree with *N-* nouns is *i–* in the singular, and *zi–* in the plural. That's one way you can tell whether an *N-* noun is singular or plural.

| Kompyuta inatoka Marekani. | *The computer comes from the U.S.* |
| Kompyuta zinatoka Marekani. | *The computers come from the U.S.* |

The *N*-noun demonstratives are: *hii* (this), *ile* (that), *hizi* (these), and *zile* (those). And the possessive prefixes are *y–* in the singular, and *z–* in the plural.

Kompyuta yangu inatoka Marekani.	*My computer comes from the U.S.*
Motokaa zao zinatoka Japani.	*Their cars come from Japan.*
Zile ni nyumba zetu.	*Those are our houses.*
Hii ni saa na ile ni taa.	*This is a watch, and that's a lamp.*

---

* Both *stampu* and *stempu* are used in Swahili.

Grammar Topic 4: "To Have"

To say "have" in Swahili, you use the expression *kuwa na*, which literally means "to be with." In the present tense, you only use the *–na* portion, which acts as a verb root. That means that you have to add a subject prefix, which of course depends on the class of the possessor.

Mimi *ni*na pesa.	*I have money.*
Mtoto *a*na kitabu.	*The child has a book.*
Watoto *wa*na vitabu.	*The children have books.*
Chumba *ki*na kabati.	*The room has a dresser.*
Vyumba *vi*na vitanda.	*The rooms have beds.*
Nyumba *zi*na vyumba.	*The houses have rooms.*
Posta *i*na choo.	*The post office has a bathroom.*

To negate "have," you might guess that you need to use the negative marker *ha–*. Just don't forget that *a–* "absorbs" the *a–* in *ha–*, and don't forget that the *mimi* negative prefix is *si–*.

Mimi *si*na pesa.	*I don't have money.*
Mtoto *ha*na kitabu.	*The child doesn't have a book.*
Watoto *hawa*na vitabu.	*The children don't have books.*
Chumba *haki*na kabati.	*The room doesn't have a dresser.*
Vyumba *havi*na vitanda.	*The rooms don't have beds.*
Nyumba *hazi*na vyumba.	*The houses have no rooms.*
Posta *hai*na choo.	*The post office doesn't have a bathroom.*

Grammar Topic 5: Adjectives

Now let's look at using adjectives, or descriptive words. If you've studied other languages, you know that adjectives often agree with the nouns that they describe. Swahili is no different, but as you can probably guess by now, that agreement comes in the form of a prefix added to the beginning of the adjective. That's why in the vocabulary list you saw adjectives listed with a dash, as in *–refu* (tall, long), to show that a prefix has to be added to the beginning. The adjective prefix for *M-Wa* and *Ki-Vi* nouns is simple— it's the same exact prefix as the noun itself.

Huyu ni mtoto *m*refu.	*This is a tall child.*
Hawa ni watoto *wa*refu.	*These are tall children.*
Kile ni kisu *ki*refu.	*That's a long knife.*
Vile ni visu *vi*refu.	*Those are long knives.*

The adjective forms used with *N–* nouns are a bit more complicated, so we'll come back to them later. There are actually two types of adjectives in Swahili, though: the variable ones that agree, as in *–refu*, and invariable ones that never change, as in *safi* (clean.) You can tell the difference in the vocabulary lists because the variable adjectives will be listed with a hyphen, but the invariable ones won't. (Take a look back at the vocabulary list to see some examples.)

Hawa ni watoto safi.	*These are clean children.*
Kile ni kisu safi.	*That's a clean knife.*

And finally, there's one important point to remember about adjectives that refer to animate beings—people or animals. No matter what the noun class may be, the adjective always takes the *M-Wa* form, because that's the main class of animate beings, as you remember from Lesson 2. This is similar to the case of subject prefixes, which are always in the *M-Wa* form for any animate subject.

Huyu ni paka mkubwa.	*This is a big cat.*
Dada yake mzuri anaishi Nairobi.	*His pretty sister lives in Nairobi.*

3G. READING: KUSAIDIA MAJIRANI

Kusaidiana ni jambo muhimu sana katika utamaduni wa Waswahili. Majirani wengi huishi kama ndugu. Kama unahamia katika nyumba mpya, ni vizuri kuenda kuwasalimia majirani na kujitambulisha.

Majirani wanaweza kuja kuazima au kuomba kitu kutoka nyumba yako. Na wewe unaweza kufanya hivyo ukitaka. Kwa mfano jirani anaweza kuja kuazima pasi au baiskeli. Kama una gari majirani wanaweza kuja kukuomba uwasaidie usafiri kwa mfano wa kuenda kupeleka mgonjwa hospitali. Kama nyumba yako ina kisima au ina maji ya bomba, majirani wanaweza kuja kuomba maji kama wao hawana. Kama utapata matatizo ya ghafla katika nyumba yako kama vile moto, basi majirani hufika kwanza kabla ya watu wa zima moto na kuweza kukusaidia.

Majirani pia hutembeleana kama mmoja ana matatizo. Kwa mfano wakati wa msiba majirani hupeana pole. Kama jirani mmoja ni mgonjwa wengine huenda kumuangalia. Haya ndio maisha ambayo majirani wanaishi katika nchi za waswahili.

Helping Your Neighbors

Helping one another is very important in Swahili culture. Many neighbors live like relatives. If you move into a new house, it's a good idea to go and see your neighbors and introduce yourself.

Neighbors may come and ask for or borrow something from you. You can do the same thing if you want. For example, a neighbor could come and borrow an iron or a bicycle. If you have a car, neighbors could come and ask for a ride to the hospital in order to take a sick person. If your house has a well or has running water, neighbors could come to ask for water if they don't have any. If you have an emergency in your house like a fire, your neighbors will be the first to come to try to help before the firemen.

Neighbors also visit each other if someone has some problem. For example, during a time of grieving, neighbors console one another. If a neighbor is sick, others will go and pay a visit. This is a typical life for neighbors in Swahili culture.

3H. CULTURE TOPIC 2

There are generally two major types of houses found in Swahili speaking communities. There are modern houses (*nyumba za kisasa/nyumba za mjini*), which are mainly found in towns and cities (*mijini*), and traditional houses (*nyumba za asili/nyumba za shamba*) which are found in the villages (*vijijini*). Modern houses are built using modern materials, such as cement (*saruji*) and iron sheets (*mabati*) for the roof (*paa*). The layout of such houses will be familiar to you. They will have a dining area (*ukumbi wa kulia*), bedrooms, a kitchen, a living room (*ukumbi wa mapumziko*), bathroom and a pantry. The living room will be the most important room, both for family and for any guests who drop by for a visit. Anyone who enters the house will leave their shoes at the door, since people don't wear shoes inside houses.

Apartment houses (*nyumba za fleti*) are also found in more developed areas. Mombasa in Kenya and Zanzibar in Tanzania are known for their old stone buildings (*nyumba za mawe*). In the suburban areas (*ng'ambo/nje ya mji/uswahilini*), there's a mixture of modern houses and traditional ones.

The traditional houses are built using available local materials, such as mud (*udongo*) for the walls and palm tree fronds (*makuti*) or local grass (*nyasi*) for the roofs. While it's very rare to find these types of houses in towns or cities, few modern houses may be found in rural areas. One of the most visible differences between the two types of houses is that the bathrooms and kitchens of the traditional houses are built separately from the main house. Also, because most traditional houses are owned by people with low incomes, these houses will normally have no electricity. People use lamps (*kandili/koroboi*), and they get their water from wells (*visima*). They also use firewood (*kuni*) for cooking.

It's very common for a guest to be invited outside on a floor mat (*mkeka*). Families in the countryside (*mashamba*) usually sit on the porch outside their homes (*barazani*) in the evening and talk. This is the most important space of the house. Some families still use this place to tell stories to their children in the evening. Most traditional houses don't have separate living rooms or dining rooms, and usually a corridor is used as a dining area. For those houses that do have a dining room, it may be converted into a bedroom in the evening.

Since most people in East Africa have extended families, it's very rare to find a family living on its own as a nuclear family. Other relatives and parents from both sides may also be found living in the same house. So homes may be rather full by Western standards, with more than eight people living in one extended family unit.

EXERCISES

Exercise 1. The following list contains singular nouns and demonstratives from the three noun classes you've learned so far. Change each phrase into the plural, and then give the translation for both the singular and plural phrases.

1. mpwa yule

2. ndizi hii

3. mwalimu huyu

4. kikombe hiki

5. chupa ile

6. chakula kile

7. njia hii

8. kitu hiki

9. mzee huyu

10. mbwa huyu

Exercise 2: Translate each of the following English sentences into Swahili. Each sentence includes the verb "have."

1. The room has a big bed.

2. The room doesn't have a bed.

3. The rooms have tables.

4. The rooms don't have tables.

5. The small rooms don't have bathrooms.

6. The house has a garden.

Exercise 3: Use the appropriate demonstrative in each sentence.

1. Kitanda _____ ni kikubwa. (this)

2. Chumba _____ kina choo. (this)

3. Vyumba ____ ni vyoo. (those)

4. Vitanda ____ ni vizuri. (these)

5. Vyumba ____ vina vitanda. (those)

Exercise 4: Make sentences with the following words, starting with "*Nyumba...*" and the expression for "to have." Make both affirmative (has ...) and negative (doesn't have ...) sentences.

1. stoo

2. bustani

3. vyumba

4. choo

5. jiko

Exercise 5: Fill the blanks with the adjectives in parentheses. Make sure the adjectives provided agree with noun class. For N- Class nouns, use no prefixes.

1. Nyumba yako ni ____ (beautiful) na ____ (big).

2. Kisu hiki ni ____ (small).

3. Vitanda ni ____ (small).

4. Motokaa ____ (blue) ni ____ (beautiful).

5. Bustani yako ni ____ (green).

6. Kitabu ____ (black) ni changu.

Exercise 6: Use the appropriate demonstratives and forms of "to have" in the following sentences. The translations are given to help you.

1. Nyumba _____ vyumba vitatu. (*This house has three rooms.*)

2. Nyumba ____ ni nzuri lakini ____ fanicha. (*This house is good but (it) has no furniture.*)

3. Nyumba ____ ni kubwa. (*That house is big.*)

4. ____ ukumbi wa kupumzikia mkubwa na ____ jiko zuri. (*It has a big living room and (it) has a good kitchen.*)

5. Bustani ____ ni kubwa na nzuri. (*This yard is big and beautiful.*)

6. Vitanda ____ ni vizuri sana. (*These beds are very good.*)

INDEPENDENT CHALLENGE

Imagine that a new Swahili friend has asked you to describe your house. Using the vocabulary you've learned in this lesson, write a paragraph in Swahili describing your house. This is also a good time to organize yourself so that you can easily master the Swahili noun classes as they come. Make a table, with eight columns for the nouns classes, and fill in the first three: *M-Wa*, *Ki-Vi*, and *N–*. Then, make rows for the prefixes you've learned so far—subject prefixes, adjective prefixes, and possessive prefixes. Include both singular and plural forms. And don't forget the four demonstratives, *this*, *that*, *these*, and *those*. You'll add more rows as you learn more grammar. If you prefer a different system, you could start an index card cheat sheet for each class. You'll see that most Swahili grammar comes down to noun classes and prefixes, so build a solid foundation in them, and the language will come much more easily!

ANSWER KEY

Exercise 1: 1. mpwa yule (that nephew), wapwa wale (those nephews); 2. ndizi hii (this banana), ndizi hizi (those bananas); 3. mwalimu huyu (this teacher), walimu hawa (these teachers); 4. kikombe hiki (this cup), vikombe hivi (these cups); 5. chupa ile (that bottle), chupa zile (those bottles); 6. chakula kile (that food), vyakula vile (those foods); 7. njia hii (this road), njia hizi (these roads); 8. kitu hiki (this thing), vitu hivi (these things); 9. mzee huyu (this parent/elder), wazee hawa (these parents/elders); 10. mbwa huyu (this dog), mbwa wale (those dogs)

Exercise 2: 1. Chumba kina kitanda kikubwa. 2. Chumba hakina kitanda. 3. Vyumba vina meza. 4. Vyumba havina meza. 5. Vyumba vidogo havina vyoo. 6. Nyumba ina bustani.

Exercise 3: 1. Kitanda hiki ni kikubwa. 2. Chumba hiki kina choo. 3. Vile ni vyoo. 4.Vitanda hivi ni vizuri. 5. Vyumba vile vina vitanda.

Exercise 4: 1. Nyumba ina stoo. Nyumba haina stoo. 2. Nyumba ina bustani. Nyumba haina bustani. 3. Nyumba ina vyumba. Nyumba haina vyumba. 4. Nyumba ina choo Nyumba haina choo. 5. Nyumba ina jiko. Nyumba haina jiko.

Exercise 5: 1. nzuri, kubwa. 2. kidogo. 3. vidogo. 4. bluu, nzuri. 5. kijani. 6. cheusi.

Exercise 6: 1. Nyumba hii ina vyumba vitatu. 2. Nyumba hii ni nzuri lakini haina fanicha. 3. Nyumba ile ni kubwa. 4. Ina ukumbi wa kupumzikia mkubwa na ina jiko zuri. 5. Bustani hii ni kubwa na nzuri. 6. Vitanda hivi ni vizuri sana.

4

Unaamka saa ngapi?
What time do you get up?

In this lesson, you'll learn the vocabulary and structures you need to talk about your daily activities. You'll be introduced to the habitual tense, the days of the week, telling time, and other important topics and expressions related to daily routines. You'll also learn how to say "of" and express possession similar to the English "John's" or "the girl's." First, let's get started with a vocabulary warm up.

4A. VOCABULARY WARM-UP

sio sawa	*not the same, not okay, not right*
Inategemea.	*It depends.*
mkahawa wa shule	*school cafeteria*
kwa mfano	*for example*
baada ya hapo	*after that*
kufanya mazoezi	*to exercise, work out*
chakula cha jioni	*dinner, evening meal*
kazi za shule, mazoezi ya nyumbani	*homework*
Ni kweli.	*That's true. Indeed.*
kufua nguo	*to wash clothes*
shule ya bweni	*boarding school*

4B. DIALOGUE: LIFE AT SCHOOL

Jerome studies at a boarding school in western Kenya. At the end of his first semester he comes home for the holidays and meets with Esther. Esther wants to know about life at the boarding school compared to life at home.

     Esther: Hujambo Jerome?

     Jerome: Sijambo. Na wewe je?

Esther: Mimi sijambo. Habari za shule?

Jerome: Sio mbaya.

Esther: Vipi maisha ya shule ya bweni ni sawa na maisha ya hapa nyumbani?

Jerome: Hapana. Sio sawa. Kwa mfano katika shule ya bweni tunaamka mapema zaidi.

Esther: Unaamka saa ngapi?

Jerome: Kila siku ya shule mimi huamka saa 12 (kumi na mbili) kamili asubuhi. Kwanza hufanya mazoezi kidogo, kisha huoga, hupiga mswaki na hunyoa ndevu. Baada ya hapo huvaa nguo na hunywa chai ya asubuhi. Kawaida hula mayai na mkate.

Esther: Unaenda shule kwa miguu?

Jerome: Ndio, mimi huenda shule kwa miguu na huanza masomo saa tatu asubuhi.

Esther: Kwa kawaida unakula wapi?

Jerome: Siku za shule hununua chakula na hula katika mkahawa wa shule.

Esther: Unarudi saa ngapi bwenini kutoka shule?

Jerome: Inategemea. Lakini kwa kawaida hurudi saa 11 (kumi na moja) jioni.

Esther: Unafanya nini jioni?

Jerome: Jioni mimi huenda kwenye sehemu ya mazoezi kwa saa moja. Hurudi kutoka mazoezi saa moja usiku.

Esther: Baada ya hapo unalala?

Jerome: Hapana, silali. Kabla ya kupika chakula cha jioni, huoga na huangalia TV. Kisha hula chakula cha jioni na hufanya kazi za shule. Baada ya kufanya kazi za shule hulala.

Esther: Ni kweli kuwa maisha ya shule ya bweni ni tofauti! Kwa kawaida unafanya nini wikiendi?

Jerome: Kwa kawaida wikiendi hufua nguo na hutembelea marafiki.

Esther: Kuna sinema karibu?

Jerome: Ndio. Mimi huenda sinema kila Jumapili usiku.

Esther: *How are you, Jerome?*

Jerome: *I'm fine. How about you?*

Esther: *I'm fine. How was school?*

Jerome: *Not bad.*

Esther: *What's life at boarding school like? Is it the same as life here at home?*

Jerome: *No. It's not the same. For example, we get up early at boarding school.*

Esther: *What time do you get up?*

Jerome: *Every school day I get up at 6:00 am sharp. First, I exercise a little bit, then take a shower, brush my teeth, and shave. After that I get dressed and have breakfast. I usually have eggs and bread.*

Esther: *Do you go to school on foot?*

Jerome: *Yes, I go to school on foot, and we start our classes at 9:00 a.m.*

Esther: *Where do you usually eat?*

Jerome: *On school days I buy food and eat at the school cafeteria.*

Esther: *What time do you get back from school?*

Jerome: *It depends. But I usually come back at 5:00 in the evening.*

Esther: *What do you do in the evening?*

Jerome: *In the evening I go to the gym for an hour. I come back at 7:00 p.m.*

Esther: *Do you go to bed after that?*

Jerome: *No, I don't sleep. Before eating dinner, I take a shower and watch TV. Then I eat dinner and do my homework. After doing my homework I go to sleep.*

Esther: *Life at the boarding school sure is different! What do you usually do on the weekends?*

> Jerome: Usually I wash my clothes and visit friends on the weekends.
>
> Esther: Is there a cinema nearby?
>
> Jerome: Yes, I go to the movies every Sunday night.

4C. VOCABULARY

baada ya	after
chakula/vyakula	food
kabla ya	before
kamili	sharp (at a specific time), exact
kila	every
kisha	then
kuamka	to wake up, get up
kuenda	to go
kula	to eat
kununua	to buy
kunyoa ndevu	to shave
kuoga	to take a shower or bath
kupiga mswaki	to brush your teeth
kupika	to cook
kurudi	to return, to come back
kwa	by
kwa kawaida	usually
kwanza	first, at first
maisha	life
mapema	early
saa	time, watch/es, hour/s
shule, skuli	school/s
siku	day/s
sinema	cinema/s, movies
tofauti	different
wapi?	where?

zaidi   *more, too much, extra*

zoezi/mazoezi   *exercise/s*

4D. KEY PHRASES

Now let's learn some key phrases that you may need to talk about your daily activities and ask others about theirs.

Vipi maisha ya chuoni?	*How's life at college?*
Unapenda masomo yako na walimu wako?	*Do you like your classes and your professors?*
Kawaida huamka mapema zaidi bwenini.	*I usually get up much earlier in the dormitory.*
Unaenda vipi kazini?	*How do you go to work?*
Ninapanda basi kuenda kazini.	*I take the bus to go to work.*
Ninafanya kazi siku za wiki.	*I work during the week.*
Nina kazi nyingi.	*I have a lot of work.*
Unafanya nini jioni?	*What do you do in the evening?*
Unacheza mchezo wowote?	*Do you play any sports?*
Baada ya hapo unalala?	*Do you sleep after that?*
Kwa kawaida unafanya nini wikiendi?	*What do you usually do on the weekend?*
Wewe huenda kutembea na rafiki zako?	*Do you go out with your friends?*
Wikiendi hupumzika na familia yangu.	*I relax on the weekend with my family.*
Huenda sinema kila Jumapili usiku.	*I go to the cinema every Sunday night*

4E. CULTURE TOPIC 1

Until recently, there was a common expectation of young people in East African countries that once they finished their studies, they would find employment in the government. Today, though, young people realize that jobs do not come automatically and that there simply aren't enough positions available for everyone. An enterprising but very difficult solution for a young person, particularly a young man, who finds himself without employment, is to open up a small business on the street selling merchandise (*biashara ndogo ndogo/juakali*). The daily routine for these small traders (*wamachinga*) is to wake up very early in the morning, perhaps at 5:00

a.m., to prepare their kiosks (*magenge*). These kiosks are usually in open spaces, and the *wamachinga* sell small electronic items such as calculators and cell phone chargers, secondhand clothing (*mitumba*), toiletries, cigarettes (*sigara*), and so on. Normally they offer these items at a discount. And wherever you find these *wamachinga* and their kiosks, you will also find women who sell them food (*mama ntilie*). The food may be served in the open, or in small shelters. *Wamachinga* who aren't lucky enough to have kiosks may stand at intersections, trying to sell their goods to passing motorists, or they may simply walk the streets carrying their merchandise. Many of the *wamachinga* who do their business in big cities (*mijini*), like Nairobi or Dar es Salaam, do not actually live in the cities, where rents are relatively high. Those who can might live in rented rooms (*vyumba vya kukodi*), which they share with several other people. Housing is not the only difficulty they must deal with. Hygiene (*usafi*), too, may be a problem, as public bathrooms (*vyoo*) and clean running water (*maji*) can be rare in the spaces where small traders are able to do business. Unfortunately, this difficult way of making a living is the daily routine for many young people.

4F. GRAMMAR

Grammar Topic 1: The Habitual Tense

This tense is used to talk about events that take place on a regular basis, such as a daily routine. It's not difficult to form the habitual tense, because it doesn't require any subject prefix. Simply add the prefix *hu–* to the verb. The subject is known only from context, and the tense carries an automatic sense of "usually," "often," "typically," and so on. The only important thing to note about the habitual tense is that it's most often used along with a specific time reference. Take a look at the following examples, keeping in mind that the exact subjects would be demonstrated in the context of conversation.

Kila siku huoga saa kumi na mbili asubuhi.	*I (you, they, etc.) take a shower at 6:00 a.m. every day.*
Yeye huenda sinema kila Jumapili usiku.	*He/She goes to the movies every Sunday night.*
Wikiendi mimi hufua nguo.	*I wash my clothes on the weekend.*
Hunyoa ndevu kila siku.	*I (he/we) usually shave(s) every day.*

Sometimes, Swahili speakers also use the *–na–* present tense to express their daily activities. But whenever the *hu–* tense marker is used, there are time expressions that go with it. You saw many of these in the dialogue: *kwa kawaida* (usually), *kila siku* (every day), *kila wikiendi* (every weekend).

The negative of the habitual (*hu–*) tense is the same as the negative of the present (*–na–*) tense:

Siendi sinema kila Jumapili usiku.	*I don't go to the movies every Sunday night.*
Wanafunzi hawafui nguo zao wikiendi.	*The students do not wash their clothes on the weekend.*
Yeye hanyoi ndevu kila siku.	*He does not shave every day.*

Grammar Topic 2: The Days of the Week

Now that you've learned the habitual tense, it's a good time to learn the days of the week, which are typical time expressions that can be used with this tense. The days of the week in Swahili are named according to the Muslim religious week; Friday is the last day, and also the day of prayer.

Jumamosi	*Saturday (First Day)*
Jumapili	*Sunday (Second Day)*
Jumatatu	*Monday (Third Day)*
Jumanne	*Tuesday (Fourth Day)*
Jumatano	*Wednesday (Fifth Day)*
Alhamisi / Alkhamisi	*Thursday*
Ijumaa	*Friday (Congregation Day)*

To say that you habitually do something on a particular day, use the word *kila* (every).

Huenda sehemu ya kupumzikia kila Jumamosi.	*We go to the park Saturdays / every Saturday.*
Husoma Kiswahili kila Jumatatu na Jumatano.	*They study Swahili every Monday and Wednesday.*

Grammar Topic 3: Numbers 1–20

The numbers 1–20 that you use for counting or doing math in Swahili are:

1 moja	6 sita	11 kumi na moja	16 kumi na sita
2 mbili	7 saba	12 kumi na mbili	17 kumi na saba
3 tatu	8 nane	13 kumi na tatu	18 kumi na nane
4 nne	9 tisa	14 kumi na nne	19 kumi na tisa
5 tano	10 kumi	15 kumi na tano	20 ishirini

If you use a number to quantify a noun, as in "three people," the number has to agree with the noun. That means that it will take on prefixes depending on noun class. The numbers in the table above, which you use to count, are actually the forms for the *N*– Noun Class, so you'd use them with such nouns as *nyumba* (house/s) or *ng'ombe* (cow/s). For other classes, you put the appropriate adjective prefix on the following stems. Notice that *sita* (6), *saba* (7), *tisa* (9), and *kumi* (10) are invariable forms, used for any noun class.

1 –moja	3 –tatu	5 –tano	7 saba	9 tisa
2 –wili	4 –nne	6 sita	8 –nane	10 kumi

Here are a few examples of numbers with agreement markers:

mtoto mmoja
(*one child*)

kiti kimoja
(*one chair*)

mbwa mmoja
(*one dog*)

watu watatu
(*three people*)

vitabu vitano
(*five books*)

nyumba mbili
(*two houses*)

Note that agreement must also be on the forms of the numbers combined with *kumi* (ten).

vitabu kumi na vitatu (*13 books*)   **watu kumi na watano** (*15 people*)

Grammar Topic 4: Telling Time

Now that you've learned the numbers in Swahili, you're ready to learn how to tell time. In the dialogue, you heard Jerome say: *Hurudi kutoka mazoezi saa moja usiku.* (I come back from exercising at 7:00 p.m.) You know that *moja* means one, not seven, though, so how can the phrase *saa moja usiku* mean "7:00 p.m."? It all has to do with how the day is divided in Swahili culture into twelve hours of daylight and twelve hours of darkness. The day begins at 6:00 a.m., and the night begins at 6:00 p.m. Therefore, 7:00 is "hour one of the night," or *saa moja usiku*. But just as we can say in English *morning, noon, afternoon, late afternoon, evening,* and so on, the day in Swahili can be divided more precisely:

5:00 a.m.–5:59 a.m.	alfajiri / asubuhi mapema sana	*early morning*
6:00 a.m.–11:59 a.m.	asubuhi	*morning*
12:00 p.m.–2:59 p.m.	mchana	*noon/afternoon*
3:00 p.m.–4:59 p.m.	alasiri	*late afternoon*
5:00 p.m.–6:59 p.m.	jioni	*evening*
7:00 p.m.–4:59 a.m.	usiku	*night*

Note that you need to use the word *saa* (hour) when giving the time in Swahili. *Saa* is an *N*– Class noun, so you always use the same forms of the numbers as you do when counting. Another useful word is *kamili* (sharp). Here are some more examples:

6:00 a.m./p.m.	saa kumi na mbili asubuhi/jioni
7:00 a.m./p.m. sharp	saa moja kamili asubuhi/jioni/ usiku
8:00 a.m./p.m.	saa mbili asubuhi/usiku
9:00 a.m./p.m.	saa tatu asubuhi/usiku
10:00 a.m./p.m.	saa nne asubuhi/usiku
11:00 a.m./p.m.	saa tano asubuhi/usiku
12:00 p.m./a.m.	saa sita mchana/usiku
1:00 p.m./a.m.	saa saba mchana/usiku
2:00 p.m./a.m.	saa nane mchana/usiku
3:00 p.m./a.m.	saa tisa alasiri/usiku
4:00 p.m./a.m.	saa kumi alasiri/usiku
5:00 p.m./a.m.	saa kumi na moja jioni/alfajiri

Finally, if you want to express "quarter past," "half past," etc., you need a few more vocabulary items. *Unusu* and *na nusu* mean the same thing, "half past," *na robo* means "quarter past," and *kasorobo* means "a quarter before." To say another amount of minutes after the hour, use *na dakika* (and minutes).

1:30 a.m./p.m.	saa saba unusu (na nusu) usiku/ mchana
3:15 a.m./p.m.	saa tisa na robo usiku/alasiri
5:45 a.m./p.m.	saa kumi na mbili kasorobo alfajiri/jioni
11:10 a.m./p.m.	saa tano na dakika kumi asubuhi/ usiku
10:05 a.m./p.m.	saa nne na dakika tano asubuhi/ usiku

Grammar Topic 5: Expressing "Of" and Possession

As you already know, in Swahili many different elements in a sentence have to agree with the nouns that they're related to: verbs, adjectives, possessives, etc. In the dialogue from this lesson, you actually saw quite a few examples of another kind of agreement with nouns. Take a look at these examples again: *siku ya shule* (school day), *siku za shule* (school days), *sehemu ya mazoezi* (gym, "place of exercises"), *chakula cha usiku* (dinner, "food of the evening"), *kazi za nyumbani* (homework). Even though the English translations don't contain the preposition *of,* they're part of the Swahili meaning. For example *siku ya shule* (school day) literally means "day of school." Now take a closer look at the form that *of* takes: *ya, za, cha* . . . As you can probably guess, this form changes depending on the class of the noun it's linked to. The basic form of *of* in Swahili is –*a*, and onto this you add a prefix that varies by noun class. The prefix is the same that you use for the possessives, which you learned in Lesson 3.

Take as an example *siku ya shule*. The word *siku* (day) is an *N-* Class noun. The possessive prefix that you learned in the last lesson for *N-* Class nouns is *y–* in the singular, and *z–* in the plural. Since *siku* is singular, you get *siku ya shule*. But in the plural, you get *siku za shule*. For *Ki-Vi* Nouns, the prefixes are *ch–* for singular, and *vy–* for plural. So, you have *chakula cha jioni* (dinner, "food of the evening"), and *vyakula vya watoto* (children's food). For *M-Wa* Nouns, the possessive prefix is *w–* for both singular and plural. So, "a student of Swahili" is *mwanafunzi wa Kiswahili*. Here are some more examples. Notice that this construction can be translated into English as *of*, as an apostrophe *s*, or even as a compound (two part) noun:

Mtoto wa Ali anazungumza Kifaransa.	*Ali's son converses in French.*
Huyu ni mjomba wa Ali.	*This is Ali's uncle.*
Hiki ni kitabu cha Kiswahili.	*This is a Swahili book / a book of Swahili.*
Hii ni kompyuta ya baba yangu.	*This is my father's computer.*

4G. READING: USAFI

Kama ilivyo katika utamaduni wa nchi nyengine, watoto katika nchi za Afrika Mashariki hufundishwa kufanya usafi wakiwa wadogo. Watoto hufundishwa usafi wa mwili, nguo, chakula na mengineyo. Watoto hutakiwa kupiga mswaki mara mbili kwa siku. Hupiga mswaki baada ya kuamka na kabla ya kulala. Kwa kawaida watoto pia huoga mara mbili asubuhi na jioni. Watoto hutakiwa kuoga kwa sabuni.

Watoto hawaachiwi kuwa na nywele kubwa, haswa wavulana. Kuwa na nywele kubwa au ndefu kunaonekana kuwa sio usafi. Baadhi ya watoto hupelekwa kwa kinyozi na kukatwa nywele. Wazazi wengine huwakata watoto wao nywele wenyewe. Kama watoto ni wadogo, wazee huwakata kucha kwa kiwembe. Watoto hukatazwa kukata kucha kwa meno.

Watoto pia hufundishwa wakiwa wadogo kufua nguo zao wenyewe. Baada ya kufua nguo kwa kawaida watoto hufundishwa kupiga pasi. Katika sehemu nyingi za Afrika Mashariki hakuna mashine za kufulia.

Kawaida watoto wanawake hufundishwa kuosha vyombo na kufagia nyumba, na kufanya usafi wa jumla wa nyumba. Kawaida watoto wengi wanaume hawafanyi kazi hizi. Wao hufanya kazi za nje kama kuchunga mifugo, kuchanga kuni, kukata majani na nyenginezo.

Hygiene

Children in East Africa, just like in other countries' cultures, are usually taught matters of hygiene when they're still young. Children are taught personal hygiene, hygiene for clothes, for food, and so on. Children typically have to brush their teeth twice a day. They usually brush their teeth after getting up and before they go to bed. Typically children also take a bath twice in the morning and in the evening. Children have to take a bath with soap.

Children, especially boys, aren't allowed to grow long hair. To grow long hair is considered to be unhygienic. Some children are taken to a barber to have their hair cut. Other parents cut their children's hair themselves. If the children are small, parents clip their children's fingernails with a razor. Children are usually strongly discouraged from biting their nails!

Children are also taught while they are small, to wash their clothes by themselves. After washing their clothes children are typically taught how to iron their clothes. Washing machines are not available in many places in East Africa.

Young girls are typically taught how to wash utensils, sweep the house, and do general household cleaning. Usually many boys do not do these household chores. They normally do outside work like rearing cattle, splitting wood, mowing, and so on.

4H. CULTURE TOPIC 2: THINGS TO DO IN THE EVENING IN EAST AFRICA

If you're interested in the daily life of people in Swahili speaking cultures, you may be wondering what people do (*hufanya*) outside of their work lives. Of course, one option is simply to rest (*kupumzika*) after a hectic day. After all, many offices (*ofisi nyingi*) close (*hufungwa*) after 5:00 p.m. (*saa kumi na moja jioni*).

For entertainment, people may like (*hupenda*) to play (*kucheza*) local games in the evening. You can see people playing poker (*karata*) and board games (*bao*), while others look on with interest. Of course, board games are not for everyone. Many people like to play or watch soccer (*mpira wa miguu*), so they spend a lot of time in open soccer fields (*viwanja vya mpira*).

But this has typically been a man's hobby; it has been very rare to see women in these places, although this is beginning to change slightly. As women in East African culture are usually responsible for running the home, a great deal of their time is spent preparing food. Some items that women cook are buns (*maandazi*), rice fritters (*vitumbua*), fried fish (*samaki wa kukaanga*), and *chapati* (a flat loaf of bread). But naturally, women do spend some time relaxing, and you might see groups of women enjoying one another's company, talking, and even braiding one another's hair. These days you might also find women going to the gym, playing netball or basketball, or jogging.

Young people in East Africa spend time doing many of the same things that young people everywhere do. They go to the movies (*sinema*) with friends (*marafiki*), or perhaps to discotheques (*kumbi za muziki*). Some people are homebodies, so they stay (*hubaki*) at home and watch (*huanga-lia*) TV or listen (*husikiliza*) to the radio. Muslims may go to the mosques (*misikitini*) in the evening to pray, learn about Islam, or listen to sermons (*hotuba*). Christians also may attend church (*kanisa*) services every Sunday or Saturday and some evenings during the week.

EXERCISES

Exercise 1. Use the appropriate form of –*a* in the following.

1. Hiki ni chumba ____ watoto.

2. Hii ni kompyuta ____ baba.

3. Kitanda ____ baba na mama ni kikubwa.

4. Hawa ni watu ____ Kenya.

5. Hivi ni vyoo ____ wanawake.

6. Ndege ____ Kenya ni wazuri.

7. Bustani ____ nyumba hii ni kubwa.

8. Hizi ni meza ____ kompyuta.

9. Mwanafunzi ____ Kiswahili anaenda Tanzania.

Exercise 2. Now translate each of the following days of the week, either into Swahili or into English.

1. Jumatatu

2. Thursday

3. Jumanne

4. Friday

5. Jumapili

6. Wednesday

7. Saturday

Exercise 3. Write the equivalent time in the following by using numbers and a.m. or p.m. For example, *saa moja kamili asubuhi* would be "7:00 a.m."

1. Saa kumi na mbili jioni.

2. Saa saba usiku.

3. Saa tano asubuhi.

4. Saa nane mchana.

5. Saa tatu usiku.

Exercise 4. Now say the following times in Swahili.

1. 10:00 a.m.

2. 3:00 a.m.

3. 7:00 p.m.

4. 4:00 p.m.

5. 8:00 a.m.

Exercise 5. Now make sentences out of the following. You'll need to translate the day of the week into Swahili, convert any times into Swahili, and you'll also need to use the present habitual (*hu*) tense.

Example: Kila siku / amka / (6:00 a.m.) *Kila siku huamka saa kumi na mbili asubuhi.*

1. Sunday / fua nguo / asubuhi.

2. Kila / Monday / enda shule / saa tatu asubuhi.

3. Kwa kawaida watoto / oga / asubuhi na jioni.

4. Watoto / lala / mapema kila siku.

5. Baba / nyoa ndevu / 8:00 a.m.

6. Kwa kawaida watoto wadogo / katwa kucha / kila Saturday.

INDEPENDENT CHALLENGE

Make a list of ten common daily activities, and use the glossary, a dictionary, or an online reference to translate them into English. After you've got your list of ten new vocabulary items, try making sentences by using them along with days of the week or times of the day. Add a few items to this list every day or every week, record them in your journal, and watch your vocabulary grow!

ANSWER KEY

Exercise 1: 1. Hiki ni chumba cha watoto. 2. Hii ni kompyuta ya baba. 3. Kitanda cha baba na mama ni kikubwa. 4. Hawa ni watu wa Kenya. 5. Hivi ni vyoo vya wanawake. 6. Ndege wa Kenya ni wazuri. 7. Bustani ya nyumba hii ni kubwa. 8. Hizi ni meza za kompyuta. 9. Mwanafunzi wa Kiswahili anaenda Tanzania.

Exercise 2: 1. Jumatatu—Monday. 2. Thursday—Alhamisi. 3. Jumanne—Tuesday. 4. Friday—Ijumaa. 5. Jumapili—Sunday. 6. Wednesday—Jumatano. 7. Saturday—Jumamosi.

Exercise 3: 1. 6:00 p.m. 2. 1:00 a.m. 3. 11:00 a.m. 4. 2:00 p.m. 5. 9:00 p.m.

Exercise 4: 1. Saa nne kamili asubuhi. 2. Saa tisa usiku. 3. Saa moja usiku. 4. Saa kumi jioni. 5. Saa mbili asubuhi.

Exercise 5: 1. Jumapili hufua nguo asubuhi. 2. Kila Jumatatu huenda shule saa tatu asubuhi. 3. Kwa kawaida watoto huoga asubuhi na jioni. 4. Watoto hulala mapema kila siku. 5. Baba hunyoa ndevu saa mbili asubuhi. 6. Kwa kawaida watoto wadogo hukatwa kucha kila Jumamosi.

LESSON

5

Shuleni

At School

This lesson will focus on schools, so you'll learn a lot of new and useful vocabulary for talking about studies. You'll also learn several important grammatical points, including the past tense, numbers 21 through 1,000, and agreement with *N-* Class nouns. As usual, let's start with a vocabulary warm-up.

5A. VOCABULARY WARM-UP

baada ya masomo	*after studies/lessons/classes*
Bila shaka!	*Of course! ("Without doubt!")*
Habari za likizo?	*How was the break?*
kama unapenda	*if you like*
kumaliza masomo	*to finish studies*
karatasi ya kuchapishia	*printing paper*
kwa likizo	*for break, for vacation*
wakati wa likizo	*(during the) time of break*
kwa nini?	*why?*
kwa sababu	*because*
labda	*maybe, perhaps*
masomo ya lugha	*language studies*
shule ya sekondari	*secondary school*
Tungependa kununua . . .	*We would like to buy . . .*
vifaa vya shule	*school items, school supplies*
Ulienda wapi?	*Where did you go?*
Ulifanya nini?	*What did you do?*
kuwaona wazazi	*to see parents*
kwa ajili ya	*for (the purpose of)*

5B. DIALOGUE: AT SCHOOL

Musa and Pendo are secondary school students. Musa comes from Dar es Salaam, and Pendo from Arusha. They meet at the bookstore and talk about their recent school break.

Musa: Habari za likizo Pendo?

Pendo: Nzuri tu. Na wewe?

Musa: Nzuri. Ulienda wapi kwa likizo?

Pendo: Nilienda nyumbani kuwatembelea wazazi wangu.

Musa: Wazazi wako wanaishi wapi?

Pendo: Wanaishi Arusha.

Musa: Na wewe ulifanya nini wakati wa likizo?

Pendo: Nilipumzika na nilifanya mazoezi ya mtihani.

Musa: Kwa nini?

Pendo: Kwa sababu ninataka kufanya mtihani.

Musa: Unafanya mtihani gani?

Pendo: Mtihani wa kumaliza masomo ya shule ya sekondari.

Musa: Unafanya mtihani wa masomo gani?

Pendo: Ninafanya mtihani wa bayolojia, fizikia, kemia na hesabu.

Musa: Kwa nini unafanya masomo haya?

Pendo: Kwa sababu ninataka kuwa daktari.

Musa: Lakini masomo haya ni magumu!

Pendo: Ndio lakini ninayapenda masomo haya. Wewe unapenda masomo gani?

Musa: Mimi ninapenda historia, jiografia, uchumi, na lugha za kigeni.

Pendo: Unapenda lugha gani?

Musa: Ninapenda Kiingereza, Kihispania na Kitaliano.

Pendo: Lakini masomo ya lugha ni magumu!

Musa: Hapana, si magumu kama unayapenda.

Baadaye Musa anazungumza na mwenyeduka.

Muuzaji: Habari gani?

Musa: Nzuri. Na wewe?

Muuzaji: Nzuri sana. Karibu.

Musa: Asante. Tungependa kununua vifaa vya shule.

Muuzaji: Wewe unataka vitu gani?

Musa: Mimi ninahitaji vitabu, madaftari, kalamu, penseli za rangi, karatasi za kuandikia, na mkoba wa shule.

Muuzaji: Unaweza kununua vitu hivi hapa. Unahitaji nini zaidi?

Musa: Ninahitaji sare za shule na viatu pia. Pia ninataka disketi za kompyuta na karatasi za kuchapishia.

Muuzaji: Wewe ni mwanafunzi wa shule gani?

Musa: Mimi ninasoma shule ya sekondari .

Muuuzaji: Ulimaliza shule ya msingi?

Musa: Ndio, nilimaliza.

Muuzaji: Utapenda kufanya nini baada ya masomo?

Musa: Nitapenda kuwa mwalimu wa Kiingereza.

Muuzaji: Unapenda kufundisha?

Musa: Ndio ninapenda kufundisha sana.

Muuzaji: Basi utakuwa mwalimu mzuri.

Musa: Labda!

Muuzaji: Bila shaka!

Musa: Asante. Kwaheri.

Muuzaji: Haya, kwaheri.

Musa: Tutaonana.

Muuzaji: Tutaonana.

Musa: How was break?

Pendo: Just fine. And you?

Musa: Fine. Where did you go for break?

Pendo:	*I went home to visit my parents.*
Musa:	*Where do your parents live?*
Pendo:	*They live in Arusha.*
Musa:	*And what did you do during break?*
Pendo:	*I rested and studied for exams ("did exam practice").*
Musa:	*Why?*
Pendo:	*Because I want to take my exams.*
Musa:	*Which exams will you take?*
Pendo:	*Exams for completing secondary school.*
Musa:	*Which subjects are you taking exams for?*
Pendo:	*I'll do biology, physics, chemistry, and math.*
Musa:	*Why are you studying these subjects?*
Pendo:	*Because I want to become a doctor.*
Musa:	*But these subjects are difficult!*
Pendo:	*Yes, but I like these subjects. What subjects do you like?*
Musa:	*I like history, geography, economics, and foreign languages.*
Pendo:	*Which languages do you like?*
Musa:	*I like English, Spanish, and Italian.*
Pendo:	*But languages are difficult!*
Musa:	*No, they're not difficult if you like them.*

Later Musa talks with the bookstore salesperson.

Salesperson:	*How are you doing?*
Musa:	*Fine. And you?*
Salesperson:	*Excellent. Welcome.*
Musa:	*We'd like to buy some school supplies.*
Salesperson:	*What supplies do you need?*
Musa:	*I need books, notebooks, pens, colored pencils, writing pads, and a school bag.*
Salesperson:	*You can buy these things here. What else do you need?*

Musa: I need a school uniform and shoes. I also want a computer diskette and printing paper.

Salesperson: Which school do you go to?

Musa: I go to secondary school.

Salesperson: Did you finish elementary school?

Musa: Yes, I did.

Salesperson: What would you like to do when you finish school?

Musa: I'd like to be an English language teacher.

Salesperson: Do you like teaching?

Musa: Yes, I like teaching very much.

Salesperson: So you'll be a good teacher!

Musa: Maybe.

Salesperson: Yes, of course!

Musa: Thank you. Good-bye.

Salesperson: See you!

Musa: See you!

5C. VOCABULARY

bayolojia	*biology*
daftari/madaftari	*notebook/s*
daktari/madaktari	*doctor/s*
darasa/madarasa	*classroom/s*
disketi	*diskette/s*
fizikia	*physics*
–geni	*foreign*
–gumu	*hard, difficult*
hesabu, hesabati	*mathematics*
historia	*history*
jiografia	*geography*
kalamu	*pen/s*
kama	*if, when*

kemia	*chemistry*
kifaa/vifaa	*item/s, supply/ies*
kuandika	*to write*
kufanya jaribio/mtihani	*to take a test*
kuhitaji	*to need*
kukumbuka	*to remember*
kumaliza	*to finish*
kununua	*to buy*
kupumzika	*to rest, to relax*
kusoma	*to study, to read*
likizo	*break/s, vacation/s, leave/s*
lugha	*language/s*
mtihani/mitihani	*exam/s, test/s*
penseli	*pencil/s*
rangi	*color/s, paint/s*
somo/masomo	*subject/s*
uchumi	*economics*
wakati/nyakati	*time/s*
zaidi	*more*
zoezi/mazoezi	*exercise/s*

5D. KEY PHRASES

Here are some phrases to talk about school and studies.

Mimi ni mwanafunzi katika chuo kikuu.	*I'm a student at the university.*
Nitamaliza masomo/ Nitahitimu mwaka huu.	*I'll graduate this year.*
Dada yangu yuko shule ya msingi.	*My sister is in primary/ elementary school.*
Mtihani wa kumaliza masomo ya shule ya sekondari ni mgumu.	*The secondary school final exam is difficult.*
Unapenda somo gani zaidi?	*What's your favorite subject?*
Masomo ya lugha ni muhimu.	*Language studies are important.*

Ninahitaji kompyuta mpya.	*I need a new computer.*
Unafanya mtihani gani?	*Which exam are you taking?*
Lazima nisome kwa ajili ya mtihani.	*I have to study for my exam.*
Nilipumzika wakati wa likizo.	*I rested during the break.*
Nimefaulu mtihani!	*I passed my exam!*

5E. CULTURE TOPIC 1: EDUCATION

Most people agree that education (*elimu*) is the best way to empower the economically and socially disadvantaged. For that reason, it has become a priority for nearly every country to provide education to its people. Despite this goal, there are still millions of children across the world who do not have access even to elementary education. This is a particular problem for developing countries, especially those in Africa.

Compared to many other African countries, Tanzania and Kenya have achieved a high degree of success in this area. In recent years, governments in these countries have succeeded in providing basic education to all school-age children. In Tanzania, this has been achieved partly due to the unifying role of Swahili. Unlike many other countries in Africa, elementary schools in Tanzania do not use a foreign language as a medium of instruction. This is because few African countries are fortunate enough to have one indigenous national language, and as a result, they turn to European languages for such purposes as government, business, and education. Still, despite its achievements, the government of Tanzania guarantees children only seven years of compulsory elementary education. Upon completion of those seven years, children must take a national exam (*mtihani wa taifa*), after which fewer than fifty percent of them are able to continue with secondary education. Those who pass this exam take another four, and then two, more years of secondary education before they graduate (*kumaliza masomo/kuhitimu*) and apply (*kuomba*) to a university (*chuo kikuu*). At the university, they take another three years to graduate, or more depending on the program.

In Kenya, another Swahili-speaking country, education is provided on the eight-four-four basis, meaning that students acquire elementary education for eight years and then attend secondary school for another four years. After four years of secondary school, students go to the university for another four (or more) years.

5F. GRAMMAR

Grammar Topic 1: The Past Tense

If you've studied other languages, you may expect tense formation to be very difficult, with all sorts of different endings and irregular forms to memorize. Tenses in Swahili, you'll be happy to know, are actually much more straightforward. As you've already learned, a verb contains at least three elements: a subject prefix + a tense infix + a verb root. Simply by changing the tense infix you can change from present to past or future. As an overview, here are the tense infixes. Of course you already know the present:

Present Tense Infix	Past Tense Infix	Future Tense Infix
–na–	–li–	–ta–

Now let's see how this system works with three verbs that you know—*kusoma* (to study/read), *kusema* (to speak) and *kutoka* (to come from):

Present	Past	Future
Mimi ninasoma Kiswahili.	Mimi nilisoma Kiswahili.	Mimi nitasoma Kiswahili.
I study Swahili.	*I studied Swahili.*	*I will study Swahili.*
Mimi ninasema Kiswahili.	Mimi nilisema Kiswahili.	Mimi nitasema Kiswahili.
I speak Swahili.	*I spoke Swahili.*	*I will speak Swahili.*
Mimi ninatoka Marekani.	Mimi nilitoka Marekani.	Mimi nitatoka Marekani.
I come from the U.S.	*I came from the U.S.*	*I will come from the U.S.*

The great thing about tense infixes is that they never change, no matter what the noun class of the subject is, or whether the subject is a person, animal, or thing. What will change is the subject marker, of course. Since you've learned three noun classes so far, let's review those subject markers:

M–Wa Class		Ki–Vi Class		N– Class	
ni–	tu–				
u–	m–				
a–	wa–	ki–	vi–	i–	zi–

Don't forget that the *M-Wa* Class is the class of human beings, so there are first person (I, we) and second person (you) subject prefixes as well as third person (he, she, they). But the *Ki-Vi* and *N–* Classes only have singular and plural third person prefixes, referring to "it" and "they" for non-humans. And remember, if a noun refers to an animate being, no matter which class it belongs to, the *M-Wa* subject prefixes will be used. Here are some examples of past tense verbs with different subjects:

Redio* iliharibika.   *The radio broke down.*

Kitabu kilipotea.   *The book got lost.*

---

* Both *redio* and *radio* are used in Swahili.

Vitabu viliuzwa.	*The books were sold.*
Ndege iliruka.	*The airplane flew.*
Ndege ziliruka.	*The airplanes flew.*
Ndege aliruka.	*The bird flew.*
Ndege waliruka.	*The birds flew.*

Take note of the last four examples. The noun *ndege*, an *N-* Class noun, can mean either "bird" or "airplane." Since it's an *N-* Class noun, its plural is the same as its singular, but any associated agreement markers will reflect its number. When meaning "airplane," an inanimate noun, *ndege* takes regular *N-* Class subject prefixes. But when it means "bird," an animate noun, *ndege* takes *M-Wa* subject prefixes.

Grammar Topic 2: The Past Tense of "to Be" and "to Have"

In Lesson 1 you learned that there is one simple form in Swahili for "am," "are," and "is": *ni,* which is *si* in the negative. In the past tense, though, the verb *kuwa* is used to express "was" and "were":

Mimi nilikuwa mwanafunzi.	*I was a student.*
Chakula kilikuwa kizuri.	*The food was good.*
Nyumba ilikuwa ndogo.	*The house was small.*

To express "have" in the past, the same forms are used, but *na* is included, just as in the present:

Nilikuwa na pesa.	*I had money.*
Chumba kilikuwa na kitanda kimoja.	*The room had one bed.*
Mji ulikuwa na watu wengi.	*The city had many people.*

Grammar Topic 3: The Negative Past Tense

It's easier to negate a verb in the past tense than it is to negate a verb in the present tense. All you have to do is use the negation marker (*ha–*) along with the subject prefix and the infinitive (*ku–*) form of the verb So, to negate *sisi tulisoma* (we studied), we have *ha–* + *–tu–* + *kusoma*: *sisi hatu-kusoma* (we didn't study). The only exception is when the subject is *mimi* (I). The negative form as you know is *si–*, without the *ha–* marker. So *mimi nilisoma* (I studied) becomes *mimi sikusoma* (I didn't study). Finally, notice that the vowel in *ha–* adjusts to fit the "you" prefix *u–* and the "he/she" prefix *a–*: *ha–* + *–u–* becomes *hu–*, and *ha–* + *–a–* + becomes *ha–*.

| Mimi nilisoma Kiswahili. | Mimi sikusoma Kiswahili. |
| *I studied Swahili.* | *I didn't study Swahili.* |

Wewe ulisoma Kiswahili.	Wewe hukusoma Kiswahili.
You studied Swahili.	*You didn't study Swahili.*
Yeye alisoma Kiswahili.	Yeye hakusoma Kiswahili.
He/She studied Swahili.	*He/She didn't study Swahili.*
Sisi tulisoma Kiswahili.	Sisi hatukusoma Kiswahili.
We studied Swahili.	*We didn't study Swahili.*
Nyinyi mlisoma Kiswahili.	Nyinyi hamkusoma Kiswahili.
You (all) studied Swahili.	*You (all) didn't study Swahili.*
Wao walisoma Kiswahili.	Wao hawakusoma Kiswahili.
They studied Swahili.	*They didn't study Swahili.*

And here are some examples with "be" and "have" in the negative past:

Mimi sikuwa mwanafunzi.	*I was not a student.*
Chakula hakikuwa kizuri.	*The food wasn't good.*
Nyumba haikuwa ndogo.	*The house wasn't small.*
Sikuwa na pesa.	*I didn't have any money.*
Chumba hakikuwa na kitanda.	*The room had no bed.*
Mji haukuwa na watu wengi.	*The city didn't have many people.*

Grammar Topic 4: Agreement with *N–* Class Nouns

In this section we're going to take a moment to review different aspects of agreement with *N–* Class nouns. As you've already seen, the subject prefixes for this class are *i–* in the singular and *zi–* in the plural, and these sounds show up in other types of agreement as well. Possessives, for example, take the prefixes *y–* in the singular, and *z–* in the plural. Also note that the demonstratives are: *hii* (this), *hizi* (these), *ile* (that), and *zile* (those). For this reason, the *N–* Class is often referred to as the *I-Zi* Class. As you know, an important thing to keep in mind about this class is that the singular and plural forms of the nouns themselves are identical. However, the agreement markers on other elements of the sentence—verbs, possessives, demonstratives, etc.—will clearly show the number.

kalamu yangu, kalamu zangu	*my pen, my pens*
nyumba yako, nyumba zako	*your house, your houses*
ndoto hii, ndoto hizi	*this dream, these dreams*
Motokaa yangu iliharibika.	*My car broke down.*
Motokaa zangu ziliharibika.	*My cars broke down.*
Shule yao ilifungwa.	*Their school was closed.*

Shule zao zilifungwa.	*Their schools were closed.*
Kompyuta yake haikuharibika.	*Her/His computer did not break down.*
Kompyuta zake hazikuharibika.	*Her/His computers did not break down.*

If you think back to Lesson 3, when you were introduced to adjective agreement, you learned that there are two types of adjectives, variable and invariable. While invariable forms never change, variable adjectives agree with the nouns they modify by taking a prefix that, in the case of *M-Wa* and *Ki-Vi* nouns, is identical to the noun prefix itself. An important exception to remember is that adjectives that describe animate nouns will always take the *M-Wa* prefixes, no matter what class the nouns belong to.

mtoto mrefu – *a tall child*	**watoto warefu** – *tall children*
kisu kirefu – *a long knife*	**visu virefu** – *long knives*
mbwa mkubwa – *a big dog*	**mbwa wakubwa** – *big dogs*
dada yake mzuri – *his beautiful sister*	**dada zake wazuri** – *his beautiful sisters*

Adjective agreement with *N*- Class nouns is slightly more complicated, because the forms of the prefixes vary from adjective to adjective, and sometimes even the adjective root itself is altered. This happens because the prefix is not always a "stable" *n–*. Think of it instead as a variable that will change forms depending on what it precedes. You may have noticed this in the nouns themselves—sometimes they begin with *m–, n–, ny–,* or *ng–,* (all nasal sounds), or sometimes with no obvious prefix at all, especially, but not only, in the case of the foreign words that have been absorbed into Swahili. For plenty of examples, take a look back at Lesson 3, Grammar Topic 3. The prefixes that adjectives take to agree with *N*- Class nouns follow this same pattern, which means that they may seem very irregular. But there is a pattern. And one thing is simple—adjectives that agree with *N*- Class nouns, like those nouns themselves, have identical singular and plural forms. Let's try to make sense of the pattern of adjective prefixes with *N*- Class nouns.

If an adjective stem begins with *–d, –z,* or *–g,* it takes the prefix *n–* to agree with *N*- Class nouns. If you say each of those sounds, you'll notice that they're pronounced with the tongue very close to where *n–* is pronounced, so the *N*- Class prefix follows the path of least resistance and becomes *n–*. Here are examples with *–dogo* (small), *–zuri* (beautiful), and *–gumu* (difficult, hard).

kalamu ndogo	*a small pen, small pens*
nyumba nzuri	*a beautiful house, beautiful houses*
kazi ngumu	*hard work*

If the adjective stem begins with –b, the N– Class agreement prefix will be m–. Again, pronounce those two sounds and notice how similarly they're formed. The adjective –baya (bad) is such an example. Also note that –pya (new) follows this pattern.

kahawa mbaya	*bad coffee*
meza mpya	*a new table, new tables*

If the adjective stem begins with a vowel, the prefix will be ny– or y–. Examples are –ingi (many), –eupe (white), and –ote (all). An exception is –ema (good), which becomes njema to agree with N- Class nouns.

safari nyingi	*many trips*
chaki nyeupe	*white chalk*
sukari yote	*all the sugar*
sukari nyeupe	*white sugar*
mvua njema	*good rain*

In many cases, there is no prefix at all when an adjective agrees with an N– Class noun. This happens if the adjective begins with a nasal –n, –m, or –ng, or if it begins with –p, –f, –t, –s, –sh, –ch, or –k. But remember that –pya (new) is an exception. Some examples are: –kubwa (big), –kongwe (old), –chafu (dirty), –nne (four), –moja (one), –pana (wide), –fupi (short), and –tatu (three).

shule kubwa	*a big school, big schools*
redio kongwe	*an old radio, old radios*
stoo chafu	*a dirty storeroom, dirty storerooms*
njia pana	*a wide road, wide roads*
kompyuta tatu	*three computers*

There are two cases where the adjective stem itself actually changes to agree with N- Class nouns. If the adjective begins with –r, the –r will change to –d, and the prefix will be n–. An example is –refu (long, tall). Also, if the adjective begins with –w, the –w will change to –b, and the prefix will be m–. An example is –wili (two).

ndizi ndefu	*a long banana, long bananas*
lugha mbili	*two languages*

And of course, keep in mind that animate nouns—ones that refer to people or animals—will always take M-Wa agreement on the adjective. A lot of N- Class nouns refer to animals, but any adjectives that you use to describe them will act as if the nouns were M-Wa Class nouns:

tembo mkubwa, tembo wakubwa	*a big elephant, big elephants*
rafiki wawili	*two friends*

Grammar Topic 5: Numbers 21–1,000

In the last lesson you learned the numbers 1–20. Now let's add to that by learning how to count from 21 through 1,000. 21 through 99 are very straightforward. There are numbers for the "tens" place, to which you add "ones" onto them with the word *na* (and):

20 ishirini	37 thelathini na saba	70 sabini
21 ishirini na moja	40 arobaini	80 themanini
22 ishirini na mbili	49 arobaini na tisa	90 tisini
30 thelathini	50 hamsini	99 tisini na tisa
35 thelathini na tano	60 sitini	100 mia

The only thing to keep in mind is that *–moja, –wili, –tatu, –nne, –tano,* and *–nane* agree when used after a tens-place number, just as they do on their own.

watu ishirini na wawili	*22 people*
viti thelathini na vitano	*35 chairs*

The word for one hundred is *mia,* and for one thousand, it's *elfu.* To say two hundred, three hundred, etc., the number of hundreds comes after *mia,* and it is in the *N–* Class.

101 mia na moja	300 mia tatu
125 mia na ishirini na tano	472 mia nne, sabini na mbili
200 mia mbili	587 mia tano, themanini na saba
230 mia mbili na thelathini	1000 elfu

5G. READING: SHULE ZA AFRIKA YA MASHARIKI

Watoto wa Afrika ya Mashariki wanapenda sana kusoma na kucheza. Watoto wadogo wanaanza masomo katika shule za chekechea. Baada ya shule ya chekechea wao huenda shule ya msingi. Watoto husoma shule ya chekechea kwa mwaka mmoja au miaka miwili.

Watoto wa Tanzania husoma shule ya msingi miaka saba. Watoto wa Kenya husoma shule ya msingi miaka minane. Baada ya shule ya msingi wanafunzi husoma shule ya sekondari.

Wanafunzi wa Kenya husoma shule ya sekondari miaka minne. Baadaye wao huenda Chuo Kikuu miaka minne au ziadi. Watoto wa Tanzania husoma shule ya sekondari miaka sita na baadaye huenda Chuo Kikuu. Wanafunzi wa Tanzania husoma Chuo Kikuu miaka mitatu.

Schools in East Africa

Children in East Africa like to study and play. Small children begin their studies in kindergarten. After kindergarten, they go to elementary school. They go to kindergarten for one year or two years.

Tanzanian children go to elementary school for seven years. Kenyan children go to elementary school for eight years. After elementary school children go to secondary school.

Kenyan children go to secondary school for eight years. After that, they go to university for four years or more. Tanzanian children go to secondary school for six years, and then go to the university. They go to university for three years.

5H. CULTURE TOPIC 2: EDUCATION AND EMPLOYMENT

Not so long ago in Africa, education was a privilege available only to the few. In pre-independence Africa, not all children had access to education. Instead, education was available to very few children who lived in cities, and also to a few children who belonged to the rural elite, for example, the children of chiefs, colonial administrators, or religious leaders. A modern education was therefore a certain path toward a prestigious job with the colonial administration. Anyone who went to school in those days was guaranteed a government job, not to mention all the benefits that came with it. In fact, it was a customary expectation that every child who went to school would then go on to work for the government.

Nowadays there are more educational opportunities, and many more people have access to education regardless of economic or political status. However, there are fewer employment opportunities in the government, and many college graduates remain unemployed long after completion of their studies. The government can no longer employ all university graduates, and the weak private sector cannot absorb all of the unemployed. Unemployment is therefore common among African college graduates these days. Unemployment among those without a college education is even worse. As more and more young people enter the job market and find themselves without meaningful employment, some turn to petty trading in large cities, as discussed in Lesson 4, while most simply join the ranks of the unemployed.

EXERCISES

Exercise 1: Change each of the following sentences into the past tense.

1. Yeye anatoka Zanzibar.

2. Wanafunzi wanasoma Kiswahili.

3. Mama yangu anasema Kifaransa.

4. Sisi tunaenda sinema.

5. Wewe unaoga.

Exercise 2: Negate the following past tense sentences.

1. Liz alisoma Kiswahili.

2. Kitabu kilipotea.

3. Motokaa zao ziliuzwa.

4. Ali na Liz waliishi Tanzania.

5. Kompyuta zake zilipotea.

Exercise 3: Make the following sentences plural.

1. Motokaa yangu ilipotea.

2. Shule yake ilifungwa.

3. Nyumba kongwe ilianguka.

4. Radio yangu ilitoweka.

5. Kompyuta yangu iliharibika.

Exercise 4: Translate the following into Swahili.

1. This is a good computer.

2. She would like to buy four books and two pens.

3. The little children went to the movies.

4. That's an old car.

5. They usually study French at 3:00 in the afternoon.

INDEPENDENT CHALLENGE

Make a list of five activities that you did yesterday, and five that you did not do. Use the glossary or a dictionary if you need to look up any new verbs in Swahili. Use those verbs to make sentences in the past tense, five affirmative, and five negative. Challenge yourself by creating sentences that use adjectives, and practice using correct agreement. One thing to keep in mind when you're looking up verbs in Swahili is that they're often listed without the *ku–* prefix, even though that's the convention used in this course. For example, if you look up "read (to)" in the glossary, you'll see *kusoma*. Elsewhere you may see *soma* or *–soma*. Either way, you know what to do to conjugate.

ANSWER KEY

Exercise 1: 1. Yeye alitoka Zanzibar. 2. Wanafunzi walisoma Kiswahili. 3. Mama yangu alisema Kifaransa. 4. Sisi tulienda sinema. 5. Wewe ulioga.

Exercise 2: 1. Liz hakusoma Kiswahili. 2. Kitabu hakikupotea. 3. Motokaa zao hazikuuzwa. 4. Ali na Liz hawakuishi Tanzania. 5. Kompyuta zake hazikupotea.

Exercise 3: 1. Motokaa zangu zilipotea. 2. Shule zake zilifungwa. 3. Nyumba kongwe zilianguka. 4. Radio zangu zilitoweka. 5. Kompyuta zangu ziliharibika.

Exercise 4: 1. Hii ni kompyuta nzuri. 2. Angependa kununua vitabu vine na kalamu mbili. 3. Watoto wadogo walienda sinema. 4. Lile ni gari kongwe. 5. Wao husoma Kifaransa saa tisa mchana.

LESSON

6

In Lesson 6, you'll learn how to ask about and express location. You'll be introduced to another noun class, the *Ji-Ma* class, for which you'll learn all the subject prefixes, possessive prefixes, adjective prefixes, and so on. First, let's start with a vocabulary warm-up.

6A. VOCABULARY WARM-UP

Unaweza kuniita . . .	*You can call me . . .*
Habari za safari?	*How was the trip?*
Safari ni ndefu.	*The trip is long.*
barabara	*road, street*
kituo cha basi	*bus station*
karibu na . . .	*near . . . , close to . . .*
kwa gari	*by car*
mbuga	*wildlife park, preserve*
Maasai Mara	*The Maasai Mara National Park*
Mlima Kilimanjaro	*Mount Kilimanjaro*
kupanda mlima	*to climb a mountain, go mountain climbing*
Wanyama wako mbugani.	*The animals are in the park.*

6B. DIALOGUE: SAFARI

Margaret is an American tourist visiting East Africa for a wildlife safari. She is met by Alex, a representative of the tour company that arranged her trip, at the Nairobi International Airport. Margaret has a few places that she'd like to see, but she's unfortunately a bit confused about East African geography. Listen in on the conversation.

> Alex: Habari gani bibi?
>
> Margaret: Nzuri.

Alex: Wewe ni Bibi Margaret Anderson kutoka Marekani?

Margaret: Ndio, mimi ni Bibi Margaret Anderson. Unaweza kuniita Margaret.

Alex: Habari za safari?

Margaret: Nzuri lakini safari ni ndefu na nimechoka sana.

Alex: Pole.

Margaret: Asante.

Alex: Unaweza kwenda hoteli kupumzika sasa.

Margaret: Ndio, ninahitaji kupumzika.

Alex: Vizuri. Gari lako hili hapa.

Margaret: Asante. Gari ni zuri sana!

Alex: Sasa tunaenda hoteli.

Margaret: Hoteli yangu iko wapi?

Alex: Hoteli yako iko barabara ya Kenyatta. Tunaenda hotelini sasa.

Siku inayofuata Alex anampeleka Margaret kituo cha basi kwa ajili ya safari katika mbuga ya Maasai Mara.

Alex: Sasa tunaenda kituo cha basi.

Margaret: Kituo cha basi kiko wapi?

Alex: Kituo cha basi kiko karibu na kituo cha treni. Kwanza unapanda basi kutoka Nairobi na baadaye unaenda mbugani kwa gari. Wanyama wako mbugani.

Margaret: Mimi ninataka kupanda Mlima wa Kilimanjaro pia.

Alex: Mlima wa Kilimanjaro uko Tanzania hauko Kenya.

Margaret: Ninataka kuona mbuga ya wanyama ya Serengeti pia.

Alex: Vizuri lakini Serengeti iko Tanzania pia.

Margaret: Alaa kumbe!

Alex: Ndio. Hapa Kenya kuna mbuga ya wanyama ya Maasai Mara.

Margaret: Sawa. Basi sasa nitaenda Maasai Mara na baadaye nitatembelea Tanzania kuona Serengeti na kupanda Mlima wa Kilimanjaro.

Alex: *How are you doing, Ma'am?*

Margaret: *Fine.*

Alex: *Are you Ms. Margaret Anderson from the United States?*

Margaret: *Yes, I'm Margaret Anderson. You can call me Margaret.*

Alex: *How was the trip?*

Margaret: *Good, but the trip was long and I'm so tired.*

Alex: *Sorry.*

Margaret: *Thank you.*

Alex: *You can go to the hotel to rest now.*

Margaret: *Yes, I need to rest.*

Alex: *Well, here is your car.*

Margaret: *Thank you. The car is excellent!*

Alex: *Now we'll get going to the hotel.*

Margaret: *Where is my hotel?*

Alex: *Your hotel is on Kenyatta Road. We're going to the hotel now.*

Then, the following day, Alex takes Margaret to the bus station, where she'll head to the Maasai Mara National Park for a safari.

Alex: *Now we're going to the bus station.*

Margaret: *Where is the bus station?*

Alex: *The bus station is near the train station. First you take a bus from Nairobi, and then you go to the park by car. The animals are in the park.*

Margaret: *I also want to climb Mountain Kilimanjaro.*

Alex: *Mt. Kilimanjaro is in Tanzania; it's not in Kenya.*

Margaret: *I also want to see the Serengeti National Park.*

Alex: *Fine, but the Serengeti National Park is also in Tanzania.*

Margaret:	Is that so?
Alex:	Yes. Here in Kenya is the Maasai Mara National Park.
Margaret:	Okay. So now I'll go to Maasai Mara, and then I'll visit Tanzania to see the Serengeti National Park and climb Mt. Kilimanjaro.

6C. VOCABULARY

barabara	road/s, street/s
barabara kuu	highway/s
basi	so
basi/mabasi	bus/es
duka/maduka	store/s
gari/magari	car/s
hoteli	hotel/s
jengo la ofisi/majengo ya ofisi	office building/s
kanisa/makanisa	church/es
karibu	nearby, close
kati kati ya mji	downtown, city center
kituo cha basi/vituo vya basi	bus station/s
kituo/vituo	station/s, stop/s, stand/s
kuchoka	to be tired
kufika/kuwasili	to arrive
kuhitaji	to need
kuona	to see
kuondoka	to leave, depart
kupanda	to climb
kupumzika	to rest
kuweza	to be able
mbali	far
mbuga	wildlife park/s
mkahawa/mikahawa	restaurant/s
mlima/milima	mountain

mnyama/wanyama	*animal/s*
msikiti/misikiti	*mosque/s*
pesa, fedha	*money*
safari	*trip/s, safari/s*
sasa	*now*
shilingi	*shilling/s*
soko/masoko	*market/s*
treni/matreni	*train/s*
ufuko/fuko, ufukwe/fukwe, pwaa/mapwaa	*beach/es*
uwanja wa ndege/viwanja vya ndege	*airport/s*
–zuri, –a kupendeza, –a kuvutia	*interesting*

6D. KEY PHRASES

Here are some key phrases that will come in handy when you're asking where important places are.

Mabasi ya kuenda mjini yako wapi?	*Where are the buses to the city?*
Hoteli yangu iko wapi?	*Where is my hotel?*
Kituo cha basi kiko wapi?	*Where's the bus station?*
Vipi ninaweza kuenda kituo cha reli/treni?	*How do I get to the train station?*
Nauli kiasi gani?	*What's the fare?*
Kuna safari za kwenda mbugani?	*Are there tours to the wildlife park?*
Ni mbali kutoka hapa?	*Is it far from here?*
Alaa kumbe?	*Is that true? Is that so?*

6E. CULTURE TOPIC 1: TOURISM (UTALII)

In East and central Africa, particularly in Kenya and Tanzania, there are many famous national parks that are well known for their wildlife, so tourism is an important part of the economy in these regions. In Kenya, tourists can visit the Maasai Mara National Park, the Amboseli National Park, and

Tsavo National Park. In Tanzania, Mount Kilimanjaro is of course a favorite destination, as well as the world-renowned Serengeti National Park, Sealous National Park, Ngorongoro Crater National Park, and others.

Tanzania and Kenya are particularly favored for wildlife watching, as the two countries border each other and are located along an important wildlife migratory route. Between July and August millions of wildebeests migrate from the Serengeti Plains in northern Tanzania toward the Maasai Mara National Park in southern Kenya in search of greener grazing grounds. In October those millions of wildebeests move back from southern Kenya to northern Tanzania before the season of heavy rain begins. Watching the migration of these millions of animals moving together over the plains is an experience of a lifetime, and it attracts tens of thousands of tourists every year.

There are other favorite tourist destinations in the region, too. Uganda, Rwanda and the Democratic Republic of Congo are well-known for their mountain gorilla sanctuaries.

The East African coast is also renowned for its many pristine beaches and wonderful holiday resorts. Mombasa, Lamu and Malindi in Kenya, and the islands of Zanzibar and Pemba in Tanzania boast some of the best beach holiday resorts in the world.

6F. GRAMMAR

Grammar Topic 1: The *Ji-Ma* Noun Class

Now let's look at another noun class, the *Ji-Ma* class, which includes many different types of nouns, ranging from body parts that occur in pairs, to fruits and plants, to inanimate objects, to mass or non-count nouns. As you can guess, *ji–* is the singular prefix, and *ma–* is the plural, but many *Ji-Ma* singulars do not have any prefix. Some examples of *Ji-Ma* nouns are: *jicho/macho* (eye/s), *sikio/masikio* (ear/s), *jino/meno* (tooth/teeth), *jani/majani* (leaf/leaves, grass), *chungwa/machungwa* (orange/s), *limau/malimau* (lemon/s), *ua/maua* (flower), *tunda/matunda* (fruit/s), *jiwe/mawe* (stone/s), *jambo/mambo* (matter/s, affair/s), *dirisha/madirisha* (window/s), *duka/maduka* (shop/s), *jina/majina* (name/s), *gari/magari* (car/s), *treni/matreni* (train/s), *yai/mayai* (egg/s), *sanduku/masanduku* (box/es), *daftari/madaftari* (notebook/s), and *somo/masomo* (study/studies, subject/s). There are a few very common *Ji-Ma* nouns that only have plural forms: *maji* (water), *maziwa* (milk), *mafuta* (oil), *maisha* (life), *maumivu* (pain), and *mapokezi* (reception desk).

By now you know that demonstratives, as well as prefixes on verbs, possessives, and adjectives, all vary depending on noun class. Let's start with *Ji-Ma* demonstratives, which are *hili* (this), *haya* (these), *lile* (that), and *yale* (those).

Hili ni daftari, na lile ni sanduku.	*This is a notebook, and that is a box.*

| Haya ni matunda , na yale ni maua. | *These are fruits, and those are flowers.* |

Grammar Topic 2: Subject Prefixes for the *Ji-Ma* Noun Class

Remember that the (third person) subject prefixes for *M-Wa* nouns are *a–* and *wa–*, for *Ki-Vi* nouns they are *ki–* and *vi–*, and for *N-* nouns they are *i–* and *zi–*. For *Ji-Ma* nouns, the singular prefix is *li–*, and the plural prefix is *ya–*. Let's look at some examples with verbs in a few tenses.

Machungwa haya yanatoka Florida.	*These oranges come from Florida.*
Basi linaondoka kituoni.	*The bus is leaving from the station.*
Gari hili liliharibika.	*This car broke down.*
Matunda yalianguka kutoka mtini.	*Fruits fell from the tree.*
Matreni yalifika mapema.	*The trains arrived early.*
Treni litafika kesho.	*The train will arrive tomorrow.*

Now let's look at some negative examples. Don't forget that to form the negative present (*na*) tense, you use the negative prefix *ha–* plus the negative stem of the verb, ending in *–i,* without the prefix. To negate the past tense, use the negative prefix *ha–,* followed by the subject prefix *–li–* or *–ya–,* and the verb in its infinitive *ku–* form.

Malimau haya hayatoki Florida.	*These lemons don't come from Florida.*
Treni halifiki mapema.	*The train isn't arriving early.*
Gari lile halikuharibika.	*That car didn't break down.*
Madaftari haya hayakupotea.	*These notebooks were not lost.*
Mabasi hayakuondoka kituoni.	*The buses did not leave the station.*

Grammar Topic 3: *Ji–Ma* Possessive Prefixes

You've already seen the singular *Ji-Ma* possessive prefix in the common expressions *Jina lako ni nani?* (What is your name?) and *Jina langu ni Ali* (My name is Ali). The plural form is *y–.* So the *Ji-Ma* possessives in the singular are *langu* (my), *lake* (your), *lako* (his/her), *letu* (our), *lenu* (your), and *lao* (their). In the plural, they are *yangu, yake, yako, yetu, yenu,* and *yao:*

| Basi lake linaondoka kituoni. | *His bus is leaving the station.* |
| Gari langu liliharibika. | *My car broke down.* |

Bega lako liliuma.	*Your shoulder was aching.*
Madaftari yetu yalipotea.	*Our notebooks were lost.*
Treni lao lilifika mapema.	*Their train arrived early.*

Grammar Topic 4: *Ji-Ma* Adjective Agreement

Now let's look at adjective agreement. Most adjectives do not take any prefix to agree with singular *Ji-Ma* nouns, but they take the prefix *ma–* to agree with plural *Ji-Ma* nouns. Let's see how that works with *–zuri* (good), *–dogo* (small), and *–baya* (bad):

gari zuri (*a beautiful car*)	magari mazuri (*beautiful cars*)
chungwa dogo (*a small orange*)	machungwa madogo (*small oranges*)
tunda baya (*a bad piece of fruit*)	matunda mabaya (*bad fruits*)

There are just a few minor exceptions to this rule. If the adjective only has one syllable, as in *–pya* (new), then the singular adjective takes the prefix *ji–*. If the adjective begins with a vowel, such as *–ingi* (a lot), *–eupe* (white), *–eusi* (black), or *–ekundu* (red), then the singular prefix is *j–*, and the *ma–* of the plural loses its *–a*:

gari jipya (*a new car*)	magari mapya (*new cars*)
jua jingi (*a lot of sun*)	—
giza jingi (*much darkness*)	—
gari jeupe (*a white car*)	magari meupe (*white cars*)
daftari jeusi (*the black notebook*)	madaftari meusi (*the black notebooks*)
jiwe jekundu (*a red stone*)	mawe mekundu (*red stones*)

Here are some example sentences with adjectives:

Musa alinunua gari jekundu.	*Musa bought a red car.*
Wanafunzi wanapenda magari makubwa.	*Students like big cars.*
Madaftari madogo hayakupotea.	*The small notebooks were not lost.*
Matunda mengi yalioza.	*Many fruits were rotten.*
Darasa letu ni dogo.	*Our classroom is small.*

Grammar Topic 5: Expressing Location with *–ko*, *–po*, and *–mo*

In the dialogue you came across the sentence *Hoteli iko wapi?* (Where is the hotel?) This is an example of a special way of asking about location that's used in Swahili. Instead of using the equivalent of "is" and a location phrase, Swahili uses –ko along with a location prefix that varies depending on noun class:

M-Wa	Ki-Vi	N-	Ji-Ma
yu– / wa–	ki– / vi–	i– / zi–	li– / ya–

As you can see, the prefixes are the same as the subject prefixes, with the exception of singular *M-Wa* nouns, where the prefix is *yu–* (instead of *a–*). Here are some examples:

Liz yuko wapi?	*Where is Liz?*
Liz na Mark wako wapi?	*Where are Liz and Mark?*
Kiti kiko wapi?	*Where's the chair?*
Vitabu viko wapi?	*Where are the books?*
Shule iko wapi?	*Where's the school?*
Nyumba ziko wapi?	*Where are the houses?*
Gari lako liko wapi?	*Where is your car?*
Madarasa yako wapi?	*Where are the classrooms?*

To answer these questions, you combine the appropriate prefix with either –*ko*, –*po*, or –*mo*, depending on the nature of your answer. The suffix –*ko* expresses a general location, –*po* expresses a specific location, and –*mo* expresses location inside of something. Finally, a special location suffix –*ni* is added onto the noun expressing the location, as in *nyumba*ni (in the house, at home) or *shule*ni (at school), *darasa*ni (in the classroom), *soko*ni (at the market), *duka*ni (at/in the store). So, –*ni* may be translated as a preposition, such as *in, at, on, inside, to,* and so on. Let's see how that works:

Mwalimu yuko wapi? (*Where is the teacher?*)	**Yuko nyumbani.** (*He's at home.*)
	Yumo darasani. (*He's in the classroom.*)
Kitabu kiko wapi? (*Where is the book?*)	**Kitabu kimo mfukoni.** (*The book is in the bag.*)
	Kitabu kipo mezani. (*The book is on the table.*)

Finally, to negate location expressions, just add the negative prefix *ha*– before the subject prefix and –*ko*, –*po*, or –*mo*:

Mwalimu hayuko nyumbani.	*The teacher is not at home.*
Wanafunzi hawamo darasani.	*The students are not in the classroom.*

Kitabu hakipo mezani.	*The book is not on the table.*
Vitu haviko dukani.	*Things are not at the store.*
Kalamu haimo mfukoni.	*The pen is not in the bag/pocket.*
Penseli haziko dukani.	*Pencils are not at the store.*
Basi haliko kituoni.	*The bus is not at the station.*
Machungwa hayako sokoni.	*Oranges are not in the market.*

Grammar Topic 6: Past and Future Tenses with −*po*, −*ko*, and −*mo*

If you want to use a past or future tense constructions with a −*po*, −*ko*, or −*mo* location phrase, you'll need to use the appropriate form of the verb *kuwa* (to be).

Mwalimu yuko nyumbani.	*The teacher is at home.*
Mwalimu alikuwako nyumbani.	*The teacher was at home.*
Mwalimu atakuwako nyumbani.	*The teacher will be at home.*
Wanafunzi wamo darasani.	*The students are in the classroom.*
Wanafunzi walikuwamo darasani.	*The students were in the classroom.*
Wanafunzi watakuwamo darasani.	*The students will be in the classroom.*
Kitabu kipo mezani.	*The book is on the table.*
Kitabu kilikuwapo mezani.	*The book was on the table.*
Kitabu kitakuwapo mezani.	*The book will be on the table.*
Vitu viko dukani.	*The things are in the shop.*
Vitu vilikuwako dukani.	*The things were in the shop.*
Vitu vitakuwako dukani.	*The things will be in the shop.*

To negate these sentences, follow the rules you learned for negating the past tense in Lesson 5. We'll come back to the future later, but you can see from the examples below that the main distinction is that in future negatives, you keep the tense infix.

Mwalimu hayuko nyumbani.	*The teacher isn't at home.*
Mwalimu hakuwako nyumbani.	*The teacher wasn't at home.*

Mwalimu hatakuwako nyumbani.	*The teacher won't be at home.*
Wanafunzi hawamo darasani.	*The students aren't in the classroom.*
Wanafunzi hawakuwamo darasani.	*The students weren't in the classroom.*
Wanafunzi hawatakuwamo darasani.	*The students won't be in the classroom.*
Kitabu hakipo mezani.	*The book isn't on the table.*
Kitabu hakikuwapo mezani.	*The book wasn't on the table.*
Kitabu hakitakuwapo mezani.	*The book won't be on the table.*
Vitu haviko dukani.	*The things aren't in the shop.*
Vitu havikuwako dukani.	*The things weren't in the shop.*
Vitu havitakuwako dukani.	*The things won't be in the shop.*

6G. READING

Wanyama wengi wanaishi katika mbuga za wanyama za Afrika. Watalii wengi wanatembelea Afrika ya Mashariki kuona wanyama hawa. Wanyama hawa ni simba, tembo, kifaru, twiga, kiboko na wengine wengi. Serikali za Kenya na Tanzania zinalinda mali asili hizi kwa sababu watalii wanaleta pesa nyingi.

Watalii wengi wanatoka Marekani na Ulaya kuona wanyama katika Afrika. Serikali zinapata pesa nyingi za kigeni kwa utalii. Watalii wanakaa katika hoteli na wanakula chakula na wanalala. Kwa hivyo wanalipa pesa nyingi kununua huduma hizi.

Watalii pia wanapenda kupumzika katika pwani kupata upepo wa bahari. Kwa hivyo watalii wengi pia wanatembelea pwani ya Afrika ya Mashariki. Katika pwani ya Afika ya mashariki kuna hoteli nzuri na kubwa pia. Watu wengi wanapenda hoteli hizi kwa sababu wanapata huduma na chakula kizuri cha baharini.

Many animals live in the wildlife parks in Africa. Many tourists visit East Africa to see these animals. These animals include ("are like") lions, elephants, rhinos, giraffes, and many others. The governments of Tanzania and Kenya protect these natural resources, because tourists bring in a lot of money.

Many tourists come from the United States and Europe to see the wildlife in Africa. The tourists stay in hotels, where they eat and sleep. Therefore they pay a lot of money for these services. Tourists also like to relax on the beaches to enjoy the sea breezes. Therefore many tourists also visit the East African coast. On the East African coast there are big and beautiful hotels. Many people like these hotels because they get services and good seafood.

6H. CULTURE TOPIC 2: ASKING FOR DIRECTIONS

Many African cities, like cities in other developing areas, are experiencing a very high rate of growth. These cities are unable to cope with the rapid expansion of the population, and there are many unplanned neighborhoods, a lot of traffic jams, and overcrowded buses. Cities like Nairobi, Dar es Salaam, and Kampala are struggling to improve the city public transportation, but moving from one point to another may be a difficult experience for a stranger, especially during the rush hours.

As a result of poor urban planning, many neighborhoods do not have proper street names, so it can be difficult to find a specific address, and even more difficult for a tourist to ask directions! If you ask for directions in a Swahili speaking city, don't be surprised if the answer contains a lot of landmarks instead of specific street names or numbers of blocks. You may here, for example, "go until you find the big tree (*mti mkubwa*) on your right hand side (*upande wa mkono wa kulia*)." You may also be asked to look for a big building (*jumba kubwa*) or a small hill (*kilima kidogo*) on the left hand side (*upande wa mkono wa kushoto*). Of course you may be told to "turn right" (*pinda kulia*) or "turn left" (*pinda kushoto*). You may also hear such expressions as *mbele ya* (in front of) or *nyuma ya* (behind) to describe the location of something. But don't be afraid to ask. Most people are very friendly and will do everything they can to help a stranger.

EXERCISES

Exercise 1. Negate the following sentences, and translate your answers into English.

1. Gari langu liliharibika.

2. Bega lako liliuma.

3. Daftari letu lilipotea

4. Basi lenu liliondoka kituoni.

5. Treni lao lilifika mapema.

Exercise 2: Change each of the following sentences by making the subjects plural. Translate your answers.

1. Basi liliondoka.

2. Daftari lilipotea.

3. Mtoto yuko mbugani.

4. Kitabu changu kipo mezani.

5. Mtu yumo hotelini.

Exercise 3: Ask about the location of each of the following, following the example in 1.

1. walimu: Walimu wako wapi?

2. nyumba (*singular*)

3. madarasa

4. tunda

5. kiti

6. vitabu

7. mtoto

8. radio (*plural*)

Exercise 4. Negate the following sentences.

1. Mwalimu yuko darasani.

2. Wanafunzi wako nyumbani.

3. Kitabu kimo mkobani.

4. Vitu viko sokoni.

5. Kalamu ipo mezani.

6. Penseli ziko mfukoni

7. Treni liko kituoni.

8. Machungwa yako nyumbani

INDEPENDENT CHALLENGE

Imagine yourself at an airport in a Swahili speaking country. You're looking for a place to stay, and you'd also like to find out about tourist attractions in the country. Write a dialogue between yourself and the tourist information agent at the airport. As always, look up any new vocabulary, and add it to your journal.

ANSWER KEY

Exercise 1: *1. Gari langu halikuharibika.* My car did not break down. *2. Bega lako halikuuma.* Your shoulder was not aching. *3. Daftari letu halikupotea.* Our notebook was not lost. *4. Basi lenu halikuondoka kituoni.* Your bus did not leave the station. *5. Treni lao halikufika mapema.* Their train did not arrive early.

Exercise 2: *1. Mabasi yaliondoka.* The buses left. *2. Madaftari yalipotea.* The notebooks were lost. *3. Watoto wako mbugani.* The children are in the park. *4. Vitabu vyangu vipo mezani.* My books are on the table. *5. Watu wamo hotelini.* The people are in the hotel.

Exercise 3: *1. Walimu wako wapi? 2. Nyumba iko wapi? 3. Madarasa yako wapi? 4. Tunda liko wapi? 5. Kiti kiko wapi? 6. Vitabu viko wapi? 7. Mtoto yuko wapi? 8. Radio ziko wapi?*

Exercise 4: 1. *Mwalimu hayuko darasani.* 2. *Wanafunzi hawako nyumbani.* 3. *Kitabu hakimo mkobani.* 4. *Vitu haviko sokoni.* 5. *Kalamu haipo mezani.* 6. *Penseli hazimo mfukoni.* 7. *Treni haliko kituoni.* 8. *Machungwa hayako nyumbani.*

LESSON

7

Nikusaidie nini?

Can I help you?

In this lesson, you'll learn how to make an appointment, so you'll be introduced to useful vocabulary such as months and dates. You'll add to you knowledge of Swahili grammar by learning about commands, the future tense, and more. First, let's start with a vocabulary warm-up.

7A. VOCABULARY WARM-UP

Njoo kesho.	*Come tomorrow.*
Usije leo.	*Don't come today.*
Sina nafasi.	*I don't have time/the chance.*
Una nafasi?	*Do you have time?*
Nina miadi.	*I have an appointment.*
kesho kutwa	*the day after tomorrow*
wiki ijayo	*next week*
Hayupo.	*He/She isn't here.*
mtafiti wa wanyama	*wildlife researcher*
kuonana na	*to meet with*
uhifadhi wa wanyama	*wildlife conservation*

7B. DIALOGUE: MAKING AN APPOINTMENT

Eric, a wildlife researcher, is making a phone call to set up an appointment with the director of the Wildlife Research Institute in Kampala. Listen in as Eric speaks to Helen, the director's administrative assistant, and tries to set up an appointment.

Helen: Haloo, Taasisi ya Uchunguzi wa Wanyamapori. Nikusaidie nini?

Eric: Haloo, Jina langu ni Eric Field. Mimi ni mtafiti kutoka Marekani. Ninataka kuweka miadi na mkurugenzi.

Helen: Miadi ya nini?

Eric: Ningependa kuzungumza na mkurugenzi kuhusu uhifadhi wa wanyama.

Helen: Samahani, mkurugenzi hayupo.

Eric: Je, nitaweza kumwona kesho?

Helen: Hapana, kesho hana nafasi pia. Kesho atakuwa na mkutano. Unaweza kuja wiki ijayo?

Eric: Ndiyo nitaweza. Nije lini?

Helen: Njoo Jumatatu, wiki ijayo.

Eric: Samahani sitaweza kuja Jumatatu sitakuwa na nafasi.

Helen: Sasa tutafanya nini?

Eric: Nitaweza kuja Jumanne au Jumatano.

Helen: Samahani, mkurugenzi hatakuja ofisini Jumanne na Jumatano. Yeye atasafiri na hatarudi mpaka Alkhamisi.

Eric: Basi nitakuja Alkhamisi.

Helen: Hapana Usije Alkhamisi, njoo Ijumaa. Fika mapema Ijumaa.

Eric: Sawa. Nitafika saa mbili asubuhi.

Helen: Vizuri. Tutaonana Ijumaa.

Eric. Tutaonana.

Helen: *Wildlife Research Institute. Can I help you?*

Eric: *Hello, my name is Eric Field, and I'm an American researcher. I want to make an appointment with the director.*

Helen: *For what purpose?*

Eric: *I'd like to talk to the director about wildlife conservation.*

Helen: *I'm sorry, the director is not here.*

Eric: *Can I see him tomorrow?*

Helen: *No, tomorrow he's not available. Tomorrow he'll be having a meeting. Can you come next week?*

Eric: *Yes, I can. Which day should I come?*

Helen: Come on Monday, next week.

Eric: I'm sorry, I won't be able to come on Monday. I won't be available.

Helen: So, now what are we going to do?

Eric: I can come on Tuesday or Wednesday.

Helen: I'm sorry, the director won't come to the office on Tuesday and Wednesday. He'll be traveling, and won't return until Thursday.

Eric: So I'll come on Thursday.

Helen: No, don't come on Thursday, come on Friday. Get here early on Friday.

Eric: Okay. I'll get there at eight o'clock.

Helen: That's fine. See you on Friday.

Eric. See you.

7C. VOCABULARY

au	*or*
dakika	*minute/s*
jangwa/majangwa	*desert/s*
kalenda	*calendar/s*
kaskazini	*north*
kiangazi/viangazi	*dry season/s*
kipupwe/vipupwe	*cold season/s*
kuchelewa	*to be late*
kufika	*to arrive*
kuja	*to come*
kujibu	*to answer*
kulia	*right*
kuondoka	*to leave*
kupiga simu	*to make a phone call*
kurudi	*to come back, return*
kushoto	*left*
kusini	*south*
kuuliza	*to ask*

kuwa na ahadi	*to have an appointment*
kuweka miadi	*to make an appointment*
kuzungumza	*to talk, converse*
magharibi	*west, dusk*
majira ya baridi	*winter (no singular form)*
mapema	*early*
mashariki	*east*
mchana	*daytime*
miadi	*appointment/s (no sing. form)*
mkurugenzi/wakurugenzi	*director/s*
mkutano/mikutano	*meeting/s*
mnyamapori/wanyamapori	*wildlife, wild animal/s*
msaidizi/wasaidizi	*assistant/s*
msimu wa kiangazi/misimu ya kiangazi	*dry season/s*
msimu wa mvua/misimu ya mvua	*rainy season/s*
msimu/misimu	*season/s*
mwaka/miaka	*year/s*
mwezi/miezi	*month/s, moon/s*
Njoo!	*Come!*
Samahani.	*Sorry. Excuse me.*
sekunde	*second/s*
Subiri! / Ngoja!	*Wait! Be Patient!*
tarehe	*date/s*
wiki	*week/s*
wikiendi (*also*: wikendi)	*weekend/s*
ziwa/maziwa	*lake/s*

7D. KEY PHRASES

Here are some key phrases for making appointments.

Ningependa kuzungumza na . . .	*I would like to talk to . . .*
Nikusaidie nini?	*How can I help you? / What can I help you with?*

Ninahitaji kuonana na . . .	*I need to meet with . . .*
Nije lini?	*When shall I come?*
Ninaweza kuja kesho?	*Can I come tomorrow?*
Njoo baadaye.	*Come later.*
Lini ninaweza kupiga simu tena?	*When can I call back?*
Saa ngapi?	*What time?*
Ninaweza kuacha ujumbe?	*Can I leave a message?*
Rudia tafadhali.	*Repeat (that), please.*
Zungumza pole pole tafadhali.	*Speak (more) slowly, please.*
Andika tafadhali.	*Write (that down), please.*
Usikate simu tafadhali.	*Please hold the line.*

7E. CULTURE TOPIC 1: MIADI: APPOINTMENTS

Whether you're making an official (*rasmi*) or personal (*binafsi*) appointment, you're essentially making a promise to someone that you're going to be in a particular place at a particular time. It's no wonder, then, that there are two expressions for appointment in Swahili—*miadi*, which you already know, and also *ahadi*, or "promise." There is a perception—both inside and outside of Africa—that African people are not quite as sensitive to time (*wakati*) and commitments to appointments as elsewhere, and that everything moves along rather slowly (*polepole*) on the African continent. That's not exactly fair, though. Africans are sensitive to time and their *ahadi*, but they also have to cope with other factors that people in more "time sensitive" cultures have the luxury of not worrying about. For example, a person must often cover long distances (*masafa marefu*) to reach facilities or services (*huduma*), and if there is public transportation available, it can be unreliable and even downright chaotic. These factors can of course make it difficult to get anywhere at all, let alone to an appointment on time! Then there are also poor road conditions (*hali mbaya ya barabara*), traffic jams (*msongamano wa magari*), and other unexpected events. So, if you make an appointment during your stay in Africa, it's wise to set aside additional time (*muda wa ziada*) to deal with unexpected eventualities that you may not be used to dealing with. And if you do business in Africa (or anywhere else for that matter), always keep in mind that the reality of time tends to vary somewhat from place to place!

7F. GRAMMAR

Grammar Topic 1: Commands

The imperative, or command form, in Swahili is easy to master. There are both singular and plural commands, and affirmative and negative as well.

Singular affirmative commands consist simply of the verb root. To form plural affirmative commands, change the final −a of the root to −e, and then add −ni. If the root ends in −u or −i, simply add −ni without any vowel change.

Singular (To one person)	Plural (To more than one person)
Soma! *Read! Study!*	Someni! *All of you, Read! Study!*
Sema. *Speak.*	Semeni. *Speak. (All of you)*
Andika. *Write*	Andikeni. *Write.*
Lala. *Sleep. Lie down.*	Laleni. *Sleep. Lie down.*
Amka! *Wake up!*	Amkeni. *Wake up!*
Simama! *Stand up!*	Simameni. *Stand up!*
Cheza! *Play! Dance!*	Chezeni. *Play! Dance!*
Jaribu. *Try.*	Jaribuni. *Try.*
Rudi. *Return.*	Rudini. *Return.*
Fikiri. *Think!*	Fikirini. *Think!*
Furahi. *Be happy!*	Furahini. *Be happy!*

Now let's look at negative commands, which are formed a bit differently. Negative commands have both a subject prefix, u– for singular and m– for plural, and a negation marker, −si, immediately after the subject prefix. These are attached to the verb root. If the verb root ends in −a, it is changed to −e:

u– / m– + -si– + verb root (−a = −e).

So, from *kusema* (to speak), we have u+si+sem + e (don't speak) and m+si+sem + e (all of you, don't speak). Let's look at some other examples:

Affirmative	Singular Negative	Plural Negative
Soma. *Read. Study.*	Usisome. *Don't read/study.*	Msisome.
Andika. *Write.*	Usiandike. *Don't write.*	Msiandike.
Lala. *Sleep.*	Usilale. *Don't sleep.*	Msilale.
Cheza! *Play! Dance!*	Usicheze. *Don't play/dance.*	Msicheze.
Jaribu. *Try.*	Usijaribu. *Don't try.*	Msijaribu.
Rudi. *Return.*	Usirudi. *Don't return.*	Msirudi.
Fikiri. *Think.*	Usifikiri. *Don't think.*	Msifikiri.
Furahi. *Be happy.*	Usifurahi. *Don't be happy.*	Msifurahi.

There are just two common exceptions to these rules. The verbs *kuja* (to come) and *kuenda* (to go) have irregular command forms:

Infinitive	Affirmative	Negative
Kuja (*to come*)	Njoo!/Njooni!	Usije!/Msije!
Kuenda (*to go*)	Nenda!/Nendeni!	Usiende!/Msiende!

Grammar Topic 2: The Future Tense

You already know that tense is shown in Swahili by using different infixes between the subject prefix and the root of a verb: *–na–* marks the present tense, *–li–* marks the past, and *–ta–* marks the future. So, you have: *ninalala* (I am sleeping), *nililala* (I slept), and *nitalala* (I will sleep). Here are a few example sentences in all three basic tenses. As always, take note of the subject prefixes, which correspond to different noun classes.

Present	Past	Future
Liz anasoma Kiswahili.	Liz alisoma Kiswahili.	Liz atasoma Kiswahili.
Liz is studying Swahili.	*Liz studied Swahili.*	*Liz will study Swahili.*
Gari linaharibika.	Gari liliharibika.	Gari litaharibika.
The car is breaking down.	*The car broke down.*	*The car will break down.*
Nyumba inaanguka.	Nyumba ilianguka.	Nyumba itaanguka.
The house is falling down.	*The house fell down.*	*The house will fall down.*
Watoto wanalala.	Watoto walilala.	Watoto watalala.
The children are sleeping.	*The children slept.*	*The children will sleep.*
Nyumba zinaanguka.	Nyumba zilianguka.	Nyumba zitaanguka.
The houses are falling down.	*The houses fell down.*	*The houses will fall down.*

To negate the future tense, simply add the negative prefix *ha–* before the subject prefix:

Basi halitaondoka kwa wakati.	*The bus will not leave on time.*
Mwalimu hatafundisha Kifaransa.	*The teacher won't teach French.*
Magari hayataharibika tena.	*The cars will not break down again.*
Mosi hatasoma leo usiku.	*Mosi will not study tonight.*

Grammar Topic 3: Monosyllabic Verbs

Most of the verbs you've learned so far have more than one syllable in their root forms: *kusoma* (to read, study), *kuondoka* (to leave), *kufika* (to arrive), *kulala* (to sleep), *kufundisha* (to teach), and so on. There are also monosyllabic verbs in Swahili, meaning that once you take off the *ku–* of the infinitive, you're left with a one-syllable verb root: *kula* (to eat), *kufa* (to die), *kuja* (to come), *kunywa* (to drink), and so on. The rules for conjugating monosyllabic verbs are slightly different from other verbs. First of all, you usually keep the *ku–* of the infinitive when conjugating the verb, instead of dropping it.

Present	Past	Future
Mimi ninakula mkate.	Mimi nilikula mkate.	Mimi nitakula mkate.
I'm eating bread.	*I ate bread.*	*I will eat bread.*
Simba anakula nyama.	Simba alikula nyama.	Simba atakula nyama.
The lion is eating meat.	*The lion ate meat.*	*The lion will eat meat.*
Simba anakufa.	Simba alikufa.	Simba atakufa.
The lion is dying.	*The lion died.*	*The lion will die.*
Mwalimu anakuja.	Mwalimu alikuja.	Mwalimu atakuja.
The teacher is coming.	*The teacher came.*	*The teacher will come.*
Tembo anakunywa maji.	Tembo alikunywa maji.	Tembo atakunywa maji.
The elephant is drinking water.	*The elephant drank water.*	*The elephant will drink water.*

But when you negate a monosyllabic verb in the present tense, you drop the *ku–* of the infinitive, just as with other verbs.

Mimi ninakula mkate.	**Mimi sili mkate.**
I'm eating bread.	*I'm not eating bread.*
Simba anakufa.	**Simba hafi.**
The lion is dying.	*The lion isn't dying.*
Tembo anakunywa maji.	**Tembo hanywi maji.**
The elephant drinks water.	*The elephant doesn't drink water.*

In the past tense, though, you keep the *ku–* in negation.

Mimi nilikula mkate.	**Mimi sikula mkate.**
I ate bread.	*I didn't eat bread.*
Simba alikula nyama.	**Simba hakula nyama.**
The lion ate meat.	*The lion did not eat meat.*

Simba alikufa.	Simba hakufa.
The lion died.	*The lion didn't die.*
Mwalimu alikuja.	Mwalimu hakuja.
The teacher came.	*The teacher didn't come.*
Tembo alikunywa maji.	Tembo hakunywa maji.
The elephant drank water.	*The elephant didn't drink water.*

The *ku–* is also kept when negating the future of monosyllabic verbs:

Mimi nitakula mkate.	Mimi sitakula mkate.
I will eat bread.	*I will not eat bread.*
Simba atakula nyama.	Simba hatakula nyama.
The lion will eat meat.	*The lion will not eat meat.*
Simba atakufa.	Simba hatakufa.
The lion will die.	*The lion will not die.*
Mwalimu atakuja.	Mwalimu hatakuja.
The teacher will come.	*The teacher will not come.*
Tembo atakunywa maji.	Tembo hatakunywa maji.
The elephant will drink water.	*The elephant will not drink water.*

Grammar Topic 4: Dates, Months, and Years

The names of the months in Swahili look very similar to their English counterparts, with some slight modification so that they fit into the Swahili sound system better:

Januari	Mei	Septemba
Februari	Juni	Oktoba
Machi	Julai	Novemba
Aprili	Agosti	Disemba

Here are some important expressions to know when asking about or telling the date:

Tarehe ngapi?	*What's the date?*
Leo ni tarehe ngapi?	*What's today's date?*
Leo ni tarehe kumi na tatu Machi.	*Today is March 13th.*

Leo ni Jumatano, tarehe mosi* Novemba.	*Today is Wednesday, November 1st.*
Leo ni Ijumaa, tarehe ishirini na tatu Januari.	*Today is Friday, January 23rd.*

Mosi is an archaic Swahili word for "first." Nowadays it is used only to identify the first day of a month, and in the word for Saturday, *Jumamosi.* Muslim Swahili speakers also use it in their Islamic calendar to name the first month of the year (*mfunguo mosi*). It may also be used, though rarely now, as a name for the first male child.

Notice that the way to ask for the date is: *Leo ni tarehe ngapi?* Literally, that means, "Today is how many dates?" The answer will be: *Leo ni tarehe . . .* (number) *mwezi wa . . .* (month) *mwaka . . .* (year), where you start with date, the month and then the year. You may also include the day of the week if necessary, which will come first before the date:

Tarehe mosi mwezi wa Januari mwaka elfu moja mia tisa na tisini na tisa.	*January 1st, 1999.*
Tarehe ishirini na nane mwezi wa Februari, mwaka elfu mbili na tano.	*February 28th, 2005.*
Tarehe ishirini na tano mwezi wa Disemba mwaka elfu moja mia tisa na themanini na nane.	*December 25th, 1988.*

There is another way of referring to months, according to their number rather than name. So, January is the first month (*mwezi wa kwanza*), February is the second (*mwezi wa pili*), March is the third (*mwezi wa tatu*), April is the fourth (*mwezi wa nne*), and December is the twelfth (*mwezi wa kumi na mbili*). Notice that the possessive –*a* connects the number and the month, as in *mwezi wa kwanza* (the month *of* the first) or *mwezi wa pili* (the month *of* the second). Also note that the cardinal numbers (one, two three, four) and ordinal numbers (first, second, third, fourth) are the same in Swahili, except for first (*kwanza*) and second (*pili*).

Tarehe kumi na sita mwezi wa sita mwaka elfu moja mia tisa na sabini na sita.	*June 16th, 1976.*
Tarehe thelathini na moja mwezi wa kumi, mwaka elfu moja mia tisa na sabini na moja.	*October 31st, 1971.*
Tarehe nane mwezi wa tatu mwaka elfu mbili na sita.	*March 8th, 2006.*

7G. READING: BARA LA AFRIKA

Watu wengi wanafikiri Afrika ni nchi moja kubwa ingawa Afrika ni bara kubwa sana. Hawajui kwamba bara la Afrika lina nchi hamsini na nne na watu zaidi ya milioni mia saba. Kaskazini ya Afrika kuna jangwa kubwa la Sahara. Afrika ya Mashariki kuna mlima mrefu wa Kilimanjaro. Pia kuna maziwa makubwa ya Viktoria na Tanganyika. Jangwa la Kalahari liko kusini-magharibi ya Afrika.

Nchi kubwa zaidi ya Afrika kwa eneo ni Sudan. Sudan in watu milioni thelathini na moja. Nchi ya Afrika yenye watu wengi zaidi ni Nigeria. Nigeria ina watu zaidi ya milioni mia moja na ishirini. Ethiopia pia ina watu wengi. Ethiopia ina watu milioni sitini na tano. "Egypt" au Misri kwa Kiswahili pia ina watu wengi na idadi ya watu wake ni milioni sitini na saba. Afrika ya Kusini ina watu milioni arobaini na nne.

Watu wa Afrika wanazungumza zaidi ya lugha mia nane. Watu wengi wa kaskazini ya jangwa la Sahara wanazungumza Kiarabu. Watu wa kusini ya jangwa la Sahara wanazungumza lugha nyingi tofauti. Lugha kubwa zaidi ni Kiswahili, Kihausa, Kiyoruba, Kizulu, na kadhalika. Watu wengi pia katika Afrika wanazungumza Kiingereza na Kifaransa.

The Continent of Africa

Many people think that Africa is one big country, although it is a very big continent. They do not know that Africa has fifty-four countries, and more than seven hundred million people. In North Africa, there is the great Sahara Desert. In East Africa, there is the tall Mount Kilimanjaro. There are also the great lakes of Victoria and Tanganyika. The Kalahari Desert is located in the southwest of Africa.

The biggest country by area is Sudan. Sudan has thirty-one million people. The African country with the most people is Nigeria. Nigeria has more than one hundred and twenty million people. Ethiopia also has many people. It has sixty-five million people. Egypt, or Misri in Swahili, also has many people, and its population is sixty seven million. South Africa has forty-four million people.

The people of Africa speak more than eight hundred languages. Many people to the north of the Sahara Desert speak Arabic. People to the south of the Sahara speak many different languages. The biggest languages are Swahili, Hausa, Yoruba, Zulu, and so on. Many people in Africa also speak English and French.

7H. CULTURE TOPIC 2: MWALIKO (INVITATIONS)

According to traditional African hospitality, there is no need for a person to invite a friend or relative into his or her home for a visit. Instead, a friend or relative is at all times welcome, and the doors are always open for him or her. So if you are in Africa and would like to visit a friend's home, don't wait for an invitation! The unannounced drop-in visit is acceptable, as long as it isn't too early, before eight in the morning, or too late at night, nine o'clock or later.

When visiting a friend, you may take a gift with you to give to your host as a token of thanks and friendship. Typical gifts are those that may not be available in the neighborhood or those that may have connection to one's age, gender, profession, or location. They might include a pen for someone working in an office, a rare book for a student, a diary, a yearbook, a wall calendar, a flashlight for an elderly man living in a village, or even a shirt or T-shirt for a friend. A pair of *khanga* (the type of colorful cloth used by Swahili women for wrapping around their bodies) could be a perfect gift. However, your hosts will be surprised if you bring some sort of prepared food, as is often the custom in the West. Among Swahili-speaking people, the concept of a potluck lunch or dinner, where guests bring different items to share in one big meal together, is quite alien. So, while it is considered important to exchange gifts with friends, they will not expect you to bring food or drink to a lunch or dinner. Likewise, if you invite friends to your home for a meal or party, do not expect them to bring food or drink, unless you specifically ask them.

While exchanging gifts is important and customary among Swahili-speaking people, there are a few differences a Westerner may notice in the ritual. First of all, your host may not unwrap your gift immediately, and instead he or she will probably set it aside to open later, after you've left. In fact, it's customary to open gifts after guests have left. This follows the assumption that the value of the gift is not in the gift itself, but rather in the willingness of the gift-giver. Consequently, do not expect a great emotional response or display when you present your gift. While the chorus of "You shouldn't have!" and "It's lovely!" is an expected part of the gift ritual in the U.S., this is not the case in Swahili-speaking cultures. Keep in mind that this doesn't mean that your gift isn't appreciated, though!

Of course, a Swahili-speaking friend may also invite you to lunch or dinner at a restaurant, rather than in the home. In this case, it's usually the responsibility of the person who did the inviting to settle the bill. In fact, he or she may be offended if you insist on making the payment yourself. If you feel that you need to repay your friend's generosity, you may simply invite him or her to another meal, and as the one doing the inviting, it will be expected that you'll pay. In fact, this is something you should keep in mind whenever you invite people to a meal. Your friends won't make the assumption that everyone will split the bill, so if that's your intention, you should let them know in advance! Thankfully, you're more likely than not to come across people who are accustomed to American or Western European traditions, so this concept may not be totally foreign to them.

There's one more point to keep in mind when fixing appointments with new friends. Don't be offended if your new friend shows up late, or even not at all. There are many events that may prevent someone from making it to an appointment, and even though they may seem trivial to an outsider, they are associated with different expectations within the culture of

Swahili-speaking people. For example, when a neighbor dies, it is expected that everyone in the neighborhood attend the funeral, even if that means missing an important appointment or meeting. Don't take this as a sign of a relaxed attitude toward the value of your time. For an East African, it simply reflects the reality that important complications arise in life, and they may interfere with our plans and best intentions.

EXERCISES

Exercise 1: Give the negative forms of each of the following commands.

1. Simama!

2. Cheza!

3. Someni!

4. Jaribu.

5. Rudi.

6. Njooni.

7. Fikiri.

6. Furahi.

Exercise 2: Change each of the following sentences into the future tense.

1. Treni lilifika saa moja na nusu.

2. Tulienda sinema saa mbili.

3. Watoto wanacheza bustanini.

4. Musa na Pendo wanasema Kiswahili shuleni.

5. Basi liliondoka kituoni saa tatu na dakika kumi.

Exercise 3: Make each of the following future tense sentences negative.

1. Gari litaharibika.

2. Nyumba itaanguka.

3. Mabega yatauma.

4. Watoto watalala.

5. Nyumba zitaanguka.

Exercise 4: Negate the following sentences, which all contain monosyllabic verbs.

1. Simba anakula nyama.

2. Simba anakufa.

3. Mwalimu anakuja.

4. Sisi tunakula mkate.

5. Mtoto anakunywa maji

Exercise 5: Translate the following dates and times.

1. It's one o'clock in the afternoon.

2. It's 7:30 in the evening.

3. Today is Monday.

4. Today is Tuesday, March 14th.

5. Today is Saturday, September 9th, 2008.

INDEPENDENT CHALLENGE

Think back to the last time you had to call someone and make an appointment, whether with a doctor or dentist, for a hair cut, or even for a job interview. Write down as much of the dialogue as you can remember, and then try to translate it into Swahili. Naturally, you may need the help of a dictionary, but don't worry about translating every single small detail. Just try to capture the general gist of the dialogue, and of course the dates, days, times, and so on. As always, add new vocabulary to your journal, and practice it along with the vocabulary offered in this course.

ANSWER KEY

Exercise 1: 1. Usisimame. 2. Usicheze. 3. Msisome! 4. Usijaribu. 5. Usirudi. 6. Msije. 7. Usifikiri. 8. Usifurahi

Exercise 2: 1. Treni litafika saa moja na nusu. 2. Tutaenda sinema saa mbili. 3. Watoto watacheza bustanini. 4. Musa na Pendo watasema Kiswahili shuleni. 5. Basi litaondoka kituoni saa tatu na dakika kumi.

Exercise 3: 1. Gari halitaharibika. 2. Nyumba haitaanguka. 3. Mabega hayatauma. 4. Watoto hawatalala. 5. Nyumba hazitaanguka.

Exercise 4: 1. Simba hali nyama. 2. Simba hafi. 3. Mwalimu haji. 4. Sisi hatuli mkate. 5. Mtoto hanywi maji.

Exercise 5: 1. Ni saa saba mchana. 2. Ni saa moja na nusu usiku.. 3. Leo ni Jumatatu. 4. Leo ni Jumanne, tarehe kumi na nne mwezi wa tatu. 5. Leo ni Jumamosi tarehe tisa mwezi wa tisa mwaka elfu mbili na nane.

LESSON
8

Ninataka Kununua Nguo.
I'd Like to Buy Some Clothes.

In this lesson, you'll listen in as someone goes clothes shopping, so you'll learn a lot of important new vocabulary for clothing, shopping, and different types of stores. Since you'll need to ask a lot of questions when you go shopping, you'll learn all about question formation in Swahili, including question words. And you'll also take a moment to review some key aspects of Swahili grammar that have to do with noun classes: agreement prefixes, demonstratives, expressing "to have," and "of." First let's start with a vocabulary warm-up.

8A. VOCABULARY WARM-UP

Ni bei gani?	*How much does this cost?*
Unataka nini?	*What would you like?*
Naweza kukusaidia?	*Can I help you?*
Ninataka hii.	*I would like this.*
Hizi hapa.	*Here you go. Here they are.*
Duka hufunguliwa saa ngapi?	*What time does the store open?*
Duka hufungwa saa ngapi?	*What time does the store close?*
Nitafurahi sana!	*That'll be great!*
Karibu tena!	*Please come again!*

8B. DIALOGUE: BUYING CLOTHES

Edward studies Swahili at Nairobi University. He wants to find a local store where he can buy some clothing. He runs into his teacher, Nuru, who gives him advice on where to find inexpensive clothes. Let's listen in.

Nuru: Hujambo Edward?

Edward: Sijambo mwalimu. Shikamoo.

Nuru: Marahaba. Unaenda wapi?

Edward:	Ninatafuta nguo madukani.
Nuru:	Umeshapata tayari?
Edward:	Hapana. Sijapata. Nguo ni ghali sana.
Nuru:	Najua kuwa nguo katika maduka haya ya mjini ni ghali. Unataka kununua nguo rahisi?
Edward:	Ndio nitafurahi sana.
Nuru:	Unataka nguo nzuri za mitumba?
Edward:	Ndio, kama ni nzuri nitanunua.
Nuru:	Unataka kununua nini?
Edward:	Ninataka kununua shati, suruali, kaptura, koti na kofia.

Nuru anamuelekeza Edward wapi anaweza kupata nguo za mitumba. Baadaye Edward anaenda. Alipofika mazungumzo yalikuwa kama hivi:

Edward:	Habari za kazi.
Muuzaji:	Nzuri. Karibu. Nikusaidie nini?
Edward:	Ninataka kununua nguo. Bei gani?
Muuzaji:	Chagua unayoipenda baadaye nitakwambia bei.

Edward anachagua nguo. Amepata suruali, shati, kaptura, koti na kofia.

Edward:	Hizi hapa zitakuwa bei gani?
Muuzaji:	Suruali Shilingi 300 (mia tatu), shati Shilingi 150 (mia na hamsini), kaptura Shilingi 100 (mia), koti Sh. 300 (mia tatu) na kofia Shilingi 50 (hamsini). Jumla itakuwa Shilingi 900 (mia tisa).
Edward:	He! Mbona ghali sana! Punguza bei kidogo.
Muuzaji:	Sio ghali. Wewe unazo bei gani?
Edward:	Mimi ninazo 750 (mia saba na hamsini).
Muuzaji:	Ongeza hamsini. Fanya 800 (mia nane).
Edward:	Sawa. Hizi hapa pesa zako.
Muuzaji:	Sawa. Asante. Kwaheri na karibu tena.
Edward:	Asante.

Nuru: *How are you Edward?*

Edward: *I'm fine, Teacher. Shikamoo.*

Nuru: *Marahaba. Where are you going?*

Edward: *I'm looking for some clothes, in stores.*

Nuru: *Have you gotten them already?*

Edward: *No, I haven't gotten them yet. They're really expensive.*

Nuru: *I know that clothes in the stores downtown are expensive. Do you want to buy some inexpensive clothes?*

Edward: *Sure, that would be great. ("Yes, I'll appreciate that very much.")*

Nuru: *Do you want some nice second-hand clothes?*

Edward: *Yes, if they're nice, I'll buy them.*

Nuru: *What do you want to buy?*

Edward: *I want to buy a shirt, pants, shorts, a coat, and a hat.*

Nuru gives Edward directions to a place where he can get second-hand clothes. Then Edward goes there. This is how the conversation between Edward and the salesperson went.

Edward: *How are you? ("How's work?")*

Salesperson: *Good. What can I do for you?*

Edward: *I'd like to buy some clothes. How much (are they)?*

Salesperson: *Choose what you like, then I'll tell you the price.*

Edward picks out the clothes. He takes (has gotten) a pair of pants, a shirt, a pair of shorts, a coat, and a hat.

Edward: *How much are these?*

Salesperson: *300 Shillings for the pants, Sh. 150 for the shirt, Sh. 100 for the shorts, Sh. 300 for the coat, and Sh. 50 for the hat. The total amount is Sh. 900.*

Edward: *Wow! That's very expensive. Come down a little bit!*

Salesperson: *It's not expensive. How much do you have?*

Edward: *I have Sh. 750.*

Salesperson: *Add Sh. 50. Make it Sh. 800.*

Edward: *Okay. Here's your money.*

Salesperson: *Okay. Thanks. Good-bye, and please come again. ("Welcome again.")*

Edward: *Thanks.*

8C. VOCABULARY

bei	*price/s*
blauzi	*blouse/s*
–dogo	*a little bit, small*
duka la nguo/maduka ya nguo	*clothing store/s*
duka la viatu/maduka ya viatu	*shoe store/s*
fulana	*undershirt/s*
ghali	*expensive*
jaketi/majaketi	*jacket/s*
kadi ya malipo/kadi za malipo, krediti kadi	*credit card/s*
kama	*like, if*
kanzu	*dress/es, robe/s*
kaptura	*shorts*
kiatu cha buti/viatu vya buti	*boot/s*
kiatu/viatu	*shoe/s*
kofia	*hat/s, cap/s*
koti/makoti	*coat/s*
kuambia	*to tell*
kuchagua	*to choose, to pick out*
kuelekeza	*to explain, to give directions*
kuenda	*to go*
kufanya	*to do*
kufika	*to arrive*
kufurahi	*to be happy*
kujua	*to know*
kulipa	*to pay*
kununua	*to buy*

kuongeza	*to increase*
kupata	*to get*
kupenda	*to like, to love*
kupunguza	*to reduce*
kusaidia	*to help*
kutafuta	*to look for, to search for*
kutaka	*to want*
kuuza	*to sell*
kuweza	*to be able to (can)*
mazungumzo	*discussion, conversation (Ji-Ma pl.)*
mkanda/mikanda	*belt/s*
nguo	*clothes*
nguo ya mtumba/nguo za mitumba	*used clothes*
rahisi	*cheap*
shati/mashati	*shirt/s*
soksi	*sock/s*
supamaketi	*department store/s*
suruali	*pants*
suruali ya ndani/suruali za ndani	*underpants*
suti	*suit*
tai	*tie/s*
tena	*again*

8D. KEY PHRASES

Here are a few useful phrases that you can use when you go shopping.

Nikusaidie nini?	*What can I do for you?*
Ninataka betri.	*I would like some batteries.*
Nahitaji filamu ya kamera.	*I need a roll of film.*
Nataka ramani ya mji.*	*I'd like a map of the city.*
Nataka kuona postikadi.	*I'd like to see some postcards.*

*Note that the full form *ninataka* (I want, I'd like) is often shortened to *nataka* in spoken Swahili.

Nataka kununua nguo.	*I want to buy some clothes.*
Saizi gani unavaa?	*What size do you wear?*
Ninavaa saizi ndogo/saizi ya kati/saizi kubwa.	*I take a small/medium/large.*
Sijui saizi yangu.	*I don't know my size.*
Hii mnayo ya saizi ndogo?	*Do you have this in a smaller size?*
Hii mnayo ya saizi kubwa?	*Do you have this in a larger size?*
Hii mnayo ya rangi nyengine?	*Do you have this in another color?*
Unaweza kunionesha hiyo?	*Could you show me that?*
Hizi hapa ni bei gani?	*How much do these cost?*
Naomba niandikie bei.	*Please write down the price for me.*
Punguza bei kidogo.	*Come down a little bit on the price.*
Mbona ghali sana?	*Why is it so expensive? (Used when one wants to bargain.)*
Ninaweza kulipa kwa kadi ya malipo? (krediti kadi)	*May I pay by credit card?*
Ninaweza kulipa kwa cheki za wasafiri?	*May I pay by traveler's check?*
Hapana, ni taslimu tu.	*No, cash only.*

8E. CULTURE TOPIC 1: WHERE TO BUY CLOTHES

Just like in many other countries, clothes in East Africa are sold both in stores and in open markets. For new clothes (*nguo mpya*), you usually have to go to a store. As you would expect, there is a whole range of types of stores, from small shops and stands to larger department stores. In Nairobi, department stores are referred to as supermarkets by locals. Examples are Nakumatt, Skymart, and Uchumi. These stores offer clothing at a range of prices, so they appeal to a wide clientele. Similar large stores in Zanzibar are Suma and Muzamil. You may recognize the names of the popular department stores in Tanzania—ShopRite and Woolworth's.

Another option for buying clothes is to go to the open markets. There, you can find a wide selection of secondhand clothes (*mitumba*), which have become very popular in East Africa. Literally, *mitumba* means "bales," because these clothes arrive in bales, usually from Europe or the United

States. Many young people have seized on this as a business opportunity, and secondhand market stalls are an important source of income for some people. Initially, it was believed that only poor people made use of this option for obtaining clothing, but this is not the case any more. Middle class people also buy secondhand clothing, much as is the case with "vintage" and thrift shops in the United States and elsewhere. As you might suspect, the clothes are cheap (*rahisi*), but also of good quality (*nzima*). You can buys shirts (*shati*), pants (*suruali*), shoes (*viatu*), ties (*tai*), and other items. Perhaps surprisingly, more intrepid shoppers can even buy underpants (*chupi*), socks (*soksi*), and bras (*sidiria*), but of course not everyone is comfortable taking advantage of those options! If you do visit a secondhand clothing market in East Africa, you probably won't be the only foreigner there, as these places are becoming popular for tourists, too.

8F. GRAMMAR

Grammar Topic 1: Questions and Question Words

In Lesson 1 you learned how to use the question particle *je* to ask simple yes/no questions. Remember that the particle is optional; a question can also be asked just by raising the intonation. Notice, though, that word order does not change:

Je, Ali anatoka Florida?

Ali anatoka Florida? *Does Ali come from Florida?*

Je, mabasi yaliondoka?

Mabasi yaliondoka? *Did the buses leave?*

Notice that *je* is used when there is no question word. You've come across several Swahili questions words throughout this course, though. Let's take a closer look at them all:

Wapi? *(Where?)*

The question word *wapi* is usually at the end of the question. Don't forget that if you want to ask where something is, you use a special construction with –*ko* and the appropriate prefix for the noun class:

Baba yako anakaa wapi? *Where does your father live?*

Unakula wapi? *Where do you eat?*

Unasoma Kiswahili wapi? *Where do you study Swahili?*

Ninaweza kununua wapi? *Where can I buy?*

Gari liko wapi? *Where is the car?*

Walimu wako wapi? *Where are the teachers?*

Nini? *(What?)*

The question word *nini* is also usually placed at the end of the sentence:

Hiki ni nini?	*What is this?*
Utakula nini?	*What will you eat?*
Unasoma nini?	*What do you study?*
Dukani ulinunua nini?	*What did you buy at the store?*

Nani? *(Who?)*

This question word could either be placed at the beginning or at the end of a sentence. When used at the beginning, it is usually followed by a verb, and it acts as the subject of the sentence: *Nani anaenda dukani?* (Who is going to the store?) If the object of the sentence is what's being questioned by *who*, then *nani* will usually appear at the end of the sentence. In these cases, the verb will have an object infix, which you'll learn later: *Unamta-futa nani?* (Who are you looking for?)

Nani huyu?	*Who is this?*
Utakuja na nani?	*Who will you come with? With whom will you come?*
Unampenda nani?	*Who do you love/like?*
Yule ni nani?	*Who is that?*

You may be wondering why *nani* appears in the expression *Jina lako ni nani? Nini* (what) cannot be used to refer to humans, so in this context *nani* can be translated as "what?"

Vipi? *(How?)*

This question word can also be placed at the beginning of a sentence or at the end. Note that *vipi* can mean "how," and it can also be translated as "what . . . like" in some contexts:

Vipi watoto?	*How are the kids?*
Vipi Amerika / Marekani?	*How is the U.S.? What's the U.S. like?*
Leseni ya gari unapata vipi?	*How do you get a driver's license?*
Nyumbani nitarudi vipi?	*How will I go back home?*
Unawasha vipi kompyuta hii?	*How do you start this computer?*
Mombasa unaenda vipi?	*How do you get to Mombasa?*

Gani? *(Which? What kind/sort of?)*

Gani can be used as a question word on its own, meaning "which," and it can also be used as an interrogative adjective, meaning "what kind/sort of."

You may recognize it in the expression *bei gani?* (How much?) Literally, that phrase means "what kind of price?"

Hiki ni kitabu gani?	*Which book is this? What kind of book is this?*
Unapenda chakula gani?	*What kind of food do you like?*
Leo utavaa nguo gani?	*Which clothes will you wear today?*
Amepata mtoto gani?	*What kind of child (boy or girl) did she have?*

Kwa nini? *(Why? For What?)*

Kwa nini is normally used at the beginning of a question:

Kwa nini unanunua mitumba?	*Why do you buy secondhand clothes?*
Kwa nini unasoma Kiswahili?	*Why are you learning Swahili?*
Kwa nini unapenda kuenda Kenya?	*Why do you like going to Kenya?*

Lini? *(When?)*

Lini means "when," but only in the context of "which day," and not "at what time." "What time" in Swahili is *saa ngapi* or *wakati gani?* Notice that *lini* can come at the beginning, in the middle after the verb, or at the end of the question:

Baba yako atakuja lini?/ Atakuja lini baba yako?	*When (which day) will your father come?*
Lini Utaenda Tanzania? Ulizaliwa lini?	*When will you go to Tanzania? When were you born?*
Lini ulianza kusoma kitabu hiki?	*When did you start reading this book?*

–ngapi? *(How many?)*

Unlike other question words, *–ngapi* takes a prefix to show agreement with the relevant noun class. Notice that when *–ngapi* means "how many," it will always have plural agreement.

Mama yako ana watoto wangapi?	*How many children does your mother have?*
Nyumba ina vyumba vingapi?	*How many rooms does the house have?*
Wanafunzi wana vitabu vingapi?	*How many books do the students have?*

| Unataka suruali ngapi? | *How many pants do you want?* |
| Kenya ina matreni mangapi? | *How many trains are there in Kenya ("does Kenya have?")* |

Kiasi gani? *(How much?)*

If you want to ask about the amount of a "mass" or non-count noun, such as water, sugar, coffee, flour, and so on, use *kiasi gani?*

Unakunywa kahawa kiasi gani?	*How much coffee do you drink?*
Unataka maji kiasi gani?	*How much water do you want?*
Unapenda sukari kiasi gani katika chai yako?	*How much sugar do you want in your tea?*

Grammar Topic 2: Review of Subject, Adjective, Possessive, and Location Prefixes

Now let's take a moment to review prefixes for each of the four noun classes that you've learned so far. Remember that there is a full set of personal subject prefixes for *M-Wa* nouns, corresponding to *I, you, we, all of you, he, she, it,* and *they*. But the other classes, which refer to nonhumans, only have third person (it/they) prefixes. And of course, no matter which class it belongs to, an animate noun will take *M-Wa* agreement.

M-Wa	Ki-Vi	N-	Ji-Ma
ni– / tu–			
u– / m–			
a– / wa–	ki– / vi–	i– / zi–	li– / ya–

Ninakunywa kikombe cha kahawa.	*I'm drinking a cup of coffee.*
Tunaenda kununua nguo.	*We're going to buy clothes.*
Asha anapenda samaki.	*Asha likes fish.*
Wataenda Tanzania kwa ndege.	*They'll travel to Tanzania by plane.*
Ulinisubiri kwa saa ngapi?	*How long did you wait for me?*
Mtarudi lini?	*When will you be back?*
Chai hii inatoka India.	*This tea comes from India.*
Nyumba zilianguka kwa upepo mkali.	*The houses fell because of strong winds.*
Kitabu hiki kinauzwa.	*This book is on sale.*

Vitanda vina magodoro?	*Do the beds have mattresses?*
Gari lina maili nyingi.	*The car has high mileage.*
Mayai mabovu yananuka.	*Rotten eggs stink.*

Adjective agreement in Swahili, as you know, is shown by appropriate prefixes on the (variable) adjectives. Remember that invariable adjectives never change. Also keep in mind that adjectives describing animate beings—people or animals—will always have the *M-Wa* agreement, no matter what the class of the noun may be. To review the rules for agreement with *N-* Class nouns, turn back to Lesson 5. To review the slight irregularities with *Ji-Ma* nouns, turn back to Lesson 6.

M-Wa	Ki-Vi	N–	Ji-Ma
m– / wa–	ki– / vi–	(n–, m–, ny–, –)	–(ji–, j–) / ma–

Mtoto huyu ni mzuri.	*This child is beautiful.*
Tembo ni wanyama wakubwa.	*Elephants are big animals.*
Sipendi chakula hiki kwa sababu ni kibaya.	*I don't like this food because it's bad.*
Vyumba vile ni vichafu.	*Those rooms are dirty.*
Mwizi ana nywele nyeusi.	*The thief has black hair.*
Msichana ana pua ndogo.	*The girl has a small nose.*
Baiskeli zile ni mbovu.	*Those bikes are broken.*
Machungwa haya ni makubwa lakini machungu.	*These oranges are big but bitter.*
Ninalipenda ua hili jeupe.	*I like this white flower.*
Gari jipya ni ghali.	*A new car is expensive.*

Possessives are formed by adding the appropriate prefix to the possessive stem: *–angu* (my), *–ake* (your), *–ako* (his/her), *–etu* (our), *–enu* (your, plural), and *–ao* (their). The prefixes are:

M-Wa	Ki-Vi	N–	Ji-Ma
w– / w–	ch– / vy–	y– / z–	l–/y–

Huyu ni mke wangu.	*This is my wife.*
Wanafunzi wangu ni wazuri.	*My students are good.*
Je, hiki ni kitabu chako?	*Is this your book?*
Viatu vyake vinanuka!	*His/Her shoes stink!*

Baba yetu jina lake ni Morris.	*Our father's name is Morris.*
Kompyuta zao zimeharibika.	*Their computers are broken.*
Tulipata mapokezi mazuri.	*We got good reception.*
Magari yenu yanafanana.	*Your cars look alike.*

Location is also expressed with prefixes in Swahili. The following prefixes are added onto *–ko* to show general location, *–po* to express specific location, and *–mo* to express location inside of something:

M–Wa	Ki–Vi	N–	Ji–Ma
yu– / wa–	ki– / vi–	i– / zi–	li–/ya–

Wanyama wazuri wako wapi?	*Where are (there) beautiful animals?*
Kaka yako yuko wapi?	*Where is your older brother?*
Kisiwa cha Zanzibar kiko wapi?	*Where is Zanzibar Island?*
Kipo Tanzania.	*It (Zanzibar) is in Tanzania.*
Sukari imo kwenye chai?	*Is there sugar in the tea?*
Kaseti zako zimo ndani ya boksi.	*Your cassettes are in the box.*
Matatizo yapo kila nchi.	*There are problems in every country.*
Limau liko wapi?	*Where is the lemon?*

Grammar Topic 3: Review of Demonstratives

The following table summarizes all of the demonstratives you've learned so far:

	M–Wa	Ki–Vi	N–	Ji–Ma
this	huyu	hiki	hii	hili
these	hawa	hivi	hizi	haya
that	yule	kile	ile	lile
those	wale	vile	zile	yale

Huyu ni mjomba wangu.	*This is my maternal uncle.*
Hawa ni tembo.	*These are elephants.*
Yule ni nyoka.	*That is a snake.*
Wale ni walimu wetu.	*Those are our teachers.*

Hiki ni kikombe changu.	*This is my cup.*
Hivi ni visu vya mezani.	*These are table knives.*
Choo kile ni kichafu.	*That bathroom is dirty.*
Vile ni vyoo vya wanaume.	*Those are men's restrooms.*
Hii ni Mbuga ya Serengeti.	*This is Serengeti National Park.*
Hizi ni ndizi.	*These are bananas.*
Ile ni teksi.	*That is a taxi.*
Zile ni chupa za soda.	*Those are soda bottles.*
Hili ni duka la pombe.	*This is a liquor store.*
Haya ni maziwa.	*This is milk.*
Lile ni basi la Mombasa.	*That is a Mombasa bus.*
Yale ni mawe makubwa.	*Those are big rocks.*

Grammar Topic 4: Review of *Kuwa Na* / to Have

"Have" is expressed in Swahili by the construction *kuwa na*. The *–na* acts as a verb root, and the appropriate subject prefixes are added to it. To negate *kuwa na*, the negative marker *ha–* is used:

Stempu zina picha ya simba.	*The stamps have a picture of a lion.*
Kikombe kina picha ya mbwa.	*The cup has a picture of a dog.*
Basi halina viti vingi.	*The bus does not have many seats.*
Hoteli ile ina mbu.	*That hotel has mosquitoes.*
Mwalimu ana mke.	*The teacher has a wife.*
Babu na bibi wana wajukuu.	*Grandpa and grandma have grandchildren.*
Ndizi zina protini.	*Bananas have protein.*
Lugha hii ina maneno marefu.	*This language has long words.*
Nyoka hawana miguu.	*Snakes do not have legs.*
Bustani haina maua.	*The garden has no flowers.*
Gari lake lina dereva.	*His/Her car has a driver.*

Grammar Topic 5: Review of Possessive *–a*

Finally, don't forget that "of" is expressed in Swahili with *–a* plus a prefix that changes form depending on the noun class of the thing that's possessed:

Lesson 8

M–Wa	Ki–Vi	N–	Ji–Ma
wa / wa	cha / vya	ya / za	la / ya

kitanda cha mbwa	*the dog's bed*
jicho la kulia	*right eye*
hoteli za Nairobi	*Nairobi hotels*
daftari la Kiswahili	*Swahili notebook*

8G. READING: WASHONAJI NGUO AFRIKA MASHARIKI

Pamoja na watu kununua nguo madukani na kwenye mitumba, watu wengi bado wanawategemea washonaji wa nguo. Washonaji wa nguo ni maarufu sana katika nchi za Afrika Mashariki.

Wanawake ndio wateja maarufu wa washonaji wa nguo. Wanawake hupenda kushona nguo mpya kwa ajili ya kuvaa wakati wa sherehe za harusi au sikukuu kama vile Idd au Krismasi. Baadhi ya sababu zinazowafanya wanawake wapende kushona nguo zao kwa washonaji ni pamoja na kwamba wanawake hupenda mitindo na mishono mipya ya nguo kila baada ya muda. Mishono wanayoihitajia kawaida huwa haipatikani madukani. Na kama inapatikana nguo hizo huwa ghali sana. Kwa hiyo wanawake hununua vitambaa wanavyovipenda na baadaye huvipeleka kwa washonaji nguo. Mshonaji humpima mteja wake na humuuliza aina ya mshono anaoipenda. Baada ya hapo mshonaji humfahamisha mteja wake siku ya kuja kuchukua nguo zake. Anaweza kutoa malipo ya kwanza na baadae humaliza anapokuja kuchukua nguo.

Wanaume pia hupeleka nguo zao kwa washonaji nguo. Wanaume, sana sana wataalamu hupenda suruali na suti zao zishonwe na washonaji. Washonaji wa nguo pia ni maarufu kwa kushona sare za watu mbalimbali; kama vile wanafunzi, wafanyakazi wa mahoteli na wengineo. Watu wengine wanaowatumia washonaji nguo ni watu wanaotengeneza nguo zao. Kwa mfano kama mtu amenunua nguo hasa kwenye mitumba na haimfai vizuri, basi huenda kwa mshonaji nguo ili aitengeneze.

Tailors in East Africa

Even though it's possible to buy new clothes in stores and at the second-hand clothing market, a lot of people still depend on tailors. Tailors are very famous in East Africa. Women are the tailors' principal customers. Women like to make new dresses when they need to attend a wedding, or during a big festival like Christmas and the Muslim holiday of Eid. Among the reasons why women have their dresses made by tailors is that they want to be up-to-date with the latest styles and fashions for dresses. Some of the styles women need are not always available in the stores. Even if they are available, the clothes will be very expensive. So women buy fabric that they like, and then later send it to the tailors. The tailor measures the customer and lets her choose the style of dress she would like. After that, the tailor tells the customer to come back after a few days to pick up her dress. The customer may pay in advance, and then pays the rest at the moment when she comes to pick up her clothes.

Men also have some of their clothing made by tailors. Men, particularly professionals, like to have their pants and suits made by the tailors. Tailors are also known for making uniforms for different people, for example, students, hotel workers, and so on. Tailors are also used by people who need to alter their clothes. For example, if someone buys a piece of secondhand clothing that doesn't fit properly, the person takes the clothing to a tailor to have it altered.

8H. CULTURE TOPIC 2: CLOTHING IN EAST AFRICA

As is the case in many places, in East Africa it's often possible to identify the community to which a person belongs by their attire (*vazi*). One very unique community in Kenya and Tanzania is the Masai (*Wamaasai*). These pastoral people reside in northern Tanzania in Arusha, Mara, and other places bordering Kenya. There are also a lot of Masai in southern Kenya. Masai men wear a traditional blood-red shoulder cloak called a *rubega*, and the women typically wear red clothing and strings of beautifully colored beads (*shanga*) around their necks.

Of course, religion also plays a major role in determining how some people dress. For example, adherents of certain Christian sects, such as *Akorino* in Kenya, wear white robes. Muslims (*Waislamu*) also wear particular clothing. In Mombasa, Zanzibar, and Dar es Salaam, it's common to see women with covered heads, wearing black veils (*mabuibui*), when they walk in the streets. Muslim men, especially on Friday, wear white robes (*kanzu*) with small caps (*kofia*). It's also common, especially in the coastal regions, to see women wrapped in a long piece of colorful cloth called a *kanga*, also known as a *leso*. The *kanga* allow wearers to avoid exposing their bodies, and they may even feature a proverb or a message significant to the wearer.

In big cities such as Nairobi or Dar es Salaam, it's common to see office workers or government officials wearing suits (*suti*) and ties (*tai*). They may also opt to wear a traditional southern African suit called a *kaunda*. This suit is not worn with a tie, and both the jacket and pants are of the same color. Women who work in offices may choose skirts (*skati*) and blouses (*blauzi*), much as in the West. For less formal occasions, such as going out to a restaurant, people may choose to wear a shirt with long sleeves (*shati ya mikono mirefu*), perhaps with a tie. Jackets are less common, except in cooler areas. And of course, as is the case in just about every corner of the globe, you'll also see plenty of people wearing jeans and T-shirts in casual settings.

As a tourist or visitor to a different culture, there are some clothing issues that you need to keep in mind. While larger cities tend to be more tolerant when it comes to acceptable clothing, guests in certain places, such as Zanzibar, need to be more careful. Women, especially, should avoid clothing that exposes the thighs, navel, back, or too much of the breasts. Many Muslim women cover their heads and even their faces, but this is not imposed upon tourists and non-Muslims, sometimes even when visiting religious places. Foreign women living or working in Zanzibar may opt to cover their heads as a show of respect for the culture, although again this is not obligatory. East African men very rarely wear shorts (*kaptura*) in public, so male tourists may follow this lead as a show of respect, as well. Since many people go to the coastal areas of East Africa for the beaches, it's worth pointing out that tourists should confine themselves to specially designated beaches for swimming and sunbathing. In these areas, usually immediately around resorts, there is no need to be worried about bathing attire. But in other areas, in villages for example, tourists will offend local people by walking around in bathing suits or bikinis, and it is not uncommon for insensitive tourists to be booed.

EXERCISES

Exercise 1: Use the appropriate form of the possessive –*a* in the following sentences.

1. Haya ni maji ____ kunywa.

2. Hili ni nanasi ____ Zanzibar.

3. Hizi ni kompyuta ____ shule.

4. Hiki ni kichwa____ samaki.

5. Yule ni mke ____ mjomba.

6. Hili ni jino____ mbwa.

7. Hii ni chupa ____ maji.

8. Hivi ni vikombe ____ kahawa.

9. Madirisha ____ chumba hiki ni makubwa.

10. Lile ni gazeti ____ Kenya.

11. Hizi ni mvua____ Masika.

12. Haya ni maziwa____ ng'ombe.

Exercise 2: Complete the following sentences by translating the English words and by adding the appropriate missing prefixes.

1. (*This*) ni gari –angu (singular).

2. Machungwa (*these*) ni –etu.

3. Ninapenda hoteli (_this_) na bustani (_that_) (singular).

4. Chumba (that) kina choo (_small_).

5. Mdudu (_this_) ni –baya.

6. Nyumba (_theirs_) inauzwa lakini haina jiko (_big_).

7. Jina –ako ni (_long_).

8. Ndizi (plural) (of) Brazil ni (_good_).

9. Anuani –ao (singular) ni –pya.

10. Lugha (_this_) ni (_easy_).

11. Simba (_this_) ni –kali.

Exercise 3: Fill the blanks in the following sentences with the appropriate form of "have."

1. Kwa nini jiko ____ makabati? (_Negative_)

2. Baba yangu ____ meno. (_Negative_)

3. Kichwa chake ____ nywele. (_Negative_)

4. Sisi ____ nyumba kubwa. (_Affirmative_)

5. Kanisa lile ____ viti (_Affirmative_) lakini ____ meza. (_Negative_)

6. Mtoto wake ____ simu mpya. (_Affirmative_)

7. Ninapenda machungwa haya ____ kokwa. (_Negative_)

8. Teksi hii ____ dereva. (_Negative_)

9. Chakula ____ chumvi. (_Affirmative_)

10. Kompyuta ____ virusi. (_Affirmative_)

11. Duka ____ makarani wazuri. (_Affirmative_)

12. Mbuga hizi ____ wanyama wengi. (_Negative_)

13. Maziwa ____ mafuta. (_Affirmative_)

Exercise 4: Translate the following sentence into Swahili.

1. Why do you like pineapples?

2. Where will you go this weekend?

3. What kind of car do you like?

4. When will you come?

5. How many oranges do you want?

6. How many windows does this room have?

7. What will you eat in the evening?

INDEPENDENT CHALLENGE

Go to your closet and choose five or six articles of clothing. For each one, write a sentence identifying and describing it. Use a dictionary or glossary if you need help, and as usual, keep track of the new words you learn. Then, to see examples of some of the Swahili clothing mentioned in the culture note, use a search engine to find images of *Masai* and *kanga*.

ANSWER KEY

Exercise 1: ya; 2. la; 3. za; 4. cha; 5. wa; 6. la; 7. ya; 8. vya; 9. ya; 10. la; 11. za; 12. ya.

Exercise 2: 1. Hili ni gari langu. 2. Machungwa haya ni yetu. 3. Ninapenda hoteli hii na bustani ile. 4. Chumba kile kina choo kidogo. 5. Mdudu huyu ni mbaya. 6. Nyumba yao inauzwa lakini haina jiko kubwa. 7. Jina lako ni refu. 8. Ndizi za Brazil ni nzuri. 9. Anuani yao ni mpya. 10. Lugha hii ni rahisi. 11. Simba huyu ni mkali.

Exercise 3: 1. halina; 2. hana; 3. hakina; 4. hatuna; 5. lina, halina; 6. ana; 7. hayana; 8. haina; 9. kina; 10. ina 11. lina; 12. hazina; 13. yana

Exercise 4: 1. Kwanini unapenda mananasi? 2. Utaenda wapi wikiendi hii? 3. Unapenda gari gani? 4. Utakuja lini? 5. Unataka machungwa mangapi? 6. Chumba hiki kina madirisha mangapi? 7. Jioni utakula nini?

LESSON

9

Chakula
Food

In this lesson you'll listen in as someone orders food in a restaurant. Naturally, you'll learn very important vocabulary, and you'll have a chance to learn some practical key expressions as well. This lesson will also give you some valuable information on the table manners and food etiquette of Swahili people. You'll also make great progress in your grammar by learning a fifth noun class, the *M-Mi* Class. Let's begin with a vocabulary warm-up!

9A. VOCABULARY WARM-UP

Nikusaidie nini?	*What can I do for you?*
bei za vyakula/menyu	*food price (list)/menu*
ukutani	*on the wall*
pilau ya kuku	*spiced cooked rice with chicken*
wali mweupe	*plain cooked rice*
samaki wa kukaanga	*fried fish*
sahani nzima	*full plate*
samaki wa kipande	*fish in pieces*
samaki mzima	*whole fish*
hamna tabu	*no problem*
kila kitu	*everything*

9B. DIALOGUE: AT A RESTAURANT

After a long day, Jane is at a local restaurant to order some food. Let's listen in.

Mhudumu: Karibu mteja. Habari gani?

Jane: Nzuri tu.

Mhudumu: Nikusaidie nini?

Jane:	Kuna chakula gani?
Mhudumu:	Angalia bei za vyakula pale ukutani.

Jane anaangalia bei ya vyakula, baadaye anamwita mhudumu.

Jane:	Naomba pilau ya kuku.
Mhudumu:	Pilau ya kuku imeisha.
Jane:	Kuna pilau ya nini?
Mhudumu:	Pilau imeisha hivi sasa. Kuna wali mweupe tu.
Jane:	Sawa. Basi naomba wali mweupe, na maharagwe na samaki wa kukaanga.
Mhudumu:	Unataka sahani nzima au nusu?
Jane:	Sahani nzima. Nina njaa sana.
Mhudumu:	Unataka samaki mzima au samaki wa kipande?
Jane:	Samaki wa kipande. Nichagulie kipande kikubwa.
Mhudumu:	Sawa. Nikuletee kinywaji gani?
Jane:	Naomba soda yoyote baridi sana. Unajua leo joto sana. Nina kiu sana.
Mhudumu:	Hutaki kitu kingine?
Jane:	Hapana, asante. Itakuwa bei gani kila kitu?
Mhudumu:	Itakuwa Shilingi 3000. (elfu tatu)
Jane:	Hizi hapa pesa.
Mhudumu:	Sawa. Subiri nakuletea chakula.

Baada ya dakika chache mhudumu analeta chakula. Jane anaona hamna kisu wala uma.

Jane:	Tafadhali niletee uma na kisu.
Mhudumu:	Samahani unajua watu wengi hapa hula kwa mikono, kwahiyo kawaida hatuleti chakula pamoja na kisu na uma. Subiri nakuletea.

Mhudumu anaenda kumletea Jane uma na kisu na anarudi na kumpa.

Jane:	Asante.
Mhudumu:	Hamna tabu.

Waiter:	*Welcome, customer. How are you?*
Jane:	*Good.*

Waiter: What can I do for you?

Jane: What sort of food do you have?

Waiter: Look at the menu on the wall.

Jane looks at the menu; then she calls the waiter.

Jane: Can I get chicken pilau?

Waiter: We're out of chicken pilau.

Jane: What kind of pilau do you have?

Waiter: We're out of pilau for now. We only have plain rice.

Jane: Okay. Can I have plain rice, beans, and fried fish?

Waiter: Do you want a full plate or a half?

Jane: A full plate. I'm very hungry!

Waiter: Do you want a whole fish or a piece?

Jane: A piece of fish. Please choose a big piece for me.

Waiter: Okay. Which drink would you like?

Jane: Can I have any very cold soda? It's so hot today. I'm so thirsty.

Waiter: Anything else?

Jane: No, thanks. How much is that?

Waiter: It's Sh. 3000.

Jane: Here you are.

Waiter: Okay. I'll bring your order shortly.

After a few minutes the waiter brings the food. Jane doesn't see any knife or fork.

Jane: Please bring me a knife and a fork.

Waiter: I'm sorry. You know, many people around here eat with their hands, so we usually don't bring a knife and a fork when we serve food. Hang on. ("Be patient.") I'll bring them for you shortly.

The waiter goes to get the knife and the fork for Jane, and then he gives them to her.

Jane: Thanks.

Waiter: No problem.

9C. VOCABULARY

aisikrimu	*ice cream*
bia, pombe	*beer*
chai	*tea*
chumvi	*salt*
chupa	*bottle/s*
glasi	*glass/es*
haragwe/maharagwe	*bean/s*
hindi/mahindi	*corn (mostly used in the plural)*
juisi	*juice*
kahawa	*coffee*
–kali	*sour*
karoti	*carrot/s*
kijiko/vijiko	*spoon/s*
kikombe/vikombe	*cup/s*
kikopo/vikopo	*can/s, tin/s*
kinywaji/vinywaji	*drink/s, beverage/s*
kipande/vipande	*piece/s*
kisu/visu	*knife/ves*
kitango/vitango	*cucumber/s*
kitunguu thomu/vitunguu thomu	*garlic/pieces of garlic*
kitunguu/vitunguu	*onion/s*
kiu	*thirst*
kiungo/viungo	*spice/s*
kuangalia	*to watch*
kuchemsha	*to boil*
kuchoma	*to roast*
kuchukua	*to carry, to take, to hold, to keep*
kuita	*to call*
kujua	*to know*
kukaanga	*to fry*
kuku	*chicken*

kuna	*there is, there are*
kuoka	*to bake*
kuomba	*to ask*
kupa	*to give*
kupika	*to cook*
kurudi	*to return*
kusaidia	*to help*
kusubiri	*to wait, to be patient*
kutaka	*to want*
leo	*today*
kiazi/viazi, mbatata	*potato/es*
mbogamboga	*vegetables*
mchicha	*spinach*
mkahawa/mikahawa	*restaurant/s*
mkate/mikate	*bread/s*
mkono/mikono	*arm/s, hand/s*
mteja/wateja	*customer/s*
muhogo/mihogo	*cassava/s*
mvinyo	*wine*
nazi	*coconut/s*
ndizi	*banana/s*
nepkini, sarvieti	*napkin*
njaa	*hunger*
nusu	*half*
nyama	*meat*
nyama ya ng'ombe	*beef*
nyama ya nguruwe	*pork*
pale	*there (over there)*
pilipili	*spice, pepper, chili*
pilipili manga	*black pepper*
sahani	*plate/s*
saladi	*salad*

saladi ya matunda	*fruit salad*
siagi	*butter*
soda	*soda*
sukari	*sugar*
supu	*soup*
–tamu	*sweet*
tangawizi	*ginger*
tufaa/ matufaa	*apple/s*
tunda/matunda	*fruit/s*
tungule (nyanya)	*tomato/es*
uma/nyuma	*fork/s*
unga	*flour*
wali	*rice*
–zuri	*delicious*

9D. KEY PHRASES

Here are some expressions that will come in handy when you're at a restaurant.

Tunaomba meza ya watu wawili, tafadhali.	*A table for two, please.*
Niletee orodha ya chakula, tafadhali.	*The menu, please.*
Niletee orodha ya mvinyo, tafadhali.	*The wine list, please.*
Kuna chakula gani?	*What sort of food do you have?*
Una chakula cha mboga mboga?	*Do you have vegetarian dishes?*
Naomba wali mweupe.	*Can I have plain rice?*
Nina njaa sana.	*I'm very hungry.*
Nina kiu sana.	*I'm very thirsty.*
Ninataka kinywaji.	*I would like something to drink.*
Naomba soda baridi sana.	*Can I have a cold soda?*
Tafadhali niletee uma na kisu.	*Please bring me a fork and a knife.*

Niletee hesabu (bili) tafadhali. *Please bring me the check (bill).*

Bakshishi imo ndani? *Is the tip included?*

9E. CULTURE TOPIC 1: RESTAURANTS IN TANZANIA AND KENYA

Food is doubtlessly one of the greatest joys of travel for many people. So it's not surprising that restaurants are high on the list of places to visit for many tourists. If you prefer restaurants (*mikahawa* or *hoteli*) that are similar to what you find in the West, your best bet in East Africa is to look in hotels, such as Serena in Tanzania and Kenya, or the Hilton in Nairobi. Many of the customers in these restaurants are foreigners, and while the ingredients may be local, the cuisine is likely to be European or American inspired. On the menu (*orodha ya bei ya vyakula* or *menyu*) of these restaurants you're likely to see starters, main courses, desserts, etc., just as at home. There are other hotels—the Holiday Inn, the Intercontinental, Diamond Plaza, and so on—that have restaurants that are open to the public and that offer familiar food. Other options for eating "close to home" are the restaurants with English names, such as Kenchick and Food Court in Kenya, or Alcove and Chicken Tikka Inn in Dar es Salaam, to name just a few. It's even possible these days to find fast food restaurants like Subway and Kentucky Fried Chicken in Nairobi and in Dar es Salaam. These restaurants will operate almost in the same manner as in the West, but will not be that big.

Of course, many travelers intentionally avoid eating the same food they eat at home! If you crave a more authentically local experience, you're going to have to venture into a local restaurant. Most of these restaurants are found close to the areas where offices and other business are located. It's also possible to find some of these restaurants in residential areas, where they serve mostly bachelors. You can identify a local restaurant by its name, most likely, which will be traditional and Swahili, such as Mansura Restaurant in Nairobi, Tausi Restaurant in Zanzibar, or Al-Uruba restaurant in Dar es Salaam. These restaurants will sell anything from french fries with fried chicken (*chipsi na kuku*) to most local foods, served in accordance with the local culture. For example, it is impossible to find a restaurant that serves pork in Muslim Zanzibar. In the past it was almost impossible to find a place that served a heavy dinner in Zanzibar. But these days a famous place called Forodhani attracts a lot of local people and tourists alike who want to have a meal in the evening.

Unlike in the West, some local restaurants, particularly those that are located in residential areas, will not have a waiter who will come to take your order, so don't expect to be handed a menu by a greeter and shown to your table. The menu may even be posted on the wall, or the entire meal may have been planned by the owner or cook, so you'll be served what's available. If the restaurant doesn't serve or has run out of the dish you're looking for, it's not considered rude for you to leave and look for another place that does offer what you want. If there's a choice, when you decide what you want, order it at the counter, which is where, incidentally, you'll pay when you're done. In fact, you may be required to pay in advance, as indicated by a sign: "*malipo mwanzo.*" The waiter will bring you the food that you ordered when it's ready. Keep in mind that these restaurants tend to be smaller, with tables arranged much closer to one another than what you might be accustomed to.

When you get to your table, you won't find napkins (*tishu*) waiting there for you. Napkins are generally available at the restaurant counter, and customers help themselves. Don't be surprised if you see other customers eating with their hands; this is acceptable table manners in many parts of the world. If you choose to eat with your hand, be sure to use your right hand, as eating with the left hand is considered to be at least odd, if not downright rude and unhygienic, especially in Muslim communities. And before you eat, be sure to wash your hands in the wash basin provided. If you eat with utensils (*vyombo*), simply leave them on the table along with the plates when you're through, and then they will be collected and cleaned. You are very unlikely to find disposable plates and plastic utensils. When you're ready to pay the bill, simply ask *naomba kulipa?* (Can I pay?) Sometimes be prepared to be asked to remind the waiter in local restaurants what you have eaten (*umekula nini*). Tipping (*kutoa bakshishi*) is not required in local restaurants, as it is not part of East African culture. In large hotels on the other hand, where foreigners have made a practice of it, tipping has come to be expected.

Another eating option that you may find in East Africa is food from mobile vans, particularly in shopping and business areas. There are also food vendors who sell pieces of spicy meat roasted on a skewer (*mishikaki/nyamachoma*) in open places. This could be served with fries. To play it safe, you should avoid these places if they don't appear sanitary.

9F. GRAMMAR

Grammar Topic 1: The *M-Mi* Class

The fifth noun class that you'll learn is called the *M-Mi* Class. As you can guess, nouns in this class begin with *m–* in singular and *mi–* in the plural. There are two general characteristics that can be said of the *M-Mi* Class. First, there are a lot of names of trees and plants in the class: *mti/miti* (tree/s), *mchungwa/michungwa* (orange tree/s), *mgomba/migomba* (banana plant/s), *muwa/miwa* (sugar cane/s), *mlimau/milimau* (lemon tree/s), *mnanasi/minanasi* (pineapple plant/s), *mnazi/minazi* (coconut palm/s), *mwembe/miembe* (mango tree/s). Second, there are no names of people or animals in the *M-Mi* Class. Otherwise, it's a pretty mixed bag: *mkate/mikate* (bread/s), *mkahawa/mikahawa* (restaurant/s), *mwili/miili* (body/bodies), *mkono/mikono* (hand/s), *mguu/miguu* (leg/s), *moyo/mioyo* (heart/s), *mwaka/miaka* (year/s), *mlango/*

milango (door/s), *mlima/milima* (mountain/s), *mji/miji* (town/s, city/cities), *moto/mioto* (fire/s), *mchuzi/michuzi* (stew/s), *mto/mito* (river/s, pillow/s), *mkoba/mikoba* (basket/s, bag/s), *mfuko/mifuko* (pocket/s).

As you can probably see in the list above, the prefix *m–* becomes *mw–* before a vowel, as in *mwembe*, *mwili*, or *mwaka*. The words *moyo* and *moto*, though, are exceptions to this rule. Also notice that in the word *muwa*, the prefix is *mu–* instead of *m–*.

Grammar Topic 2: *M–Mi* Subject, Adjective, Possessive, and Location Prefixes

Now let's go through all of the types of agreement prefixes that you've learned for the other four noun classes, and apply them to the *M-Mi* class. First, the subject prefix that you put on verbs to agree with *M-Mi* nouns is *u–* in the singular, and *i–* in the plural:

Mkahawa unauza mikate.	*The restaurant sells bread.*
Mikahawa inauza mikate.	*The restaurants sell bread.*
Mti ulianguka.	*The tree fell down.*
Miti ilianguka.	*The trees fell down.*

The adjective prefixes for *M-Mi* nouns are the same prefixes as on the noun itself. There are three simple exceptions to this rule. First, the prefix *m–* becomes *mw–* before a vowel. Second, the plural prefix *mi–* changes to *my–* before *–e*. Third, the *–i* in *mi–* is dropped when the adjective starts with an *–i*. As usual, there is no prefix before an invariable adjective.

Kilimanjaro ni mlima mrefu.	*Kilimanjaro is a tall mountain.*
Mikate ni midogo.	*The loaves of bread are small.*
Mombasa na Zanzibar ni miji mizuri.	*Mombasa and Zanzibar are beautiful cities.*
Mfuko ni mweupe.	*The bag is white.*
Mitaa ni myembamba.	*The streets are narrow.*
Kuna miji mingi mwambao.	*There are many cities on the coast.*
Mji ni safi.	*The town is clean.*

To form the possessives, add the prefix *w–* for singular, and *y–* for plural. So, the *M-Mi* possessives in the singular are *wangu* (my), *wake* (his/her), *wako* (your), *wetu* (our), *wenu* (your), and *wao* (their). In the plural, they are *yangu, yake, yako, yetu, yenu,* and *yao*:

Mji wangu ni mdogo.	*My town is small.*
Mzigo wake ni mkubwa.	*His/Her luggage is large.*
Mikono yako ni michafu.	*Your hands are dirty.*

To express location with the *M-Mi* Class, use *u–* in the singular, and *i–* in the plural, along with *–ko, –po,* or *–mo*.

Mikoba yangu iko wapi?	*Where are my bags?*
Mtaa huu upo mjini.	*This street is in the town.*
Mchezo huu umo mawazoni.	*This play is in my mind.*

Grammar Topic 3: *M–Mi* Demonstratives

The *M-Mi* demonstratives are: *huu* (this), *ule* (that), *hii* (these), and *ile* (those).

Huu ni mkono wangu.	*This is my hand.*
Mikate hii ni yake.	*These loaves of bread are his.*
Huu ni mto na ile ni milima.	*This is a river, and those are mountains.*
Ile ni mikono na hii ni miguu.	*Those are hands, and these are legs.*

Grammar Topic 4: *Kuwa Na I* "to Have" with *M–Mi* Nouns

To express *have* with *M-Mi* nouns, use the subject prefixes *u–* with singulars, and *i–* with plurals:

Mto una samaki.	*The river has fish.*
Mito ina samaki	*The rivers have fish.*
Mtaa una jina.	*The street has a name.*
Miji ina majina.	*The cities have names.*

Don't forget that to negate *have,* just use the negative marker *ha–*:

Mto hauna samaki.	*The river has no/doesn't have fish.*
Mito haina samaki.	*The rivers have no/don't have fish.*
Mji hauna jina.	*The city doesn't have a name.*
Miji haina majina.	*The cities don't have names.*

Grammar Topic 5: Possessive *–a* with *M–Mi* Nouns

The prefixes used with possessive *–a* in the *M-Mi* Class are *w–* in the singular, and *y–* in the plural. These are the same as the prefixes used with possessives:

Mkoba wa mwalimu upo darasani.	*The teacher's bag is in the classroom.*
Mito ya nchi ile ni michafu.	*The rivers of that country are dirty.*

9G. READING: VYAKULA AFRIKA MASHARIKI

Kwa kuwa kuna makabila mengi katika Afrika Mashariki, pia si ajabu kuona kuwa kuna vyakula vya aina tofauti katika sehemu hizi. Aina za vyakula pia hulingana na maeneo wanayoishi watu. Kwa mfano watu ambao wanakaa karibu na bahari au maziwa hupenda sana kula samaki. Wamasai ambao ni wafugaji hunywa maziwa kama chakula chao kikuu.

Watu wengi wa Afrika Mashariki wanapenda sana chai wakati wa asubuhi na usiku. Hii ni kutokana na ukweli kwamba Kenya na Tanzania ni nchi zinazolima chai. Ni kawaida kwa wageni wanapofika kukaribishwa kwa chai kwanza. Watu wengi hunywa chai yenye sukari na mara nyingi na maziwa. Pia chai kwa Waswahili ina maana pana zaidi. Chai humaanisha chakula cha asubuhi au jioni kwa watu wa mwambao hasa Zanzibar. Kawaida Waswahili hasa watu wa Zanzibar na Mombasa hawali chakula kizito asubuhi na usiku. Watu hunywa chai na mikate. Watu pia hunywa chai na maandazi(mahamuri), vitumbua, chapati, mkate wa mchele na mengineyo. Pia watu wengine wa Afrika Mashariki hunywa chai na viazi, muhogo, ndizi mbichi za kupikwa, mahindi au chakula cha kiporo. Watu wengine hula vyakula hivi pamoja na vitoweo. Kwa mfano watu wanaweza kula muhogo kwa samaki au supu ya nyama. Wengine hula mikate na mayai ya kukuaanga. Watu hunywa uji kama hawana sukari ya kuweka kwenye chai. Watu hunywa uji wa unga wa ngano, mahindi, mtama au uwele.

Vyakula vizito kama ugali, chakula maarufu sana Afrika Mashariki na kwengineko Afrika, Githeri, chakula maarufu kwa Wakikuyu huko Kenya au wali, maarufu kwa watu wa pwani (mwambao), kawaida huliwa wakati wa mchana na usiku kwa baadhi ya watu. Watu wa pwani kawaida hawali vyakula hivi asubuhi au usiku. Kwa kawaida watu wa mwambao hula wali wakati wa mchana. Wali huliwa na mchuzi wa samaki, nyama au kuku. Pia watu wengine hufanya mboga kama kitoweo. Watu wengi wa Kenya hupenda kutumia sukuma wiki kama kitoweo cha ugali.

Mikahawa katika sehemu za Afrika Mashariki pia huuza chakula kwa mujibu wa wakati. Kwa mfano huwezi kupata wali katika mikahawa wakati wa asubuhi. Na kawaida chai haiuzwi wakati wa mchana katika mikahawa ya kawaida ya Tanzania. Mikahawa (hoteli) ya kawaida ya Zanzibar haiuzi kahawa. Kahawa huuzwa mitaani na wauzaji maalum. Kahawa huuzwa na hunywewa sana nchini Kenya hasa Nairobi na sehemu nyengine zenye baridi. Watu wa sehemu hizi hupenda sana kunywa kahawa.

Food in East Africa

Because there are a lot of ethnic groups in East Africa, it is not unusual to see that there are varieties of food in these areas. The kinds of food also depend on the areas where those people live. For example people who live close to the sea or lakes like to eat fish. Masai who are herders drink milk as their main food.

Many people in East Africa like to drink tea in the morning and in the evening. This is due to the fact that Kenya and Tanzania are tea-growing countries. It is usual for a visitor to be served with tea first. People drink tea with sugar and most likely with milk. Chai for Swahili people has a broader meaning, too. Chai means "breakfast" and "dinner" to the people who live on the coast, particularly Zanzibar. Usually Swahili people, particularly those who live in Zanzibar and Mombasa, do not eat a heavy meal in the morning or in the evening. People usually drink tea with mkate wa boflo/mkate wa mofa (a kind of bread). They may also drink tea with buns, rice fritters, chapati (flat round bread which looks like a thick tortilla), mkate wa mchele (a kind of rice cake), and so on. Also, some people in Kenya and Tanzania drink tea with sweet potatoes, cassava, cooked raw plantain, corn or the leftovers of the previous dinner. Some people eat their breakfast with a side dish. For instance, people may eat cassava with fish or beef soup. Others eat bread with fried egg. People drink porridge in the morning if they do not have sugar to put in their tea. They drink porridge made from wheat, corn, sorghum, or millet flour.

A heavy meal like ugali (cornmeal mush), a very popular food in East Africa and other parts of Africa, githeri (corn and bean stew), a very popular traditional food among the Kikuyu in Kenya, or wali (cooked rice), a very popular food on the coast, is eaten in the afternoon or in the evening by some people. Most people on the coast do not eat these kinds of heavy meals in the evening. Rice is usually eaten with fish stew, beef, or chicken. Other people use vegetables as their side dish. A lot of people in Kenya like to eat sukuma wiki (a type of vegetable similar to collard greens, usually boiled with tomatoes and onions) as a side dish for ugali.

Restaurants in East Africa typically sell food in accordance with the time of the day. For instance, you cannot get wali in restaurants in the morning. Usually tea is not sold in the afternoon (during lunchtime) in local restaurants in Tanzania. Local restaurants in Zanzibar do not sell coffee. Coffee is sold in the streets by special traditional vendors. Coffee is widely sold and drunk in Kenya, particularly Nairobi, and other places where the climate is colder. People in these areas like to drink coffee a lot.

9H. CULTURE TOPIC 2: SWAHILI TABLE MANNERS

One of the things that can be very embarrassing in a foreign country is not knowing the expected table manners (adabu za mezani or adabu za chakula) of the culture. This situation can be even more difficult to navigate if different religious traditions or customs come into play. For the people of the Swahili-speaking coast, watu wa pwani, Islam is the dominant religion, and many of the food-related customs and table manners are related to religion or the influence of the Arabic culture on the region.

For example, children are taught when they are little that they should eat with their right hand (mkono wa kulia), whether they are actually eating with their hands or using a fork (*uma*) or a spoon (*kijiko*). The only time when this rule is relaxed is if someone cannot use his or her right hand due to an injury. Otherwise, it is rude in Swahili culture to eat with the left hand (*mkono wa kushoto*), which is considered to be a dirty hand (*mkono mchafu*).

Because people eat with their (right) hands, it is of course important and expected that everyone wash their hands (*kuosha/kunawa mkono*) before eating. Just as in the West, it is considered unhygienic to eat without washing your hands. In a family or group of people eating together, the oldest person will be given priority to wash his or her hands first, and then the others will follow. The oldest people also enjoy the privilege of not being left at the table; children or young adults are expected not to leave the table before their elders. Actually, a table may not be involved at all; it is a very common practice for *Waswahili* to eat sitting on a floor mat (*mkeka* or *jamvi*). There, people will gather around a big round tray (*sinia*) or plate (*sahani*), eating from it. It is also common for women and men to eat separately at gatherings, for religious reasons.

Of course, not all table manners need to be learned from culture to culture; some are universal or just plain common sense. It is impolite in Swahili culture—just as in Western culture—for people to speak with their mouths full, to chew with their mouths open, to make noise while eating, and so on. It is also considered rude for someone to blow his or her nose in front of others, during a meal or otherwise. If you need to blow your nose, excuse yourself and go someplace where you can be alone. If you're a student, do not eat in the classroom, as this is considered improper. Of course, a very good rule of thumb in any situation is simply to observe what people around you are doing—or not doing—and follow suit.

EXERCISES

Exercise 1. The following list contains singular nouns and demonstratives from both the *Ji-Ma* and *M-Mi* noun classes. Change each phrase into the plural, and then give the translation for both the singular and plural phrases.

1. mkahawa ule

2. chungwa hili

3. mlango huu

4. gari lile

5. mlima ule

6. gazeti hili

7. papai hii

8. duka lile

9. mwaka huu

10. mkono ule

Exercise 2: The following sentences have some grammatical errors, which are in italics. Rewrite the sentences correctly.

1. Mkoba *huyu* ni *changu*.

2. Mikate *anauzwa* mkahawa *kile*.

3. Mto Nile *hakina* samaki.

4. Mchungwa si mti *warefu*.

5. Mikeka *yale* ni *mkubwa*.

Exercise 3: Fill in blanks in the following sentences with the appropriate word. A clue is given in parentheses.

1. ___ni mkoba ___mwalimu. (*This, of*)

2. Ninapenda mkate ___ mchele na maziwa ___sukari. (*of, of*)

3. Madirisha ___ ni ___na ___. (*these, beautiful, big*)

4. Mzigo ___ ni ___. (*that, yours*)

5. ___ ni mwaka ___nne. (*This, of*)

Exercise 4: Translate each of the following English sentences into Swahili. Each sentence includes the verb "have."

1. The bread has salt.

2. The stew has no salt.

3. Mt. Meru has big trees.

4. The kitchen has bugs (*wadudu*).

5. Papayas (*mapapai*) have seeds.

INDEPENDENT CHALLENGE

Imagine that you have to explain the typical cuisine or table manners of your culture to a Swahili speaking friend. Prepare a list of the most important vocabulary words you'll need, using a dictionary if necessary. Write out several sentences or a short paragraph.

ANSWER KEY

Exercise 1: 1. mkahawa ule (*that restaurant*), mkahawa ile (*those restaurants*); 2. chungwa hili (*this orange*), machungwa haya (*these oranges*); 3. mlango huu (*this door*), milango hii (*these doors*); 4. gari lile (*that car*), magari yale (*those cars*); 5. mlima ule (*that mountain*), milima ile (*those mountains*); 6. gazeti hili (*this newspaper*), magazeti yale (*those newspapers*); 7. papai hili (*this papaya*), mapapai haya (*these papayas*); 8. duka lile (*that shop*), maduka yale (*those shops*); 9. mwaka huu (*this year*), miaka hii (*these years*); 10. mkono ule (*that hand*), mikono ile (*those hands*)

Exercise 2: 1. Mkoba *huu* ni *wangu*. 2. Mikate *inauzwa* mkahawa *ule*. 3. Mto Nile *hauna* samaki. 4. Mchungwa si mti *mrefu*. 5. Mikeka *ile* ni *mikubwa*.

Exercise 3: 1. huu, wa; 2. wa, ya; 3. haya, mazuri, makubwa; 4. huu, wako; 5. huu, wa

Exercise 4: 1. Mkate una chumvi. 2. Mchuzi hauna chumvi. 3. Mlima Meru una miti mikubwa. 4. Jiko lina wadudu. 5. Mapapai yana kokwa.

LESSON

10

Hospitalini

At the Hospital

In this lesson, you'll listen in on a conversation between doctor and patient, so you'll learn useful vocabulary and expressions for talking about health and the body. Then, you'll expand your knowledge of Swahili grammar by focusing on some irregular adjectives and important verb forms. First, let's start with a vocabulary warm-up.

10A. VOCABULARY WARM-UP

kuonana na daktari	*to see the doctor*
Fungua mdomo.	*Open your mouth.*
Funga mdomo.	*Close your mouth.*
dawa za kufukuza mbu	*mosquito spray*
uchunguzi wa damu	*blood test*
matokeo ya uchunguzi wa damu	*blood test result*
kupigwa shindano	*to be injected*
Pole sana.	*I am very sorry. (to show sympathy)*
Inawezekana . . .	*It's possible that . . .*
Itabidi . . .	*It'll be necessary to . . .*
mkono wa kulia	*right hand*
Sina nguvu.	*I'm feeling weak. I have no strength.*

10B. DIALOGUE: AT THE HOSPITAL

Erick, an American student visiting Kenya and Tanzania, has not been feeling well lately. He goes to see a doctor to get medication. First, he is attended to by a nurse, who registers him and then takes his blood sample before sending him to the doctor. Let's listen to the dialogue:

Mwuguzi:	Hujambo?
Erick:	Sijambo kidogo.
Mwuguzi:	Jina lako nani?
Erick:	Jina langu Erick Lewis.
Mwuguzi:	Una miaka mingapi?
Erick:	Ishirini na sita.
Mwuguzi:	Unakaa wapi?
Erick:	Ninakaa Eastleigh.
Mwuguzi:	Una tatizo gani?
Erick:	Ninataka kuonana na daktari. Ninahisi nina malaria.
Mwuguzi:	Itabidi nikutoe damu kidoleni kwanza. Lete kidole chako cha gumba cha mkono wa kulia.
Erick:	Sawa.

Baada ya dakika chache mwuguzi anakuja na kumpa Erick majibu ya damu yake na anamwelekeza kuenda kumwona daktari.

Daktari:	Karibu.
Erick:	Asante.
Daktari:	Habari gani?
Erick:	Sio mbaya.
Daktari:	Vipi unasumbuliwa na nini?
Erick:	Kwa kweli sijui ni maradhi gani. Labda nina malaria.
Daktari:	Unahisi vipi.
Erick:	Kwanza ninahisi mwili wote unaniuma. Miguu, hasa kwenye magoti, mikono nahisi sina nguvu, kichwa kinauma na kuna wakati ninahisi kizunguzungu na macho yanakuwa kama hayaoni. Pia ninahisi maumivu ya mgongo na kiuno.
Daktari:	Pole sana. Choo unapata?
Erick:	Ninaharisha. Tumbo linauma mara kwa mara. Na ninapokula kitu basi mara nyengine ninatapika. Pia nikikojoa nahisi mkojo unauma pia.

Daktari: Jee una maumivu ya kifua?

Erick: Kifua kinauma na ninakohoa pia.

Daktari: Tafadhali fungua mdomo. Sasa funga.

Daktari: Naona una kila dalili za malaria. Pia matokeo yako ya uchunguzi wa damu yanaonesha una malaria. Sasa nitakuandikia sindano nne za kwinini. Utapiga kwa siku nne. Leo utapiga moja, kesho moja, kila siku moja.

Erick: Nitapigwa wapi? Mkononi?

Daktari: Hapana utapigwa matakoni?

Erick: Sawa.

Daktari: Pia nimekuandikia dawa hapa ununue. Hizi hapa ni dawa za malaria na hizi hapa dawa za maumivu. Unahitaji kula vizuri kabla ya kula dawa hizi. Usile dawa kabla ya kula chakula. Na baada ya kula dawa unahitaji kupumzika. Pia usisahau kutumia chandarua ili mbu wasikupate na pia jipake dawa za kufukuza mbu. Unajua nchi zetu zina mbu wengi wa malaria.

Erick: Sawa.

Daktari: Umewahi kula dawa za kinga?

Erick: Ndio nilikula nilipokuwa Marekani.

Daktari: Inaonekana kinga yako haikusaidia au imepungua nguvu.

Erick: Inawezekana ni hivyo.

Daktari: Baada ya kumaliza hizi dawa, unaweza kula tena dawa za kinga.

Erick: Sawa asante.

Daktari: Sawa. Haya kwaheri.

Erick: Asante tutaonana.

Nurse: *How are you doing?*

Erick: *Not so good.*

Nurse: *What's your name?*

Erick: *My name's Erick Lewis.*

Nurse:	How old are you?
Erick:	Twenty-six.
Nurse:	Where do you live?
Erick:	I live in Eastleigh.
Nurse:	What's the matter with you?
Erick:	I'd like to see a doctor. I think I have malaria.
Nurse:	I'll need to take your blood sample from your finger first. Give me your right thumb.
Erick:	Okay.

After a while the nurse returns and gives Erick the results of his blood test, and Erick is directed to go see the doctor.

Doctor:	Come in.
Erick:	Thanks.
Doctor:	How are you?
Erick:	Not bad.
Doctor:	What's wrong with you?
Erick:	Actually I don't know what's wrong with me. Maybe I have malaria.
Doctor:	Describe how you feel to me.
Erick:	My whole body hurts. My legs, particularly, my knees; my arms feel really weak ("have no strength"), my head hurts, and sometimes I feel dizzy and can't see right. I also have a backache and I have pain in my hips.
Doctor:	I'm sorry to hear that. Do you go to the bathroom regularly?
Erick:	I have diarrhea. I have frequent stomachaches, and when I eat something, I sometimes vomit. Also, when I urinate I feel pain.
Doctor:	Do you have any chest pain?
Erick:	I have chest pain, and I'm also coughing.
Doctor:	Open your mouth please. Now close.
Doctor:	It seems you have all the symptoms of malaria. And your blood test shows that you have it, too. Now I'll prescribe four quinine

injections for you. You'll take them for four days. Today you'll take one, tomorrow one, and each day one.

Erick: Where will I be injected, in my arm?

Doctor: No, it will be in your backside.

Erick: Okay.

Doctor: Also, I'll prescribe some medicine that you can buy. This one over here is for malaria, and this one is a painkiller. You'll need to have a good full meal before taking these medicines. Don't take them before eating. Then you'll need to rest after taking the medicines. Also, make sure you don't forget to use a mosquito net over your bed to protect yourself from being bitten. Also, use mosquito body repellants. You know our countries have many mosquitoes that carry malaria.

Erick: Okay. Thank you.

Doctor: Did you take any malaria prevention drugs?

Erick: Yes, I did, when I was in the U.S.

Doctor: It seems the drugs either did not help or are not potent anymore.

Erick: That's possible.

Doctor: After you've taken these drugs, you can take the prevention drugs once again.

Erick: Okay, thank you.

Doctor: Okay, then, bye.

Erick: Thank you. Good-bye.

10C. VOCABULARY

bega/mabega	*shoulder/s*
chandarua/vyandarua	*mosquito net/s*
chango/machango	*intestine/s*
choo/vyoo	*stool; toilet/s, bathroom/s*
daktari/madaktari	*doctor/s*
dalili	*symptom/s*

damu	*blood*
dawa	*medicine/s, drug/s*
goti/magoti	*knee/s*
gumba	*thumb/s*
hasa	*particularly*
hospitali	*hospital/s*
jicho/macho	*eye/s*
jino/meno	*tooth/teeth*
kichwa/vichwa	*head/s*
kidole/vidole	*finger/s, toe/s*
kifua/vifua	*chest/s*
kinga	*prevention*
kipima joto/vipima joto	*thermometer/s*
kisugudi/visugudi	*elbow/s*
kiuno/viuno	*hip/s*
kizunguzungu	*dizziness*
kliniki	*clinic/s*
koo/makoo	*throat/s*
kuandika	*to write*
kuelekeza	*to direct*
kuharisha	*to cause diarrhea*
kuhisi	*to feel*
kukohoa	*to cough*
kukojoa	*to urinate*
kulia	*right*
kupata	*to get, obtain, suffer (an illness)*
kupiga chafya	*to sneeze*
kupumzika	*to rest*
kupungua	*to decrease*
kusahau	*to forget*
kusumbuliwa	*to be troubled, to be disturbed*
kutapika	*to vomit*

kutoa	*to deliver, to give, to offer, to remove*
kutumia	*to use*
kuuma	*to hurt*
kuumwa na kichwa	*to have a headache*
kuwa na homa	*to have a fever*
labda	*perhaps*
mara kwa mara	*frequently*
maradhi	*disease/s, ailment/s*
matokeo	*results*
maumivu	*pain*
mdomo/midomo	*mouth/s*
mgongo/migongo	*back/s*
mguu/miguu	*leg/s, foot/feet*
mkojo/mikojo	*urine*
mkono/mikono	*arm/s, hand/s*
moyo/mioyo	*heart/s*
mwuguzi/wauguzi	*nurse/s*
mwili/miili	*body/ies*
nchi	*country/ies*
ngozi	*skin*
pafu/mapafu	*lung/s*
pua	*nose/s*
shingo	*neck/s*
sikio/masikio	*ear/s*
sindano	*needle/s, syringe/s*
tako/matako	*buttocks, backside*
tumbo/matumbo	*belly/ies, stomach/s*
ubongo	*brain*
uchunguzi/chunguzi	*investigation/s*
ulimi/ndimi	*tongue/s*
uso/nyuso	*face/s*

10D. KEY PHRASES

Now let's focus on some key expressions for talking about health.

Ninataka kuonana na daktari.	*I want to see the doctor.*
Unasumbuliwa na nini?	*What's troubling you?*
Nimeungua.	*I've burned myself.*
Nimejikata.	*I've cut myself.*
Nafikiri nimevunjika mkono.	*I think I broke my arm.*
Unahisi vipi?	*How do you feel?*
Ninahisi mwili wote unaniuma.	*I feel like my whole body hurts.*
Ninahisi sina nguvu.	*I feel weak.*
Kichwa kinauma.	*I have a headache.*
Ninahisi kizunguzungu.	*I feel dizzy.*
Nina homa.	*I have a fever.*
Ninaharisha.	*I have diarrhea.*
Tumbo linauma.	*I have a stomachache.*
Ninatapika.	*I'm throwing up.*
Kifua kinauma.	*I have chest pains.*
Ninakohoa.	*I'm coughing.*
Unatumia dawa yoyote?	*Are you taking any medication?*
Kuna kitu kinakudhuru?	*Do you have any allergies?*
Ninadhuriwa na penisilini.	*I am allergic to penicillin.*
Nina mimba. / Mimi ni mja mzito.	*I'm pregnant.*

10E. CULTURE TOPIC 1: HOSPITALS IN KENYA AND TANZANIA

Today in Kenya and Tanzania, there are both public hospitals (*hospitali za serikali*) and private hospitals (*hospitali binafsi*). The existence of public hospitals is a great benefit to many people, who are able to receive hospital services (*huduma za hospitali*) regardless of their income. But naturally, there are stark differences between public and private facilities, and people who can afford private care usually opt for it.

At public hospitals there are usually long lines of patients (*wagonjwa*) waiting to receive medical care, and there are relatively few doctors available to treat everyone. Although medical attention is free or costs are shared with the patients in public hospitals, people do not receive drugs (*dawa*) free of charge. Instead, patients get advice from a doctor, as well as a prescription (*cheti*), and they must pay for the medication themselves. There are even occasions when relatives of patients requiring surgery (*upasuaji*) must pay for the necessary equipment.

Private hospitals, on the other hand, offer better services to the people who can afford it. These hospitals keep records and charge patients, and some of them have specialized clinics (*kliniki maalum*) for specific diseases (*magonjwa maalum*). For example, Hindu Mandal Hospital in Tanzania is known for heart diseases (*magonjwa ya moyo*), KCMC Moshi has a well-known eye clinic (*kliniki ya macho*) and Aga Khan in Nairobi is a well-known referral hospital (*hospitali ya rufaa*). There are also private medical dispensaries (*zahanati*) in many places, which, like private hospitals, offer a higher tier of service for a price.

Of course, for the majority of people living in Kenya and Tanzania, public hospitals are the only option. Most people in Tanzania, particularly in Dar es Salaam, get their health services (*huduma za afya*) at Muhimbili Hospital, which is the largest public referral hospital in the country. There is also Bugando Hospital in Mwanza. Apart from the hospitals, the government also has built several dispensaries in villages across the country. In Kenya, the major public referral hospital is Kenyatta National Hospital in Nairobi. Moi Referral Hospital is an important public hospital in the North Rift Valley.

10F. GRAMMAR

Grammar Topic 1: Vowel Adjectives

Agreement prefixes on adjectives that start with vowels are slightly different from the ones on adjectives starting with consonants. Let's take a look at each of the five noun classes you've learned so far, using as examples the adjectives –*embamba* (thin, skinny, narrow), –*eupe* (white), –*eusi* (black), and –*ekundu* (red).

M-Wa Class: The regular adjective prefixes are *m*– in the singular, and *w*– in plural. Before vowels, those prefixes become *mw*– and *w*–:

Ni msichana mwembamba.   *She is a skinny girl.*

Nina paka mweusi na mbwa wawili weupe.   *I have a black cat and two white dogs.*

Ki-Vi Class: The regular adjective prefixes are *ki*– and *vi*–, but before vowels, those endings become *ch*– and *vy*–:

Juma ana kitabu kimoja chekundu na vitabu viwili vyeupe.   *Juma has a/one red book and two white books.*

| Hoteli ina vitanda vyembamba vyeupe. | The hotel has narrow, white beds. |

N- Class: Remember that *N-* Class adjective prefixes are quite irregular with adjectives beginning with consonants (see lesson 5). Before vowels, though, the prefix is always *ny–*, in both singular and plural:

| Zawadi ana nywele nyeusi. | *Zawadi has black hair.* |
| Ninaona nyumba nyekundu na nyumba nyeusi. | *I see a red house and a black house.* |

Ji-Ma Class: Adjectives agreeing with *Ji-Ma* nouns usually take no prefix in the singular (with some exceptions; see lesson 6) and *ma–* in the plural. Before vowels, the prefixes are *j–* in the singular, and *m–* in the plural:

| Mti huu una matunda meusi na majani membamba. | *This tree has black fruit and thin leaves.* |
| Sina gari jekundu. Nina gari jeupe. | *I don't have a red car; I have a white car.* |

M-Mi Class. The regular adjective prefixes with this class are the same as the noun prefixes: *m–* and *mi–*. But before vowels, those prefixes become *mw–* and *my–*:

| Nyumba ina mlango mweupe mwembamba. | *The house has a narrow white door.* |
| Una mikono myembamba! | *You have thin arms!* |

Grammar Topic 2: The Causative Extension

In English, you can take a basic verb and extend its meaning in a number of ways. For example, if you use "make" plus the basic verb, as in "make return" from "return," you have what's called the causative. That name isn't surprising, because if you *make* someone return, you're *causing* him or her to return. Swahili has a special way of extending the meaning of basic verbs, by adding suffixes called extensions, and one of these extensions gives you the causative. To take our English example and apply it to Swahili, *kurudi* means "to return," and by changing the ending to *–isha*, you have *kurudisha*, which means "to make return," "to cause to return," or "to bring back." There are a few different forms of the causative extension, but the characteristic consonant is *–sh–* or *–z–*.

1. Take off the final vowel on the infinitive, and if the nearest remaining vowel is *a*, *i*, or *u*, then the causative extension takes the form *–isha*:

kurudi (*to return*) = kurud . . . + isha	kurudisha (*to cause to return, bring back*)
Ali anarudisha vitabu.	*Ali is bringing back the books.*
kuzama (*to drown*) = kuzam . . . + isha	kuzamisha (*to cause to drown, sink*)
Upepo umezamisha meli.	*The storm caused the ship to sink.*

2. If the nearest remaining vowel is *e* or *o*, then the causative extension takes the form –*esha*:

kusoma (*to read, to study*) = kusom + esha	kusomesha (*to cause to study, teach*)
Mwalimu huyu anasomesha Kiswahili.	*This teacher teaches Swahili.*
kukopa (*to borrow*) = kukop + esha	kukopesha (*to make borrow, lend*)
Nimemkopesha Ali pesa.	*I have lent Ali some money.*

3. Most verbs whose root forms end in –*k* undergo a slight modification when the causative extension is added. The –*k* changes to –*sh*, and no further syllable is added:

kukumbuka (*to remember*)	kukumbusha (*to make remember, remind*)
Picha hii inanikumbusha zamani.	*This picture reminds me of the past.*
kuwaka (*to burn, be on fire*)	kuwasha (*to light on fire*)
Nani amewasha majani?	*Who has set the leaves on fire?*

Note that the common verbs *kuandika* (to write) and *kucheka* (to laugh) are exceptions to this rule. Their causative forms are *kuandikisha* (to register) and *kuchekesha* (to make laugh, to amuse).

4. Some verbs insert a –*z*– in their causative forms, while the verb *kulala* changes its last consonant to –*z*. Also, if a verb root ends in –*n*, the causative is formed with –*ny*–:

kuuma (*to hurt, to be painful*)	kuumiza (*to hurt, to cause pain*)
Viatu vyangu vinaniumiza.	*My shoes are hurting me.*
kulala (*to sleep*)	kulaza (*to cause to sleep, to put to bed*)
Dawa zinalaza.	*The drugs make you sleepy.*
kupona (*to get better, recover*)	kuponya (*to make better, to cure*)
Dawa hii inaponya malaria?	*Does this medicine cure malaria?*

5. You can also form causative verbs from adjectives and nouns. Simply take off the final vowel, and add *–isha* if the nearest remaining vowel is *a*, *i*, or *u*, and *–esha* if the nearest remaining vowel is *–o* or *–e*.

–safi (*clean*)	kusafisha (*to clean*)
bora (*good, better*)	kuboresha (*to make better, to improve*)
rahisi (*easy*)	kurahisisha (*to simplify*)
maana (*meaning*)	kumaanisha (*to mean*)
sababu (*reason, cause*)	kusababisha (*to cause*)
Neno hili linamaanisha nini?	*What does this word mean?*
Paa alisababisha ajali.	*The deer caused an accident.*

Grammar Topic 3: The Subjunctive

The subjunctive is a very useful verb form in Swahili. It's a polite form, used to make requests, suggestions, or give directives. It's very easy to form. If the verb ends in *–a*, simply change it to *–e*, and drop the tense infix. If the verb ends in another vowel, don't change it to *–e*. The *ku* is dropped in the monosyllabic verbs.

anasoma (*he/she is reading*)	asome (*he/she should read*)
tunaenda (*we go*)	tuende / twende (*let's go*)
unajaribu (*you are trying*)	ujaribu (*you should try*)
ninakula (*I eat*)	nile (*I should eat*)

There are certain words that often go together with the subjunctive in sentences: *afadhali* (it's better that/to . . . , ought to . . .), *lazima* (it's necessary that/to . . . , must), *tafadhali* (please), and *ni bora* (it's better that/to . . .):

Ni bora uowe. (*from* **kuowa***)	*It's better that you get married (said to a man).*
Afadhali twende hospitali. (*from* **kuenda**)	*It's better that we go to the hospital.*
Ni lazima utumie chandarua. (*from* **kutumia**)	*It's necessary that you use a mosquito net.*
Karibu ukae. (*from* **kukaa**)	*Have a seat.*
Lazima unywe dawa. (*from* **kunywa**)	*It's necessary that you take ("drink") some medicine.*

*Note that in Swahili, men marry (*kuowa*) and woman get married (*kuolewa*). You'll learn more about the passive (*–lewa*) form of verbs in Lesson 11.

To form the negative subjunctive, simply insert –si– between the subject prefix and the verb stem. This form is used to make negative suggestions, give negative commands, and so on:

Tusiende Mombasa. (*from* kuenda)	*Let's not go to Mombasa.*
Usipige picha hapa. (*from* kupiga)	*Don't take pictures here. / You shouldn't take pictures here.*
Usivute sigara. (*from* kuvuta)	*Do not smoke.*
Usile nyama. (*from* kula)	*You shouldn't eat meat.*

The subjunctive is also used to express a purpose clause, usually with the phrase "in order to . . ." in English. The subjunctive clause is introduced by *ili* (in order to/that):

Walienda hospitali ili wamuone daktari.	*They went to the hospital (in order) to see the doctor.*
Anajifunza Kiswahili ili afanye kazi Kenya.	*He's studying Swahili (in order) to work in Kenya.*

10G. READING: MATATIZO YA AFYA

Kama nchi nyingi za joto, Tanzania na Kenya zina matatizo ya afya yanayolingana. Homa ya malaria, kipindupindu na ukimwi ni matatizo makubwa katika nchi hizi.

Malaria imekuwa sugu kwa sababu bado watu na serikali wameshindwa kuweka mazingira safi ili kuwanyima mbu mazalio. Pia kutokana na watu wengi kuwa ni maskini, wengi wanashindwa kutumia vyandarua au kutumia dawa za kufukuzia mbu. Pia watu walio wengi wanakosa lishe bora inayowasababishia kutokuwa na kinga nzuri katika miili yao. Dawa za kutibu malaria pia ni tatizo kwa sababu hazitibu ipasavyo. Ni jambo la kawaida kusikia mtu anasema kuwa amekula dawa lakini bado ana malaria. *Wadudu wa malaria wanakuwa sugu kwa dawa.

Tatizo lingine ni ukimwi. Watu wengi, haswa vijana, wanaambukizwa na ukimwi na baadaye wanakufa. Kuna sababu nyingi kuelezea kuhusu nambari kubwa ya watu wanaoambukizwa na ukimwi katika Afrika. Sababu moja ni kutokuwa na njia ya kupata huduma ya afya na upimaji. Hii ni shida kwa sababu watu wengi haswa mashambani, wanakaa mbali na hospitali na hawana pesa za kulipa ili kupata matibabu. Sababu zingine ni ukosefu wa elimu ya kutosha kuhusu jinsia safi, kutotumia kondomu, uambukizaji usio makusudi, umaskini ambao unaleta shida nyingi zingine kama wasichana vijana kupata mimba, na pia kutokupata chakula kizuri na cha kutosha; urithi wa wanawake wajane katika makabila fulani, watoto ambao wanazaliwa na akina mama walio na ukimwi, n.k. Ukosefu wa kutokuwa na njia ya kupata madawa ya ukimwi ni shida kubwa sana Afrika, na watu wengi sana hufa kwa sababu ya ukosefu wa matibabu halisi au ya kufaa.

Tatizo jengine ambalo hutokezea mara kwa mara ni ugonjwa wa kipindupindu. Ugonjwa huu husababishwa na watu kutumia maji machafu. Kuna maeneo mengi ya Kenya na Tanzania ambako watu wake hawapati maji safi ya kunywa. Tatizo hili husababisha watu kutumia maji ambayo si safi. Jambo hili hupelekea watu kupata ugonjwa huu wa kipindupindu. Ugonjwa huu ni hatari kwasababu watu huweza kupoteza maisha mara moja. Mgonjwa huharisha na kutapika maji ya mwilini. Kama mgonjwa hakuwahiwa kupelekwa hospitali, anaweza kufariki. Pia watu wanaomshuhulikia wanaweza kuambukizwa kama hawana kinga.

Health Problems

Like many tropical countries, Tanzania and Kenya have similar health problems. Malaria, cholera, and AIDS are the most serious diseases in these countries.

Malaria has become chronic because the government and public have failed to keep the environment clean so that the mosquitoes do not have breeding areas. In addition, because many people are poor, they cannot afford to use mosquito nets or mosquito spray. Also, many people do not have proper nutrition, which keeps them from having proper immune systems in their bodies. Drugs to cure malaria are also a problem, because they do not cure it entirely. It is common to find people who have taken medication but who still have malaria. Malaria parasites have become resistant to the medication.

Another problem is AIDS. A lot of people, particularly the youth, are infected by HIV/AIDS and later die. There are many reasons to explain why a large number of people are infected by HIV/AIDS in Africa. One reason is the lack of access to healthcare and testing. This is a problem because many people, especially in the countryside, stay far away from hospitals and have no money to pay for treatment. Other reasons are lack of enough education on safer sex, not using condoms, unintentional transmission, poverty, which causes many other problems such as teen pregnancy and not getting enough proper food, widow inheritance by certain ethnic groups, children being born to mothers who are infected already, etc. Lack of access to HIV/AIDS medication is also a major problem in Africa, and many people die due to lack of proper treatment.

The other problem that often appears is cholera. This kind of disease is caused by unsanitary water. There are many places in Kenya and Tanzania where people do not have clean drinking water. This problem leads people to use unsanitary water. This causes people to get cholera. This is a very dangerous disease, because people can die within a short period. A patient gets diarrhea, vomiting, and a rapid loss of bodily fluids. If the patient is not taken to the hospital immediately, he or she may die. People who take care of the patient can also become infected if they do not take precautions.

10H. CULTURE TOPIC 2: VISITING THE SICK

Visiting the sick (*kutembelea/kutazama wagonjwa*) is one of the things that people in Kenya and Tanzania consider to be very important. It's an important cultural and even religious expectation within communities that healthy people will show their support for family, friends, and neighbors who are sick. In fact, if a person neglects this duty, people in the community will take note of this failure.

Because people live in tight knit communities, it's very easy to know when someone falls ill (*anapoumwa*) or is admitted (*kulazwa*) into the hospital. Close relatives and friends visit patients almost every day, but even people who are not quite so close are expected to make at least one visit. Naturally, to accommodate this custom, hospitals have adequate visiting hours (*saa za kuangalia wagonjwa*), and patients typically receive as visitors not just family and friends, but also neighbors, schoolmates, colleagues, and so on.

If you're staying in Kenya or Tanzania and have a friend or colleague who is ill, you may want to visit him or her at home to wish a speedy recovery (*apone haraka*). You may bring something to drink, but food is not expected. Similarly, if you know someone who is in the hospital, it's a kind gesture for you to make a visit. There are many things you may wish to say, none of which are particularly foreign to Western culture: *Umelazwa tangu lini?* (How long have you been in the hospital?) *Unasumbuliwa na nini?* (What's wrong with you?) *Wanasema watakuweka hapa mpaka lini?* (Do you know how long you'll be here?) *Unaweza kula?* (Are you able to eat?) *Unahitaji kitu chochote nikuletee?* (Is there anything that I can bring you?) If the person has been in the hospital for more than two days and you were unable to visit, you may want to explain: *Nilikuwa sijui kama umelazwa.* (I didn't know that you were admitted.) Of course, you'll most likely be one of many people who are trying to make a visit, so you should limit your time so that others have a chance to see the patient.

EXERCISES

Exercise 1:

Use the subjunctive to give some advice in the following contexts. Use the verb phrase in parentheses as a prompt.

1. Someone is smoking a cigarette and coughs. (*kuvuta sigara*)

2. Someone is planning to go to Kenya and Tanzania. (*kujifunza Kiswahili*)

3. Someone is tired. (*kupumzika*)

4. Someone is not feeling well today. (*kuenda hospitali*)

5. Your friend is about to take a photo where pictures are prohibited. (*kupiga picha*)

Exercise 2:

Change the following words into causatives, and take a guess at their new meanings.

1. kuanguka (*to fall*)

2. kuchemka (*to be boiling*)

3. kugeuka (*to turn*)

4. kuamka (*to wake up*)

5. hakika (*certainty*)

6. kukauka (*to dry*)

7. lazima (*obligation*)

8. kulala (*to sleep*)

9. kusimama (*to stop*)

10. kusikia (*to hear*)

Exercise 3:

Rewrite the following sentences by correcting the italicized grammatical error.

1. Mkoba wangu ni *meusi*.

2. Ninapenda mikate *mwembamba*.

3. Ndege (*pl.*) *waekundu* ni wazuri sana.

4. Vitabu vyako ni vipi? *Vieusi* au *vieupe*?

5. Magari *eupe* ni mazuri.

INDEPENDENT CHALLENGE

A friend of yours is traveling to Kenya and then to Tanzania. By using subjunctives and your knowledge of health concerns in these countries, give your friend some advice for a safe and healthy trip. Look up any new vocabulary that you need, and add it to your list. Another activity that would help you practice the vocabulary you've learned is to imagine that you've got a bad cold, and you have to describe your symptoms in Swahili. Write five or six sentences that you could use during a doctor's appointment.

ANSWER KEY

Exercise 1: 1. Afadhali usivute sigara. 2. Ni bora ujifunze Kiswahili. 3. Afadhali upumzike. 4. Ni bora uende hospitali. 5. Usipige picha hapa.

Exercise 2: 1. kuangusha (*to cause to fall*); 2. kuchemsha (*to boil*); 3. kugeuza (*to make turn around, to turn something around*); 4. kuamsha (*to wake someone up, to rouse from sleep*); 5. kuhakikisha (*to ensure, make certain*); 6. kukausha (*to cause to dry, to dry something off*); 7. lazimisha (*to compel, to obligate*); 8. kulaza (*to cause to lie down, to put to sleep*); 9. kusimamisha (*to stop something*); 10. kusikiliza (*to make listen*)

Exercise 3: 1. Mkoba wangu ni *mweusi*. 2. Ninapenda mikate *myembamba*. 3. Ndege (*pl.*) *wekundu* ni wazuri sana. 4. Vitabu vyako ni vipi? *Vyeusi* au *vyeupe*?

5. Magari m*eupe* ni mazuri.

11

Kwenye Intanet Kafe

At an Internet Café

This lesson will focus on computers and the internet, so you'll learn a lot of useful vocabulary that's essential to today's world. For grammar, you'll expand your knowledge of the Swahili verb system by learning the perfect tense and the passive forms, which are common in both Swahili and English. You'll also learn how to use the adjectives *–ingi* (many) and *–ingine* (another/ other). Finally, you'll learn the question suffix *–pi*, meaning "which?" But let's get started with some warm-up vocabulary.

11A. WARM-UP VOCABULARY

Nataka kuchati.	*I want to chat.*
Hapana tabu.	*No problem.*
Ni kweli.	*It's true. That's right.*
Karibu ukae.	*Welcome, have a seat.*
Nitalipa bei gani?	*How much do I owe ("will I pay")?*
kufungua kompyuta	*to switch on the computer*
Zinapatikana.	*They're available.*
Inategemea.	*It depends.*
mara nyengine	*another time, sometimes*
Nipo kazini.	*I'm at work.*
acha nitembelee	*let me visit*
acha nisome	*let me read*
vinaagizwa	*they're imported*
Vinapatikana wapi?	*Where do you get them?*

11B. DIALOGUE: GETTING ONLINE

David, an American tourist, is talking to Rehema, an attendant at an internet café in Zanzibar, Tanzania.

David: Hujambo?

Rehema: Mimi sijambo na wewe?

David: Mimi mzima pia. Habari za kazi?

Rehema: Si mbaya. Nikusaidie nini?

David: Ningependa kutuma e-mail Marekani. Inawezekana?

Rehema: Hakuna tabu. Hali sio mbaya. Tuna kompyuta nyingi hazina watu.

David: Sawa, nataka kucheti pia kama hali inaruhusu.

Rehema: Sawa, unaweza. Lakini hapa bado tunatumia modem. Hatuna DSL au broadband.

David: Hapana tabu. Muhimu ni kuweza tu kuwasiliana.

Rehema: Unapenda kompyuta gani PC au Apple?

David: Mimi napenda PC. Nimezoea sana PC. Sasa nitalipa bei gani kwa saa moja?

Rehema: Unaweza kulipa shilingi elfu moja za Tanzania kwa saa.

David: Sawa.

David anakaa kitako na anaanza kufungua kompyuta.

David: Samahani, mbona hii kompyuta haifanyi kazi?

Rehema: Labda imezimwa. Angalia kama skrini imewashwa.

David: Ni kweli, imezimwa.

Rehema: Basi subiri niiwashe halafu utaanza kufanya kazi.

David: Sawa. Lakini mnatumia brauza gani?

Rehema: Tunatumia "Safari," "Internet Explorer" na nyengine. Unaweza kuchagua.

David: Na kompyuta zenu ni kongwe au mpya?

Rehema: Tuna kompyuta za kisasa na za zamani. Nyengine zina prosesa kubwa na nyengine ndogo.

David: Na vipi kasi ya mtandao?

Rehema: Kasi yake sio mbaya lakini inategemea
wakati na kompyuta pia.

David: Na vipi kuhusu vifaa vya kompyuta
mnapata wapi?

Rehema: Kuna maduka mengi ya kompyuta na ya
vifaa vya kompyuta.

David: Na vipi kuhusu programu?

Rehema: Programu zinapatikana lakini ni ghali.

David: Kwa nini ni ghali?

Rehema: Nafikiri ni kwa sababu vitu hivi vinatoka
nchi za nje. Sisi hapa hatutengenezi
kompyuta au programu za kompyuta.
Kwa hivyo vitu hivi vinaagizwa kutoka
ng'ambo.

David: Oh! Kompyuta sasa inafanya kazi na
nimeweza kuingia katika mtandao.
Ninataka kuangalia ukurasa wangu na
kuweka picha zangu. Na acha niangalie
tovuti ya kazini kwangu na nisome
barua zangu.

David: *How are you doing?*

Rehema: *I'm fine. How about you?*

David: *I'm all right. How's work?*

Rehema: *Not bad. How may I help you?*

David: *I'd like to send an e-mail to the U.S. Is that
possible?*

Rehema: *No problem. We have lots of free computers;
they're not being used ("occupied").*

David: *I'd also like to chat, if that's okay ("if
conditions allow").*

Rehema: *That's fine; you can. But we're still using the
modem. We don't have DSL or broadband.*

David: *No problem. The important thing is to be able
to communicate.*

Rehema: *Which computers do you like, PCs or Apple?*

David: *I like PCs. I'm really used to PCs. Now, how
much will I pay for one hour?*

Rehema: *You can pay one thousand Tanzanian shillings per hour.*

David: *Okay.*

David sits down and tries to turn on the computer.

David: *Excuse me, why isn't this computer working?*

Rehema: *Maybe it's switched off. Look if the screen is turned on.*

David: *That's right; it's switched off.*

Rehema: *So let me switch it on, and then you can get started ("you'll start working").*

David: *That's great, but which browser do you use?*

Rehema: *We use Safari, Internet Explorer, and others. You can choose.*

David: *And your computers, are they old or new?*

Rehema: *We have modern and old ones. Some have bigger processors and some (have) smaller ones.*

David: *And how fast is the internet?*

Rehema: *The speed isn't bad, but it depends on the time and also on the computer.*

David: *And how about computer accessories—where do you get them from?*

Rehema: *There are lots of computer and computer accessory stores.*

David: *And how about software?*

Rehema: *Software's available, but it's expensive.*

David: *Why is it expensive?*

Rehema: *I think it's because these things come from foreign countries. We don't make computers or computer programs here. These things are imported from overseas.*

David: *Oh! The computer's working now, and I'm online ("I've been able to get the internet"). I want to see my personal homepage and upload my photos. And let me get on my company ("workplace") website and read my e-mails.*

11C. VOCABULARY

CD-ROM (sidiromu)*	*CD-ROM*
e-mail/barua pepe*	*e-mail/s*
Endelea!	*Continue! Go on!*
faili/mafaili*	*file/s*
hali	*situation, condition, status*
huru	*free*
keyboard*	*keyboard/s*
kifaa/vifaa	*tool/s, accessory/ies*
kompyuta ya/za mkononi	*laptop computer/s*
kuangalia	*to watch, to look at*
kuangalia e-mail	*to check your e-mail*
kuchapisha	*to print*
kufungua faili	*to open a file*
kuhifadhi faili	*to save a file*
kuhusu	*about*
kuingia katika tovuti	*to log on to a website*
kupatikana	*to be available*
kutembelea	*to visit*
kutengeneza	*to manufacture, to fix*
kutuma	*to send*
kutuma ujumbe	*to send a message*
kuweka	*to put, to place*
kuzoea	*to be used to*
mashine ya/za kuchapisha (printa*)	*printer/s*
mawasiliano	*communication*
neno la siri	*password*
ng'ambo	*overseas*
picha	*picture/s, photograph/s*
Samahani.	*Excuse me. I'm sorry.*
skrini* (kioo/vioo cha/vya kompyuta*)	*screen/s*

tabu	*problem, hardship*
tovuti	*website*
tu	*just, only*
uhuru	*freedom*
waraka/nyaraka (dokyumenti*)	*document/s*
word processor*	*word processor*
–zima	*healthy, whole, complete*

*Computer-related words are relatively new in Swahili, and in most cases, people use the word in the original language (English). Even when new Swahili words exist—for example, *baruapepe* (e-mail) or *tovuti* (website)— people more often than not will use the English word. In some cases, when the words are not complex, they're adapted to Swahili, for example, *faili* (file).

11D. KEY PHRASES

Here are some key expressions that will come in handy when talking about computers and the internet.

Ningependa kutuma e-mail.	*I'd like to send an e-mail.*
Anuani yako ya e-mail ni ipi?	*What's your e-mail address?*
Wapi nitaweza kupata mtandao?	*Where can I get onto the internet?*
Mnatumia brauza gani?	*Which browser do you use?*
Una ukurasa wako?	*Do you have a personal homepage?*
Anuani ya tovuti ni ipi?	*What's the URL?*
Kampuni yako ina tovuti?	*Does your company have a website?*
Hoteli ina huduma za mtandao?	*Does the hotel have internet access?*
Nimehifadhi faili katika folda jipya.	*I saved the file in a new folder.*
Tafadhali tuma kwa kiambatisho.	*Please send (it) as an attachment.*
Ningependa kuchapisha waraka.	*I'd like to print a document.*
Una printa ya rangi?	*Do you have a color printer?*
Ninatumia PC kazini na Apple nyumbani.	*I use a PC at work and an Apple at home.*

11E. CULTURE TOPIC 1: INTERNET SERVICES: HUDUMA ZA INTANET/MTANDAO

In Africa, as in many places, there has been very rapid growth of internet use in recent years. Internet service is available in all large cities, although a lot remains to be done to improve the quality of the service. According to statistics, while there has been significant internet penetration into Africa in recent years, this growth has been concentrated mostly in northern and southern Africa, especially in Egypt, Morocco, Algeria, and Tunisia in the north, and South Africa in the south. Sub-Saharan Africa, on the other hand, has lagged behind. The difference between internet usage rates in Africa and the rest of the world is partly due to the low level of income of many Africans, and partly due to the low capacity of the communication infrastructure in many African countries.

Access to computers in Africa is mostly available through public computer facilities, such as business centers and cyber-cafés. Several people may therefore use a single computer. This may obscure the real statistics about computer use in those countries. Still, internet use is mostly concentrated in the capital cities and other major towns, and it is often difficult to access this service in the rural areas. This is the situation in East Africa, where the internet is widely available in cities like Nairobi, Mombasa, and Kisumu in Kenya, Dar es Salaam, Arusha, and Zanzibar in Tanzania, or Kampala and Jinja in Uganda, just to mention a few.

11F. GRAMMAR

Grammar Topic 1: The Perfect Tense

So far you've learned only three basic Swahili tenses, present, past, and future. Now you'll be introduced to the perfect tense marker –*me*–, which is equivalent to the English present perfect with "have," as in "have done," "have gone," etc. That is, the perfect tense in Swahili expresses a completed or accomplished act. The perfect tense may also be used in Swahili to express a state of being, such as being late or being tired.

Let's first look at an example from our dialogue. You read the phrase *nimezoea sana PC* (I'm really used to PCs). This expresses a state of having become used to something, so the perfect marker is used. To break the verb down into its smaller parts, you have: *ni* (I) + *me* (perfect marker) + *zoea* (stem of "to get used to"), which means "I have gotten used to" or "I am used to." Other examples of the perfect expressing a state of being are: *ni* + *me* + *chelewa* (I'm late, I have become late) or *ni* + *me* + *choka* (I'm tired, I've gotten tired). The most common use of the perfect tense, however, is to express an action completed in the immediate past:

Mwalimu amefika.	*The teacher has (just) arrived.*
Wanafunzi wameondoka.	*The students have (just) left.*

Mpishi amepika kuku.	*The cook has cooked chicken.*
Mwanafunzi amejifunza Kiswahili.	*The student has learned Swahili.*
Lucy ameenda darasani.	*Lucy has gone to class.*
Wageni wamefika.	*The guests have arrived.*
Basi limeondoka.	*The bus has left.*
Kiti kimevunjika.	*The chair is broken.*

As you can see from the examples, the rule is the familiar one: subject marker + tense infix + verb stem. To negate the perfect tense, simply replace the perfect infix *–me–* with *–ja–*, and add the appropriate negative prefix before the subject marker. This construction can often be translated with "not . . . yet" in English.

Nimezoea sana PC.	Bado sijazoea sana PC.
I'm really used to PCs.	*I'm not really used to PCs yet.*
Nimechelewa.	Sijachelewa.
I'm late.	*I'm not late.*
Wanafunzi wameondoka.	Wanafunzi hawajaondoka.
The students have left.	*The students haven't left yet.*
Lucy ameenda darasani.	Lucy hajaenda darasani.
Lucy has gone to class.	*Lucy hasn't gone to class yet.*
Wageni wamefika.	Wageni hawajafika.
The guests have arrived.	*The guests haven't arrived yet.*
Basi limeondoka.	Basi halijaondoka.
The bus has left.	*The bus hasn't left yet.*
Kiti kimevunjika.	Kiti hakijavunjika.
The chair is broken.	*The chair isn't broken.*

Grammar Topic 2: The Perfect with *–mesha–*

It's also possible to express the perfect tense with the infix *–mesha–* instead of the simpler *–me–*. The *–sha* part of this infix comes from the verb *kuisha* (to end or to finish), so this extended infix carries more of an emphasis that the action has already taken place. For example, *nimeshasoma* can be translated as "I have already read/studied." Keep in mind that there is no great difference between the perfect with *–me–* and the perfect with *–mesha–*. The latter simply adds emphasis:

Mwalimu ameshaondoka.	*The teacher has already left.*
Watoto wameshakula chakula cha jioni.	*The children have already eaten dinner.*

Mti umeshaanguka.	*The tree has already fallen down.*
Miti imeshakatwa.	*The trees have already been cut.*
Basi limeshaondoka.	*The bus has already left.*
Maji yameshamwagika.	*The water has already been spilled.*
Kitabu kimeshapotea.	*The book has already been lost.*
Viti vimeshaibiwa.	*The chairs have already been stolen.*
Nyumba zimeshajengwa.	*The houses have already been built.*
Umeshachelewa.	*You're already late.*

The negation of –*mesha*– is the same as the negation of –*me*–. Simply add the negative prefix before the subject prefix, and replace –*mesha*– with –*ja*–:

Mwalimu ameshaondoka.	Mwalimu hajaondoka.
The teacher has already left.	*The teacher hasn't left yet.*
Watoto wameshakula chakula cha jioni.	Watoto hawajala chakula cha jioni.
The children have already eaten dinner.	*The children haven't eaten dinner yet.*
Miti imeshakatwa.	Miti haijakatwa.
The trees have already been cut.	*The trees haven't been cut yet.*

Grammar Topic 3: The Passive Voice

In an English active sentence such as "The professor wrote the article," the subject (the professor) is the doer of the action. In a passive sentence, though, the direct object (the article) becomes the subject, and the former subject, if it is expressed at all, is introduced by the preposition "by": "The article was written by the professor." In Swahili, the passive is expressed with a verb extension, similar to the causative extension that you learned in Lesson 10. The basic passive extensions is –*wa*:

kusema (*to speak*)	kusemwa (*to be spoken*)
kuimba (*to sing*)	kuimbwa (*to be sung*)
kupiga (*to hit/beat*)	kupigwa (*to be hit/beaten*)
kupika (*to cook*)	kupikwa (*to be cooked*)
kuuza (*to sell*)	kuuzwa (*to be sold*)
kuwasha (*to switch on/burn*)	kuwashwa (*to be switched on/ burned*)
kufundisha (*to teach*)	kufundishwa (*to be taught*)

kujenga (*to build*)	kujengwa (*to be built*)
kutengeneza (*to manufacture/ fix*)	kutengenezwa (*to be manufactured/fixed*)
kupenda (*to like/love*)	kupendwa (*to be liked/loved*)

If the basic verb ends in –*ia* or –*ea,* the passive extension involves inserting a –*w*– between those two vowels:

kusaidia (*to help*)	kusaidiwa (*to be helped*)
kutumia (*to use*)	kutumiwa (*to be used*)

If the basic verb ends in –*aa* or –*ua,* the passive extension is –*liwa.* If the verb stem ends in –*oa (–owa),* the passive extension is –*lewa*:

kuzaa (*to have a child*)	kuzaliwa (*to be born*)
kununua (*to buy*)	kununuliwa (*to be bought*)
kuteua (*to appoint*)	kuteuliwa (*to be appointed*)
kufua (*to wash clothes*)	kufuliwa (*to be washed*)
kuchukua (*to carry*)	kuchukuliwa (*to be carried*)
kuondoa (*to remove*)	kuondolewa (*to be removed*)
kutoa (*to take or put out*)	kutolewa (*to be taken or put out*)
kuoa (*to marry, said of a man*)	kuolewa (*to get/be married, said of a woman*)

As you've seen before, there are many Swahili verbs that come from non-Bantu languages, especially Arabic. For these verbs, the passive extension involves changing the final vowel to –*i* if it doesn't already end in –*i,* and then adding –*wa*:

kuharibu (*to destroy*)	kuharibiwa (*to be destroyed*)
kujaribu (*to try/test*)	kujaribiwa (*to be tried/tested*)
kusalimu (*to greet*)	kusalimiwa (*to be greeted*)
kuhitaji (*to need*)	kuhitajiwa (*to be needed*)
kukubali (*to accept*)	kukubaliwa (*to be accepted*)

There are two common exceptions to this rule: *kusamehe* (to forgive) becomes *kusamehewa* (to be forgiven), and *kusahau* (to forget) becomes *kusahauliwa* (to be forgotten).

The last special case is monosyllabic verbs, which must be learned on a case-by-case basis. Luckily, there are only three common ones:

kula (*to eat*)	kuliwa (*to be eaten*)
kupa (*to give*)	kupewa (*to be given*)
kunywa (*to drink*)	kunywewa (*to be drunk*)

Now let's look at some examples of the passive voice in use. Just as in English, when you convert a Swahili active voice sentence into a passive one, the object of the sentence becomes the subject, and the (former) subject can be introduced with *na* (by). That means that the subject marker on the passive verb agrees with what would have been the object of the active sentence. Take a look at the following pairs. Notice that you can manipulate the tense of the passive with the appropriate tense infixes.

Mwalimu anafundisha Kiswahili.	Kiswahili kinafundishwa na mwalimu.
The teacher is teaching Swahili.	*Swahili is taught by the teacher.*
Wanyama wanakunywa maji.	Maji yananywewa na wanyama.
The animals are drinking water.	*The water is being drunk by the animals.*
Mwanafunzi aliharibu kiti.	Kiti kiliharibiwa na mwanafunzi.
A student destroyed the chair.	*The chair was destroyed by the student.*
Askari aliondoa gari.	Gari liliondolewa na askari.
The police officer moved the car.	*The car was moved by the police officer.*
Raisi atateua waziri.	Waziri atateuliwa na raisi.
The president will appoint the minister.	*The minister will be appointed by the president.*

To negate a passive verb, follow the same rules as you would for an active verb:

Kiswahili kinafundishwa na mwalimu.	Kiswahili hakifundishwi na mwalimu.
Swahili is taught by the teacher.	*Swahili isn't taught by the teacher.*
Maji yananywewa na wanyama.	Maji hayanywewi na wanyama.
The water is being drunk by animals.	*The water isn't being drunk by animals.*
Kiti kiliharibiwa na mwanafunzi.	Kiti hakikuharibiwa na mwanafunzi.
The chair was destroyed by a student.	*The chair wasn't destroyed by the student.*
Gari liliondolewa na askari.	Gari halikuondolewa na askari.
The car was moved by the police officer.	*The car wasn't moved by the police.*

Waziri atateuliwa na raisi.

The minister will be appointed by the president.

Waziri hatateuliwa na raisi.

The minister won't be appointed by the president.

Grammar Topic 4: *–ingi* (many) and *–ingine* (other/another)

The adjective "many" is formed by affixing the subject prefix of the noun being described onto the adjective *–ingi,* in some cases with slight modification. Therefore, there is no single form of the word "many" in Swahili. Instead, it varies according to the different noun classes, both in their singular and plural forms. So far, we have discussed five noun classes in both the singular and plural, so let's see the different forms of *–ingi.*

M–: mtu (*a person*), mwanafunzi (*a student*), mwalimu (*a teacher*), mtoto (*a child*), etc.	–
Wa–: watu (*people*), wanafunzi (*students*), walimu (*teachers*), watoto (*children*), etc.	wengi
Ki–: chakula (*food*), kitabu (*a book*), kitu (*a thing*), kiti (*a chair*), kiatu (*a shoe*), chumba (*a room*), kichwa (*a head*)	kingi
Vi–: vyakula (*food*), vitabu (*books*), vitu (*things*), viti (*chairs*), viatu (*shoes*), vyumba (*rooms*), vichwa (*heads*)	vingi
Ji–: jivu (*ash*), jua (*sun*), joto (*heat*)	jingi
Ma–: magari (*cars*), maua (*flowers*), meno (*teeth*), matunda (*fruits*), maji (*water*), maziwa (*milk*)	mengi
N–: ndizi (*banana*), nyanya (*tomato*), nyama (*meat*), nyumba (*house*), kalamu (*pen*), radio (*radio*)	nyingi
N–: ndizi (*bananas*), nyanya (*tomatoes*), nyama (*meat*), nyumba (*houses*), kalamu (*pens*), radio (*radios*)	nyingi
M–: mchuzi (*stew*), mkate (*bread*)	mwingi
Mi–: mikate (*bread*), miti (*trees*), mito (*rivers, pillows*), mikono (*hands/arms*), miguu (*legs/feet*)	mingi

Keep in mind that even though some nouns are grammatically singular (like *chakula*, "food"), they're non-count, or "mass," nouns, so you can use the appropriate form of *–ingi*, in which case it translates as "a lot of" or "much." If a singular class contains no non-count nouns, it's not possible to use a form of *–ingi*. This is the case of the singular nouns of the *M-Wa* class; there are no singular non-count nouns, so there is no form of *–ingi*. (You can't logically say "many child," in other words.) In other classes, you can only use *–ingi* with non-count singulars, or of course with all plurals.

Notice that with the plural nouns of the *M-Wa* class, the subject prefix *wa–* is attached to the adjective *–ingi* (*wa* + *ingi*) but instead of *waingi*, the form is *wengi*: *watoto wengi* (many children). For the *Ki-Vi* class you combine the prefix *ki–* with *–ingi* to get *kingi*, in which case one *i* is dropped: *chakula kingi* (a lot of food), *viti vingi* (many chairs). For *Ji-Ma* plurals, the appropriate form is *mengi* rather than *maingi*: *magari mengi* (many cars), *machungwa mengi* (many oranges), *macho mengi* (many eyes), and so on. For *N-* nouns, the adjective is formed with the prefix *ny–*: *nyumba nyingi* (many houses), *nyama nyingi* (a lot of meat), *kalamu nyingi* (many pens), *radio nyingi* (many radios). Finally, for the *M-Mi* class, the combination *m* + *ingi* is modified to produce *mwingi*. Again that applies only to non-count nouns: *mchuzi mwingi* (a lot of stew or sauce) or *moto mwingi* (a lot of fire). In the case of countable plural nouns, the combination of *mi* + *ingi* produces *mingi*: *miguu mingi* (many legs), *mikono mingi* (many hands/arms), *miti mingi* (many trees), etc.

Similar to *-ingi* is the adjective *-ingine*, meaning "other" or "another." This adjective can be used with both singulars and plurals, count or non-count. The forms are:

M-: mtu (*person*), mwanafunzi (*student*), mwalimu (*teacher*), mtoto (*child*), etc.	mwengine
Wa-: watu (*people*), wanafunzi (*students*), walimu (*teachers*), watoto (*children*), etc.	wengine
Ki-: chakula (*food*), kitabu (a book), kitu (a *thing*), kiti (*a chair*), kiatu (*a shoe*), chumba (*a room*), kichwa (*a head*)	kingine
Vi-: vyakula (*food*), vitabu (*books*), vitu (*things*), viti (*chairs*), viatu (*shoes*), vyumba (*rooms*), vichwa (*heads*)	vingine
Ji-: jivu (*ash*), jua (*sun*), joto (*heat*)	jingine
Ma-: magari (*cars*), maua (*flowers*), meno (*teeth*), matunda (*fruits*), maji (*water*), maziwa (*milk*)	mengine
N-: ndizi (*banana*), nyanya (*tomato*), nyama (*meat*), nyumba (*house*), kalamu (*pen*), radio (*radio*)	nyingine
N-: ndizi (*bananas*), nyanya (*tomatoes*), nyama (*meat*), nyumba (*houses*), kalamu (*pens*), radio (*radios*)	nyingine
M-: mchuzi (*stew/sauce*), mkate (*bread*)	mwingine
Mi-: mikate (*breads*), miti (*trees*), mito (*rivers/pillows*)	mingine

Grammar Topic 5: Asking "Which?"

The question suffix *-pi,* along with a prefix, is used to ask "which?" This form is normally used to ask "which" among similar or related objects. Again, it is the noun class system that determines the prefix that is attached to the question suffix *-pi.* The forms are given in the following table. Take note that some forms are not as you might expect them to be.

M-: mtu (*person*), mwanafunzi (*student*), mwalimu (*teacher*), mtoto (*child*), etc.	yupi
Wa-: watu (*people*), wanafunzi (*students*), walimu (*teachers*), watoto (*children*), etc.	wepi
Ki-: chakula (*food*), kitabu (*a book*), kitu (*a thing*), kiti (*a chair*), kiatu (*a shoe*), chumba (*a room*), kichwa (*a head*)	kipi
Vi-: vyakula (*food*), vitabu (*books*), vitu (*things*), viti (*chairs*), viatu (*shoes*), vyumba (*rooms*), vichwa (*heads*)	vipi
Ji-: jivu (*ash*), jua (*sun*), joto (*heat*)	lipi
Ma-: magari (*cars*), maua (*flowers*), meno (*teeth*), matunda (*fruits*), maji (*water*), maziwa (*milk*)	yapi
N-: ndizi (*banana*), nyanya (*tomato*), nyama (*meat*), nyumba (*house*), kalamu (*pen*), radio (*radio*)	ipi
N-: ndizi (*bananas*), nyanya (*tomatoes*), nyama (*meat*), nyumba (*houses*), kalamu (*pens*), radio (*radios*)	zipi
M-: mchuzi (*stew/sauce*), mkate (*bread*)	upi
Mi-: mikate (*breads*), miti (*trees*), mito (*rivers/pillows*)	ipi

Unapenda kitabu kipi zaidi?   *Which book do you like most?*

Unapenda vitabu vipi?   *Which books do you like?*

Familia yako inaishi nyumba ipi?   *Which house does your family live in?*

Unasema lugha zipi?   *Which languages do you speak?*

11G. READING: KOMPYUTA NA UTAMADUNI

Kompyuta imekuwa chombo muhimu cha mawasiliano katika karne ya ishirini na moja. Miaka michache nyuma, watu hawakufikiri kuwa kompyuta ingeweza kuleta mapinduzi katika mawasiliano. Siku hizi watu wengi hawawezi kufikiria vipi wanaweza kuishi bila ya kompyuta.

Kompyuta zimebadili sana maisha ya watu. Sasa watu wanaweza kutumia kompyuta kuandika na kutuma barua pepe, kutuma picha, na kuzungumza moja kwa moja. Watu wanaweza pia kutumia kompyuta kujifunza mambo mengi kama sayansi, sanaa na utamaduni.

Lakini kompyuta pia zimesaidia kuathiri na kubadili utamaduni wa watu wengine. Kwa mfano sasa hivi watu wanaweza kutumia kompyuta kuzungumza na watu wa sehemu nyingi za dunia. Wanaweza pia kueneza mafunzo mazuri au mabaya kwa kompyuta. Watu wanaweza pia kutumia kompyuta kutafuta na kupata marafiki, kutafuta wachumba wa kike au wa kiume.

Kwa hivyo kompyuta zimebadili maisha na utamaduni wa watu wengi. Kompyuta pia zimesaidia kuharakisha kuenea kwa utandawazi. Kompyuta zimeanza pia kubadili maisha na utamaduni wa Afrika kwa sababu utandawazi haujui mipaka.

Computers and Culture

The computer has become an important communication tool in the twenty-first century. A few years back, people did not think that the computer could bring a revolution in communication and information technology. Nowadays, many people cannot imagine how they could live without computers.

Computers have altered people's lives very much. Now people can use computers to send e-mails, to send photographs, and to have direct communication. People can also use computers to learn many things like science, art, and culture.

Nevertheless, computers have also helped to affect and change other people's cultures. For example, now people can use the computer to communicate with people in different parts of the world. They can also spread good and bad ideas ("teachings") by computer. People can also use computers to make friends or to look for a fiancée or fiancé.

Therefore, computers have changed the lives and culture of many people. Computers have also helped to accelerate the spread of globalization. Computers have started to change life and culture in Africa because globalization knows no boundaries.

11H. CULTURE TOPIC 2: USE OF COMPUTERS

In East Africa, the use of computers in business and government is not as widespread as in other parts of the world. Many government offices, especially at the provincial and district levels, are not yet computerized, and the same applies to the majority of small businesses. The bulk of computer use can be found in government offices in capital cities, and in the branch offices of big multinational companies, banks, airlines, and travel agencies. But even where computers are in use, their utilization is restricted by limited skills on the part of the workforce, or by lack of the necessary infrastructure. In many offices, computers are used only as secretarial tools, such as for writing and printing office documents, and not as data storage, information processing, or communication tools. This means that a great deal of information is still kept in paper files, and accessing such information in government offices is becoming more and more difficult.

Of course, simple economics is a major obstacle when it comes to computers. They are simply too expensive for many people, given levels of income. Small businesses also come up against economic barriers; small business owners find it difficult to install computers because of high maintenance costs and low business turnover. Even though there are plenty of computer equipment suppliers, hardware is very expensive, being imported from overseas, and therefore out of reach for the average small business owner. Software, too, comes at a price that most individuals and small business owners cannot afford.

EXERCISES

Exercise 1: Translate the following into Swahili.

1. The student has gotten tired.

2. Our teachers are late.

3. The new computers have arrived.

4. Your laptop is broken.

5. Their files are lost.

6. I haven't checked my e-mail.

Exercise 2: Negate the following sentences.

1. Wanafunzi wamefika.

2. Mwalimu ameondoka.

3. Mtoto amelala.

4. Walimu wamechelewa.

5. Mwanafunzi ameamka.

Exercise 3: Write the passive voice forms of the following sentences, and translate your answers. The English translations of the active sentences have been provided.

1. Askari aliondoa magari.   *The police officer moved the cars.*

2. Mwenyenyumba anapangisha   *The landlord is renting the house.*
   nyumba.

3. Lucy anauza kompyuta.   *Lucy is selling a computer.*

4. David alioka mkate.   *David baked bread.*

Exercise 4: Using the adjective –*ingi,* provide the Swahili equivalents of the following sentences:

1. Many people learn Swahili.

2. Many trees fell down.

3. A lot of food was eaten.

4. Students bought many books.

5. I bought many pieces of fruit (fruits).

6. Many laptops have been bought.

Exercise 5: Use the –*pi* (which) question word to ask the following questions in Swahili:

1. Which student did not come?

2. Which children are sleeping?

3. Which food is bad?

4. Which rooms are good?

5. Which eye is hurting?

6. Which cars are bad?

7. Which website is yours?

8. Which houses is he renting?

INDEPENDENT CHALLENGE

You've probably learned by now that there are several websites of value and interest to students of Swahili. If you haven't, use a search engine and look up sites related to Swahili language, Swahili grammar, Kenyan culture, Tanzanian culture, and so on. Choose one, and familiarize yourself with its features. Then prepare eight or ten sentences in Swahili describing it. What information is there? How do you use it? Why is it useful to someone learning Swahili?

ANSWER KEY

Exercise 1: 1. Mwanafunzi amechoka. 2. Walimu wetu wamechelewa. 3. Kompyuta mpya zimefika. 4. Kompyuta yako ya mkononi imeharibika. 5. Mafaili yamepotea. 6. Sijaangalia e-mail zangu.

Exercise 2: 1. Wanafunzi hawajafika. 2. Mwalimu hajaondoka. 3. Mtoto hajalala. 4. Walimu hawajachelewa. 5. Mwanafunzi hajaamka.

Exercise 3: 1. Magari yaliondolewa na askari. *The cars were moved by the police officer.* 2. Nyumba inapangishwa na mwenyenyumba. *The house is being rented by the landlord.* 3. Kompyuta inauzwa na Lucy. *The computer is being sold by Lucy.* 4. Mkate uliokwa na David. *The bread was baked by David.*

Exercise 4: 1. Watu wengi wanajifunza Kiswahili. 2. Miti mingi ilianguka. 3. Chakula kingi kililiwa. 4. Wanafunzi walinunua vitabu vingi. 5. Nilinunua matunda mengi. 6. Kompyuta nyingi za mkononi zimenunuliwa.

Exercise 5: 1. Mwanfunzi yupi hakuja? 2. Watoto wepi wanalala? 3. Chakula kipi ni kibaya? 4. Vyumba vipi ni vizuri? 5. Jicho lipi linauma? 6. Magari yapi ni mabaya/mabovu? 7. Tovuti ipi ni yako? 8. Nyumba zipi anakodisha?

LESSON

12

Kuenda Benki
Going to the Bank

In this lesson, you'll learn your way around a bank in Swahili, so you'll learn very useful vocabulary for money, exchange rates, bank accounts, and so on. You'll also learn about postal service in the three East African countries: Kenya, Tanzania, and Uganda. For grammar, you'll learn a new noun class, the *U-* Class, as well as the adjectives *-ote* (all, whole), *-o -ote* (any), and the form *-enye* (having, with). But let's start with a vocabulary warm-up.

12A. VOCABULARY WARM-UP

juu ya kiti	*on the chair*
kujaza fomu	*to fill out forms*
kitambulisho	*identity card*
pasi ya kusafiria	*passport*
akaunti ya akiba	*savings account*
akaunti ya hundi	*checking account*
kadi ya malipo	*credit card*
pesa taslimu	*cash*
nyingine nyingi	*many more*

12B. DIALOGUE: CHANGING MONEY AND OPENING AN ACCOUNT

In this dialogue, a client is asking the bank clerk about changing foreign currency and opening a bank account. Listen to their conversation.

Mteja: Habari gani?

Karani: Nzuri sana. Karibu.

Mteja: Ninahitaji kubadilisha pesa za kigeni na kufungua akaunti.

Karani:	Vizuri. Kaa kitako juu ya kiti. Utahitaji kujaza fomu.
Mteja:	Sawa hapana tabu.
Karani:	Ni lazima pia uwe na kitambulisho chenye picha.
Mteja:	Ninaweza kutumia leseni ya udereva?
Karani:	Ndiyo unaweza. Unaweza pia kutumia pasi yako ya kusafiria.
Mteja:	Ninaweza pia kufungua akaunti ya pesa za kigeni?
Karani:	Ndiyo unaweza kufungua akaunti ya pesa za kigeni na za hapa.
Mteja:	Vizuri. Sasa, ninaweza kufungua akaunti kwa dola au yuro?
Karani:	Unaweza kufungua kwa zote, dola na yuro.
Mteja:	Je, ninaweza kufungua akaunti ya akiba au ya hundi?
Karani:	Unaweza kufungua yo yote, ya akiba au ya hundi.
Mteja:	Na unaweza kuniambia viwango vya kubadilisha pesa?
Karani:	Bila shaka!
Mteja:	Niambie basi, dola moja ya Kimarekani ni bei gani?
Karani:	Dola moja ya Kimarekani ni sawa na Shilingi elfu moja na mia moja za Kitanzania.
Mteja:	Na yuro?
Karani:	Yuro moja ni Shilingi elfu moja na mia nne za Kitanzania.
Mteja:	Na je, ninaweza pia kununua pesa za kigeni hapa?
Karani:	Ndiyo unaweza.
Mteja:	Pesa gani naweza kununua?
Karani:	Unaweza kununua Dola za Kimarekani, Yuro, Paundi za Kiingereza, Yeni za Kijapani, na nyingine nyingi.
Mteja:	Je, kuna mashine za ATM hapa?

Karani:	Ndiyo kuna mashine za ATM. Lakini si benki zote zenye ATM.
Mteja:	Je, naweza pia kutumia kadi ya malipo kununua vitu?
Karani:	Ndiyo unaweza lakini katika baadhi ya maduka makubwa tu.
Mteja:	Sasa nitawezaje kufanya malipo?
Karani:	Watu wengi hapa wamezoea kutumia pesa taslimu.
Mteja:	Asante sana kwa msaada wako.
Karani:	Usijali. Nimefurahi kukusaidia. Umeshajaza fomu?
Mteja:	Ndio nimeshazijaza.
Karani:	Vizuri. Sasa unaweza kubadilisha pesa na kufungua akaunti yako.
Mteja:	Asante sana.

Customer:	*How are you doing?*
Clerk:	*I'm fine. Welcome.*
Customer:	*I need to change money and open an account.*
Clerk:	*Okay. Have a seat. You'll need to fill out some forms.*
Customer:	*Okay. No problem.*
Clerk:	*You must also have a photo ID.*
Customer:	*Can I use a driver's license?*
Clerk:	*Yes, you can. You can also use your passport.*
Customer:	*Can I open a foreign currency account, too?*
Clerk:	*Yes, you can open a foreign currency account, as well as a local currency one.*
Customer:	*Good. Now, can I open an account in dollars or euros?*
Clerk:	*You can open in both dollars and euros.*
Customer:	*Can I open a savings or checking account?*
Clerk:	*You can open either ("any"), savings or checking.*

Customer:	And can you tell me the exchange rate?
Clerk:	Yes, of course!
Customer:	So, tell me, how much is one American dollar?
Clerk:	One American dollar is equal to one thousand one hundred Tanzanian Shillings.
Customer:	And euros?
Clerk:	One euro is equal to one thousand four hundred Tanzanian Shillings.
Customer:	And can I buy foreign currency here?
Clerk:	Yes, you can.
Customer:	Which currency can I buy?
Clerk:	You can buy American dollars, euros, British pounds, Japanese yen, and many others.
Customer:	Are there ATM machines here?
Clerk:	Yes, there are ATM machines. But not all banks have ATMs.
Customer:	Can I use the credit card to buy things, too?
Clerk:	Yes, you can, but only in some large stores.
Customer:	So how will I make payments?
Clerk:	Many people here are accustomed to using cash.
Customer:	Thank you very much for your help.
Clerk:	No problem! I'm glad to help you. Have you filled out the forms?
Customer:	Yes, I've filled them out.
Clerk:	Good. Now you can change your money and open your account.
Customer:	Thank you very much.

12C. VOCABULARY

−a bei nafuu	*affordable*
akaunti	*account/s*
akiba	*savings*
asilimia	*percentage*

ATM	*ATM*
baadhi	*some*
bajeti	*budget*
bei	*price/s*
dola	*dollar/s*
–enye thamani	*valuable (having value)*
fomu	*form/s*
ghali	*expensive*
hisa	*stock/s*
hundi	*check/s*
kitega uchumi/vitega uchumi	*investment/s*
kiwango cha riba/viwango vya riba	*interest rate/s*
kubadilisha	*to change, to exchange*
kufunga	*to close, to tie*
kufungua	*to open*
kujaza	*to fill out*
kulipa	*to pay bills*
kumudu	*to afford*
kupandishwa	*to get a raise*
kupata	*to earn, to get, to catch*
kupata mkopo	*to get a loan*
kutia sahihi	*to sign*
kutoa pesa	*to withdraw money from an account*
kuvunjisha cheki	*to cash a check*
kuweka akiba	*to save*
kuweka kitega uchumi	*to invest*
kuweka pesa	*to deposit money into an account*
kuweka rehani	*to mortgage*
leseni	*license/s*
malipo	*payment*

mashine	*machine/s*
masikini	*poor*
mkopo/mikopo	*loan/s*
msaada/misaada	*help, aid*
mshahara/mishahara	*salary/ies*
noti	*bill/s, paper money*
paundi	*pound/s*
peni/mapeni	*coin/s*
pesa (plural)	*money*
rahisi	*cheap*
rehani (dhamana)	*mortgage*
risiti	*receipt/s*
sahihi	*signature/s*
soko la hisa	*stock market*
tajiri	*rich*
tawi/matawi	*branch/es (of a bank)*
yeni	*yen*
yuro	*euro/s*

12D. KEY PHRASES

Here are some key phrases that will come in handy when speaking about money and banking.

Ninahitaji kubadilisha pesa za kigeni.	*I need to exchange foreign currency.*
Ningependa kufungua akaunti.	*I'd like to open an account.*
Viwango vya kubadilisha pesa leo ni vipi?	*What are today's exchange rates?*
Je, ninaweza kununua pesa za kigeni hapa?	*Can I buy foreign currency here?*
Kiwango cha riba ni kipi?	*What's the interest rate?*
Je kuna malipo ya huduma?	*Is there a service fee?*
Kuna mashine ya ATM karibu?	*Is there an ATM nearby?*

Tafadhali tia sahihi na tarehe kwenye fomu hii.	*Please sign and date this form.*
Ningependa kuvunjisha hundi/ cheki hii.	*I'd like to cash this check.*
Unataka noti ndogo ndogo au kubwa kubwa?	*How would you like the money, in small or large bills?*
Naweza kupata hii katika noti ndogo ndogo?	*Can I have this in small bills?*
Pesa zitakuwa katika akaunti yako wiki ijayo.	*The money will be in your account next week.*
Naweza kulipa kwa hundi ya wasafiri?	*Can I pay by traveler's check?*
Naweza kulipa kwa kadi ya mkopo?	*Can I pay by credit card?*
Tunapokea kadi ya krediti au ya benki.	*We accept credit or debit cards.*
Tunapokea pesa taslimu tu.	*We accept cash only.*
Siwezi kumudu.	*I can't afford (that).*
Nimepandishwa mshahara.	*I got a raise.*
Bahashishi imo ndani yake?	*Is the tip included?*
Kodi (ya mauzo) imo ndani yake?	*Is (sales) tax included?*

12E. CULTURE TOPIC 1: BANKING SERVICES IN EAST AFRICA (HUDUMA ZA BENKI KATIKA AFRIKA YA MASHARIKI)

There is a relatively developed network (*mtandao*) of banking services (*huduma za benki*) in East Africa. These services are however concentrated in the big cities and some midsize towns; in rural areas, people still travel long distances (*masafa marefu*) to get to a bank. In Kenya, Uganda, and Tanzania, you can find many branches (*matawi*) of local and international banks (*benki za kimataifa*), as many international banks from Europe and the United States have begun to do business in the region. You can also find ATMs in many major cities, though these have yet to reach smaller towns (*miji midogo*) and rural areas (*sehemu za mshambani*). Speaking of cash, it's important to remember that business (*biashara*) in these countries is mostly based on cash transactions, and the use of checks, debit, or credit cards is still limited.

For an overseas traveler visiting a big town, there's no need to worry (*kuwa na wasi wasi*) about having to carry huge amounts of cash, because most businesses that cater to international clients will readily accept credit cards or traveler's checks (*hundi za wasafiri*). In fact, it's not advisable for people to carry large amounts of cash. It's also important to know that many facilities that cater to international travelers accept payments (*malipo*) in foreign currency (*pesa za kigeni*), especially in U.S. dollars. In fact, in some places such as tourist hotels (*hoteli za kitalii*) bills are always settled in foreign currency. There are also many foreign exchange bureaus in cities and at major airports. In the last few decades, the governments in these countries have liberalized foreign exchange regulations, so you can easily buy or sell foreign currency at these bureaus.

12F. GRAMMAR

Grammar Point 1: Expressing "All" or "the Whole"

The suffix *–ote* in Swahili, along with a prefix determined by the class of the noun being modified, is used to express "all" or "the whole." Here are all the forms of *–ote* in the noun classes that you've learned so far:

M– Class: mtu wote	*the whole person*
Wa– Class: watu wote	*all people*
Ki– Class: chumba chote	*the whole room*
Vi– Class: vyumba vyote	*all rooms*
N– Class: nyumba yote	*the whole house*
N– Class: nyumba zote	*all houses*
Ji– Class: gari lote	*the whole car*
Ma– Class: magari yote	*all cars*
M– Class: mguu wote	*the whole leg*
Mi– Class: miguu yote	*all legs*

You may have noticed in the table above that the subject prefixes are slightly modified from what you might expect, and the agreements slightly changed. But there is logic behind these modifications. For example, in the singular of the N-Class, instead of agreeing with the subject prefix *–i*, producing *nyumba iote*, there is a slight spelling alteration, and the form is *nyumba yote*. You can hear the similarity in the pronunciations of *iote* and *yote*. Similarly, in the singular of the *M-Mi* Class, instead of *mti uote*, the correct form is *mti wote*, and again, if you pronounce those two forms, you can hear how they're related. Let's look at how this construction is used in a few sentences:

Pesa zake zote zimo katika akaunti ya akiba.	*All his money is in a savings account.*
Nilitoa pesa zangu zote.	*I withdrew all my money.*
Mashine zote za ATM zimeharibika.	*All of the ATM machines have broken down.*
Anatumia mshahara wake wote kwa kodi ya nyumba.	*She spends her whole salary on rent.*

Don't forget that *pesa* (money) is a plural N- noun: *pesa zake* (not *yake*), *pesa zangu* (not *yangu.*)

Grammar Topic 2: Expressing "Any"

Swahili uses a two-part phrase to express the equivalent of the English word "any." It is called the "*-o -ote*" form, because it consists of two suffixes, *-o* and *-ote*, onto which the appropriate prefixes are added. Those prefixes of course depend on noun class. The forms for all the classes that you know so far are given below. Notice that for the most part, they follow a pattern; the prefixes for both *-o* and *-ote* are the same as what you learned above for the simple *-ote* (all, the whole). The only exception is the prefix for the singular of the *M-Wa* Class, which is *y-*. But you've come across this prefix for singular *M-Wa* nouns before, namely, in expression location: *Mwanafunzi yuko darasani.* (The student is in the classroom.) An easy way to remember this prefix is to keep in mind the word *yeye* (he or she); that may remind you of the exception *ye yote.* This exception usually applies to human beings only, though, and for all other creatures that belong to the *M-Wa* class, the correct form is *wowote*: *mnyama wo wote* (any animal).

M- Class: mwanafunzi ye yote (*human*)	*any student*
M- Class: mnyama wo wote (*nonhuman*)	*any animal*
Wa- Class: wanafunzi wo wote	*any students*
Ki- Class: kitu cho chote	*any thing*
Vi- Class: vitu vyo vyote	*any things*
N- Class: kalamu yo yote	*any pen*
N- Class: kalamu zo zote	*any pens*
Ji- Class: tunda lo lote	*any fruit*
Ma- Class: matunda yo yote	*any fruits, pieces of fruit*
M- Class: mkono wo wote	*any hand*
Mi- Class: mikono yo yote	*any hands*

Grammar Topic 3: Expressing Possession with −enye

In English, you can express possession with such phrases as "that/who has . . . ," "with . . . ," or "having . . ." In Swahili, the corresponding construction is formed with the appropriate prefixes added to the word −enye. So, for example, *benki zenye ATM* can mean "the banks that have ATMs," "the banks with the ATMs," or "the banks having an ATM." Let's look at the forms for all the noun classes you know so far. Take note of the many ways that this construction can be translated into English:

M− Class: mtu mwenye pesa	*a person who has money*
Wa− Class: wanafunzi wenye vitabu	*the students that have books*
Ki− Class: chakula chenye sukari	*food with sugar*
Vi− Class: vyumba vyenye watoto	*rooms that have children*
N− Class: nyumba yenye vyumba vingi	*a house with many rooms*
N− Class: nguo zenye madoa	*clothes with stains, stained clothes*
M− Class: mkono wenye kalamu	*the hand with a pen, the hand holding a pen*
Mi− Class: miguu yenye maumivu	*legs that have pain, painful legs*
Ji− Class: tunda lenye sumu	*fruit that has poison, poisonous fruit*
Ma− Class: mabasi yenye abiria	*buses with passengers, buses carrying passengers*

Look for this construction as you read or hear more Swahili. It's used to create complex nouns, such as *mwenyenyumba* (landlord, or "one who possesses a house"), *mwenyeduka* (storekeeper), *mwenyekiti* (chairperson, or literally, "one who possesses the chair").

Nilipeleka hundi ya kodi kwa mwenyenyumba.	*I sent the rent check to the landlord.*
Mabasi mengi yenye abiria yanaingia mjini kila asubuhi.	*Many buses carrying passengers enter the city each morning.*
Usile matunda yenye sumu!	*Don't eat poisonous ("poison-bearing") fruits!*

Grammar Topic 4: The *U−* Noun Class

So far you've learned the five most important Swahili noun classes: *M-Wa, Ki-Vi, N-, Ji-Ma,* and *M-Mi.* There are actually a few more, although they're less common. Now let's turn to your sixth noun class, which is known as the *U-* Class, because most nouns in this class begin with the letter *u−,* although this can be spelled *w−* before vowels. The nouns that fall into this class are divided into three categories. The first category contains abstract nouns like *uzuri* (beauty, goodness), *urefu* (length, height), *ubaya* (ugliness, badness), *wembamba* (thinness, slimness), *uzito* (weight), *ugumu* (difficulty), *uhuru* (freedom), and so on. As you can probably tell, these nouns are typically derived from adjectives like *–zuri* (good), *–baya* (bad), or *–embamba* (thin). Because they're abstract concepts or qualities, they don't have plurals, just as in English.

The second category contains tangible objects, some of which are long and thin, although not all fall into this generalization. These nouns do have plurals. Some of the plural forms behave like *N-* Class nouns: *uma/nyuma* (fork/s), *ubao/mbao* (board/s, plank/s), *wakati/nyakati* (time/s, season/s), *ubavu/mbavu* (rib/s), *uzi/nyuzi* (thread/s), *ukuta/kuta* (wall/s), *uso/nyuso* (face/s), *ulimi/ndimi* (tongue/s), *wimbo/nyimbo* (song/s), *uchale/chale* (cut/s). If you'd like some insight into the pattern for forming the plural, you can turn back to Lesson 5, Grammar Topic 3, and reread the section on adjective agreement with *N-* Class nouns. The phonological ("sound system") rules are the same, and you'll see that there's a pretty reliable pattern under all the apparent irregularities. Or, if you prefer, you can simply memorize each plural form on its own. A few plurals of this category behave like the plurals of *Ji-Ma* nouns; that is, they take *ma–* in the plural: *ugonjwa/magonjwa* (disease/s), *ugomvi/magomvi* (argument/s). These plural forms are rarely used and not all Swahili speakers may be familiar with them.

The third category of *U-* Class nouns are not abstract, but they still do not have a plural form because they are mass or non-count nouns: *ugali* (maize meal, porridge), *wino* (ink), *wali* (cooked rice), *unga* (flour), *udongo* (clay, dirt, soil).

Now let's look at all the agreement patterns that you know for the other noun classes. The demonstratives for *U-* Class nouns are: *huu* (this), *hizi* (these), *ule* (that), *zile* (those). The *U-* Nouns that take their plural with *ma–* take the *Ji-Ma* plural demonstratives, for example, *magonjwa yale* (those diseases). The same applies to all other agreement forms, for example, *magonjwa ya malaria na ukimwi* (the diseases of malaria and AIDS). The subject prefix for all singular *U-* Class nouns is *u–*, and the plural subject prefix (for those nouns with plural forms) is *zi–*. For nouns with *ma–* plurals, the plural subject prefix is *ya–*. Possessives are formed with the prefix *w–* for singulars, *z–* for plurals, and *y–* for *ma–* nouns: *uso wangu* (my face), *nyuso zao* (their faces), and *magomvi yao* (their arguments). Adjective agreement in the singular is shown with the prefix *m–*, and in most plurals the pattern follows the same rules as *N-* Class nouns, which you can review by turning back to Lesson 5— for example, *wimbo mzuri* (a beautiful song), *nyimbo nzuri* (beautiful songs), *ukuta mweupe* (a white wall), *kuta nyeusi* (black walls), *uchale mbaya* (a bad cut), *chale mbaya* (bad cuts), *ubao mkubwa* (a big board), *mbao kubwa* (big boards). For nouns with *ma–* plurals the adjective agreement also follows the *Ji-Ma* agreements: *magonjwa mabaya* (bad diseases), *magonjwa mengi* (many diseases). The possessive *a–* is *wa* in the singular, *za* in the plural, and *ya* for *U-* nouns that take *ma–* plurals. Location is marked by *uko* in the singular, *ziko* in the plural, and *yako* for *ma*– plural forms. The other agreement forms that you've learned are summarized in the following table:

	–ingi	–ingine	–ote	–o –ote	–enye	–pi?
wakati . . .	mwingi	mwingine	wote	wo wote	wenye	upi?
(time)	*a lot of time*	*other time*	*all time*	*any time*	*the time that has*	*which time?*
nyakati . . .	nyingi	nyengine	zote	zo zote	zenye	zipi?
(times)	*many times*	*other times*	*all times*	*any times*	*times that have*	*which times?*

Now let's look at several example sentences bringing all of that together:

Ukuta mkubwa wa shule ulianguka chini.	*The big school wall fell down.*
Ukuta mkubwa wa shule haukuanguka chini.	*The big school wall didn't fall down.*
Kuta kubwa zote za shule zilianguka chini.	*All the schools big walls fell down.*
Magomvi yalikuwa makubwa sana.	*Their arguments were very serious.*
Unga uko jikoni.	*The flour is in the kitchen.*
Urefu wake ni futi sita.	*His height is six feet.*
Uhodari wake ulimsaidia kupata kazi.	*Her intelligence helped her to get a job.*
Ulimi unauma kuliko meno. (methali)	*The tongue hurts more than the teeth. (a proverb)*
Ndimi zinauma kuliko meno.	*Tongues hurt more than teeth.*
Ndimi haziumi kuliko meno.	*Tongues don't hurt more than teeth.*
Uzuri wote unapotea.	*All beauty is fleeting.*
Uzuri wote haujapotea.	*All beauty hasn't been lost.*
Ubao wo wote unafaa.	*Any board is suitable.*
Mbao zo zote zinafaa.	*All boards are suitable.*
Mbao zenye misumari hazifai.	*Boards that have nails are not suitable.*

| Uhuru wenye masharti ni mbaya. | *Freedom that has conditions is bad.* |

12G. READING PRACTICE: HUDUMA MBALI MBALI

Huduma mbali mbali zinapatikana katika miji ya Afrika ya Mashariki. Kwa mfano huduma za benki na posta hupatikana katika miji yote mikubwa na hata midogo ya Afrika ya Mashariki. Katika benki watu wanaweza kufungua akaunti za hundi na za akiba. Benki pia hubadilisha pesa za kigeni kwa watalii na wafanyabiashara. Benki pia hutoa mikopo kwa wateja wake.

Katika posta watu wanaweza kununua stempu na bahasha za barua. Unaweza kutuma kwa posta barua na vifurushi kwenda ndani au nje ya nchi. Unaweza pia kupokea kwa posta barua na vifurushi kutoka sehemu mbali mbali za ndani au nje ya nchi.

Katika miji mingi unaweza pia kupata huduma za usafiri, malazi, chakula na huduma za afya. Kwa mfano unaweza kununua tiketi za ndege, treni au meli. Pia unaweza kukodi magari au hata kukodi ndege. Unaweza pia kusafiri kwa meli katika mwambao wa bahari na katika maziwa makubwa.

Katika miji mikubwa kuna hoteli nyingi kubwa na ndogo. Na katika miji midogo kuna nyumba nyingi za kulala wageni. Unaweza pia kula chakula kizuri katika mikahawa mingi.

Kama wewe ni mgonjwa unaweza kupata huduma za afya. Huduma za afya za Afrika si nzuri kama za Ulaya na Marekani. Hii ni kwa sababu ya ukosefu mkubwa wa vifaa vya kisasa vya teknolojia ya tiba na pia uchache wa madaktari. Hata hivyo, miji mikubwa yote ina hospitali nyingi kubwa na ndogo.

Different Services

Different services are available in East African cities. For example, bank and postal services are available in all big cities and even small towns of East Africa. At the bank, people can open checking and savings accounts. Banks also change foreign currency for tourists and businesspeople. Banks also offer loans to their clients.

At the post office, people can buy stamps and envelopes. You can also mail letters and packages inside and outside the country. You can also receive letters and packages from within and outside the country.

In many cities, you can also find transportation, housing, food, and health services. For example, you can buy a plane, train, or ferry ticket. You can also rent a car or even charter a plane. You can also travel by ferry along the coast and on the big lakes.

In big cities, there are many hotels both large and small. In small cities, there are many guesthouses. You can also eat good food in many restaurants.

If you're sick, you can get medical services. African healthcare is not as good as in Europe and America. The reason for this is the huge lack of modern technological equipment in the field of medicine, and not having enough doctors. However, all the big cities do have large and small hospitals.

12H. CULTURE TOPIC 2: POSTAL SERVICES IN EAST AFRICA

Up until 1977, the three East African countries of Uganda, Kenya, and Tanzania had one postal company that provided services to the whole region. It was called the East African Postal Service, and it was administered under the East African Community. The East African Community was established in 1967 and was aimed at creating an organization similar to the European Union (then the European Economic Community). Apart from the post offices, it used to run other common services such as telecommunications, railways, air and sea transport, etc. For that reason, prior to 1977 there was a common postal tariff within these countries, and between these countries and the rest of the world. But after the collapse of the East African Community in 1977, each of the three member countries established its own postal service, each with its own national tariff.

Apart from the local postal service companies, several international delivery companies, such as FedEx and DHL, operate in this region. When you're in East Africa, you may therefore use these companies to send or receive packages or important documents very quickly and efficiently. The delivery services are however concentrated in the big towns, where they can generate profitable business and where they have easy access to their clients. It's also important to note that regular postal service in these countries is mostly limited to major towns and cities, so the majority of people living in the countryside do not have access to it. An exception is people living along or near major highways, who do have access to postal services. But even in large towns, the post office does not deliver mail directly to people's homes. Instead, people rent a post office box, and they go to the post office regularly to retrieve their mail.

EXERCISES

Exercise 1: Add the appropriate form of *–ote* to each of the following nouns:

1. chuo

2. miguu

3. wazee

4. chungwa

5. baisikeli (*sg.*)

6. maji

7. radio (*pl.*)

8. vitu

9. ubaya

10. nyakati

Exercise 2: Now add the appropriate form of –*o* –*ote* to each of the following nouns:

1. mchezo

2. nguo (*pl.*)

3. mikate

4. gazeti

5. ndizi (*sg.*)

6. maziwa

7. kuta

8. watoto

9. vyumba

10. ubao

Exercise 3: Now translate the following sentences using a form of –*enye*.

1. The food that has a lot of sugar is bad.

2. The buses that have passengers have not left.

3. The student that has malaria is asleep.

4. All the people that have cars have left.

5. The computer that has a printer is broken.

Exercise 4: Negate the following sentences, and then translate your answers.

1. Kuta kubwa za shule zilianguka.

2. Upepo uliharibu nyumba.

3. Urefu ulimsaidia.

4. Wali ulipikwa vizuri.

5. Uhuru ulipatikana kwa vita.

Imagine that you're guest at a tourist hotel in East Africa, and you need to settle your bill. Think of several questions that would come in handy, and translate them into Swahili. Some examples could be: Can I pay by credit card? Do you accept traveler's checks? How much did the room cost? Is tax included? And so on. Use the vocabulary related to money that you learned in this lesson.

ANSWER KEY

Exercise 1: 1. chuo chote; 2. miguu yote; 3. wazee wote; 4. chungwa lote; 5. baisikeli yote; 6. maji yote; 7. radio zote; 8. vitu vyote; 9. ubaya wote; 10. nyakati zote

Exercise 2: 1. mchezo wo wote; 2. nguo zo zote; 3. mikate yo yote; 4. gazeti lo lote; 5. ndizi yo yote; 6. maziwa yo yote; 7. kuta zo zote; 8. watoto wo wote; 9. vyumba vyo vyote; 10. ubao wo wote

Exercise 3: 1. Chakula chenye sukari nyingi ni kibaya. 2. Mabasi yenye abiria hayajaondoka. 3. Mwanafunzi mwenye malaria amelala. 4. Watu wote wenye magari wameondoka. 5. Kompyuta yenye printa imeharibika.

Exercise 4: 1. Kuta kubwa za shule hazikuanguka. *The big school walls did not fall.* 2. Upepo haukuharibu nyumba. *The wind did not destroy the house.* 3. Urefu haukumsaidia. *Height did not help him.* 4. Wali haukupikwa vizuri. *The rice was not cooked well.* 5. Uhuru haukupatikana kwa vita. *Independence was not achieved (available) by war.*

LESSON

13

Kazini

At Work

In this lesson, you'll listen in on a conversation between a new employee at an office in Nairobi and one of her new colleagues. Naturally, you'll learn a lot of useful vocabulary for talking about jobs and the workplace. On top of that, you'll learn some more important grammar, including a new noun class and object infixes, which function like English object pronouns (*me, him, her,* and so on). But first, we'll start with a vocabulary warm-up.

13A. VOCABULARY WARM-UP

Karibu katika ofisi yetu mpya.	*Welcome to our new office.*
Huyu ni mpokeaji wageni.	*This is the receptionist.*
Hii hapa ni ofisi yako.	*Here's your office.*
Mashine ya fotokopi iko wapi?	*Where's the photocopier?*
Saa za kazi ni zipi?	*What are the working hours?*
Unapenda kazi yako mpya?	*Do you like your new job?*
Ninaipenda sana!	*I like it very much!*

13B. DIALOGUE: A NEW JOB

Megan has just started working at an office in downtown Nairobi. On her first day on the job, she's welcomed by Mohamed, one of her new colleagues. Listen in as he shows her around the office and as they discuss their workplace.

Mohamed: Hujambo. Bila shaka wewe ni Megan mfanyakazi mwenzetu mpya!

Megan: Asante. Ni sawa kabisa, mimi ni Megan.

Mohamed: Mimi ni Mohamed. Karibu. Nimefurahi kukuona.

Megan: Asante. Nimefurahi kukuona na pia kufanya kazi hapa.

Mohamed: Hii ni kampuni nzuri.

Megan: Unapenda kufanya kazi hapa?

Mohamed: Oh, ndiyo ninapenda sana. Natumai na wewe pia utapenda.

Megan: Lini ulianza kufanya kazi hapa?

Mohamed: Nilianza kufanya kazi hapa kama mkurufunzi miaka kumi iliyopita. Niliajiriwa na kampuni mwaka mmoja baadaye. Nimefanya kazi hapa tokea wakati huo. Sasa acha nikuonyeshe ofisi. Basi twende.

Megan: Asante. Twende.

Mohamed: Bila shaka ulimwona mpokeaji wageni ulipoingia?

Megan: Ndiyo nilimwona mpokeaji wageni.

Mohamed: Kama una maswali yoyote kuhusu vifaa vya ofisi uende kwake, kwa mfano kama unahitaji karatasi, majalada, wino wa printa, na kadhalika.

Megan: Na niangalie wapi kama nina barua au ujumbe?

Mohamed: Mpokeaji wageni atakuletea simu zako moja kwa moja, kwa hivyo kama una ujumbe wo wote basi sikiliza tu kwenye simu yako. Vifurushi na barua nyengine vitaletwa mezani kwako.

Megan: Ofisi ina wafanyakazi wangapi?

Mohamed: Kuna wafanyakazi kumi na watano tu wanaofanya kazi katika ofisi hii. Tuna wauzaji wachache, meneja wa ofisi, mkurugenzi wa masoko, na wakurugenzi wa mkoa. Kampuni ina matawi mengine Kenya na Tanzania na pia katika nchi nyengine za jirani, na wafanyakazi kutoka ofisi hizo huja hapa mara nyengine. Na bila shaka wateja wetu pia wanatutembelea mara kwa mara. Lakini kwa kweli ni kikundi kidogo kwa hivyo tunafanya kazi kwa kushirikiana.

Megan: Hiyo ni nzuri. Mimi ninapendelea kufanya kazi kwa kushirikiana na watu wengine.

Mohamed: Basi utapenda kufanya kazi hapa. Na huu ni ukumbi wetu wa mikutano. Tuna mikutano ya kila wiki ya wafanyakazi kila Jumatatu saa nne asubuhi. Kuhudhuria mkutano ni muhimu kwa sababu tunapeana taarifa, tunajadili kazi muhimu, na tunapanga kazi zetu za wiki.

Megan: Hiyo ni nzuri. Saa za kazi ni zipi?

Mohamed: Tunaanza saa mbili asubuhi na watu huondoka saa kumi jioni. Kwa kazi muhimu utahitaji kukaa ofisini kwa muda zaidi. Lakini hiyo haitokei mara kwa mara.

Megan: Mimi sijali kukaa kazini zaidi ikiwa lazima. Kumaliza kazi kwa wakati ni muhimu.

Mohamed: Bila shaka unajua kuwa kuna mapumziko ya chakula cha mchana na pia mapumziko mafupi asubuhi na mchana. Hayo ni mapumziko yasiyo rasmi. Na hakuna wakati maalum uliowekwa kwa mapumziko hayo.

Megan: Watu kwa kawaida hula chakula cha mchana wapi?

Mohamed: Tuna mkahawa mdogo katika jengo katika ghorofa ya tatu. Kuna mpishi mzuri sana. Kupika kwake ni kuzuri sana. Au kama utapenda kuna mikahawa mingi jirani. Oh, na hii hapa ndiyo meza yako.

Megan: Asante kwa kunionyesha hapa ofisini.

Mohamed: Natumai utaona kila kitu unachohitaji. Majalada, vifaa vya kuandikia, kompyuta yako, simu na kadhalika. Kuna mashine ya fotokopi katika chumba kidogo karibu na ukumbi wa mikutano na mashine ya kuchapishia na mashine ya faksi iko huko pia.

Megan: Asante sana.

Mohamed: Sawa basi kama huna maswali zaidi, mimi nina miadi baada ya dakika kumi na lazima nijitayarishe sasa. Kama utahitaji kitu cho chote mwulize mpokeaji wageni au mmoja kati ya wafanyakazi wenzako. Nitakuwapo tena baadaye.

Megan: Asante sana. Naamini nina kila kitu ninachohitaji.

Mohamed: Basi sawa. Karibu na furahia siku yako ya kwanza kazini.

Mohamed: *Hello! You must be Megan, our new colleague.*

Megan: *Thank you, yes, I'm Megan.*

Mohamed: *I'm Mohamed. Welcome. It's a pleasure to meet you.*

Megan: *Thank you. I'm happy to meet you, and to be working here.*

Mohamed: *This is a good company.*

Megan: *Do you like working here?*

Mohamed: *Oh, yes. I like it very much. I think you'll like it very much, too.*

Megan: *When did you start working here?*

Mohamed: *I started as an intern ten years ago, and I was hired by the company a year later. I've been working here ever since then. Now, let me show you the office. So, let's go.*

Megan: *Thank you. Let's go.*

Mohamed: *You probably saw the receptionist when you came in.*

Megan: *Yes, I saw her.*

Mohamed: *If you have any questions about office supplies you should go there, for example, if you need paper, folders, ink cartridges for your printer, and so on.*

Megan: *And where should I check to see if I have any mail or messages?*

Mohamed: *The receptionist will transfer all of your calls to your direct line, so if you have any messages you can just check your voice mail. Packages and other mail will be delivered to your desk.*

Megan: *How large is the office staff?*

Mohamed: *There are only fifteen people who work in this office. We have a few salespeople, an office manager, a marketing director, and some regional directors. The company has other branches in Kenya and Tanzania, as well as in other countries in the region, and the staff from those offices sometimes come here. And of course our clients visit from time to time. But really we're a small group, so we work closely together.*

Megan: *That's good. I prefer working closely with other people.*

Mohamed: *Then you'll enjoy working here. This, by the way, is our meeting room. We have weekly staff meetings every Monday morning at 10:00. Attending the meetings is important, because we share information, discuss important projects, and plan our work for the week.*

Megan: *That's good. What are the working hours?*

Mohamed: *We start at 8:00, and people usually leave around 4:00. For important projects, you may need to stay later, but that doesn't happen very often.*

Megan: *I don't mind staying later if it's necessary. Finishing work on time is important.*

Mohamed: *Of course, you also have a lunch break, as well as shorter breaks in the morning and afternoon. Those are informal; there's no set time for breaks.*

Megan: *Where do most people eat their lunch?*

Mohamed: *We have a small cafeteria in the building, on the third floor. There's an excellent cook; his cooking is very good. Or, if you prefer, there are plenty of restaurants in the neighborhood. Oh, and this here is your desk.*

Megan: *Thank you for showing me here.*

Mohamed: *I think you'll find everything you need—files, writing supplies, your computer, telephone, and so on. There's a photocopier in the small room next to the meeting room, and the printer and fax machine are there, too.*

Megan: *Thank you so much.*

Mohamed: *Well, if you don't have any other questions, I have an appointment in ten minutes, and I should prepare for it. If you need anything, please ask the receptionist or one of your colleagues. I'll be available later on.*

Megan: *Thank you. I'm sure I have everything I need.*

Mohamed: *Well, then, welcome, and enjoy your first day at work.*

13C. VOCABULARY

–a kufurahisha	*pleasant, enjoyable*
amali	*profession/s*
askari wa zimamoto	*fireman/men*
biashara	*business/es*
bosi	*boss/es*
daktari wa meno/ madaktari wa meno	*dentist/s*
daktari/madaktari	*doctor/s*
dereva wa basi	*bus driver/s*
fotokopi	*photocopy/ies*
fundi/mafundi	*mechanic/s*
fundi/mafundi bomba	*plumber/s*
fundi/mafundi umeme	*electrician/s*
kabati/makabati	*filing cabinet/s*
kampuni	*company/ies*
karibu na	*close to, near, next to*
katibu muhutasi	*secretary/ies*
kazi	*job/s, work*
kitabu cha anuani/vitabu vya anuani	*address book/s*
kitabu cha/vitabu vya tarehe	*datebook/s*
kuacha ujumbe	*to leave a message*
kuajiri	*to hire*
kuandika ripoti	*to write a report*
kuchukua ujumbe	*to take a message*
kufanya kazi	*to work*
kufurahisha	*to please*
kuhitaji	*to need*

kukaribisha	*to welcome*
kuonyesha	*to show*
kupanga miadi	*to schedule an appointment*
kupiga chapa	*to type*
kupumzika/kuenda kupumziko	*to take a break, to rest*
kushughulika	*to be busy*
kwenda mkutanoni	*to go to a meeting*
lazima	*must*
mashine ya/za faksi	*fax machine/s*
mazingira	*environment/s*
mbele ya	*in front of*
meza	*desk/s*
mfanyabiashara/ wafanyabiashara	*businessperson/people*
mhandisi/wahandisi	*engineer/s*
mkulima/wakulima	*farmer/s*
mkurufunzi/wakurufunzi	*intern/s, apprentice/s*
mkurugenzi/wakurugenzi	*director/s*
mkutano/mikutano	*meeting/s*
msanii/wasanii	*artist/s*
muhimu	*important*
mvinjari	*unemployed*
mwalimu/walimu	*teacher/s*
mwanamuziki/wanamuziki	*musician/s*
mwanasheria	*lawyer/s*
mwandishi	*writer/s*
mwandishi wa habari	*journalist/s*
mwenza/wenza*	*colleague/s*
mwigizaji/waigizaji	*actor/s*

Mwenza (literally, "companion, fellow") is usually attached to possessives
−*angu*, −*ako*, −*ake*, −*etu*, etc., as *mwenzangu, mwenzake, mwenzetu*, etc., to
mean "colleague," "mate," "fellow," "companion," and so on.

mwimbaji/waimbaji	*singer/s*
mwuguzi/wauguzi, nesi	*nurse/s*
mwuzaji/wauzaji	*salesperson/people*
nyuma ya	*behind*
ofisi	*office/s*
polisi	*police officer/s*
ripoti	*report/s*
rubani/marubani	*pilot/s*
seremala	*carpenter/s*
shubaka/mashubaka	*drawer/s*
simu	*telephone/s*
ujumbe	*message/s*
ukumbi/kumbi wa/za mkutano	*meeting room/s*
vizuri	*well*

13D. KEY PHRASES

Here are some phrases and expressions that will help you talk about jobs and working.

Unafanya kazi gani?	*What's your profession? / What do you do for work?*
Nimepata kazi mpya.	*I got a new job.*
Ninafanya kazi katika kampuni kubwa.	*I work for a large company.*
Nimeacha kazi.	*I quit my job.*
Una uzoefu gani?	*What experience do you have?*
Umefanya kazi hii muda gani?	*How long have you had your job?*
Huu hapa wasifu wangu.	*This is my resume.*
Tafadhali fanya fotokopi ya waraka huu.	*Please make a photocopy of this document.*
Lazima niandike ripoti.	*I have to write a report.*
Nina miadi saa saba na nusu.	*I have an appointment at 1:30.*
Lazima niende mkutanoni sasa.	*I have to (must) go to a meeting now.*

Kufundisha ni kugumu.	*Teaching is hard.*
Nitakupeleka umwone.	*I'll take you to see him/her.*
Nitafurahi kumwona.	*I'll be happy to see him/her.*

13E. CULTURE TOPIC 1: OCCUPATIONS: *AMALI*

Despite rapid urbanization in many developing countries, the percentage of rural residents remains relatively high in many areas of East Africa. A large majority of people living in the region are subsistence farmers who live in the countryside. These countries generate much of their gross domestic product (GDP) (*pato la taifa*) from agriculture (*kilimo*). In Kenya, for example, almost 75 percent (*asilimia*) of the GDP comes from agriculture, whereas in Tanzania and Uganda agriculture contributes 80 and 82 percent of the GDP, respectively.

From these figures, you may conclude that the main occupation in these countries is farming (*ukulima*). Although many young people (*vijana*) who finish school attempt to go to the cities, the majority remain in the villages (*vijijini*) and practice farming. These farmers engage in the production of food and cash crops. They produce food both for their own consumption and for sale. The most popular food in East Africa is *ugali,* which is made from corn flour (*unga wa mahindi*). Many farmers therefore grow corn both for their own consumption and for sale. In other parts of East Africa the main food is plantain (*ndizi*), a kind of green banana that's cooked before it gets ripe. In some areas, especially along the coast, people prefer rice as their staple food, so farmers in these areas grow rice instead. Some farmers produce cash crops (*mazao ya biashara*), that is, crops that are specifically produced for sale. The most popular cash crops in East Africa are coffee (*kahawa*), cotton (*pamba*), tea (*chai*), cashew nuts (*korosho*), and cloves (*karafuu*). In drier areas where it isn't possible to grow such crops, people specialize in animal keeping (*ufugaji*), and are called *wafugaji* in Swahili.

People who live close to the sea (*bahari*) and other large bodies of water, such as Lakes Victoria and Tanganyika, derive their livelihood from fishing (*uvuvi*). Those who live around Lake Victoria, for example, in Kenya, Uganda, and Tanzania, are well-known fishermen (*wavuvi*). One fish that is important to the local economy around Lake Victoria is the Nile perch (*Lates niloticus*), a very large freshwater fish, measuring over six feet long and weighing over 400 pounds. It was introduced into the lake in the 1950s, and while this has stimulated economic growth in the form of commerical fisheries, it has also had a negative impact in ecological terms.

Most of the people who live in the cities work for the government and the private sector. These are mostly professionals like doctors (*madak-*

tari), nurses (*wauguzi*), teachers (*walimu*), engineers (*wahandisi*), lawyers (*wanasheria*), judges (*mahakimu*), accountants (*wahasibu*), police officers (*polisi*), military officers (*askari jeshi*), and others. A few professionals like teachers (*walimu*) and agricultural extension officers (*mabwana shamba*) also live in the countryside.

13F. GRAMMAR

Grammar Topic 1: Object Infixes for People

So far, we have only been talking about subject prefixes, that is, that part of the verb that agrees with the subject of the sentence. There are some occasions, however, when the sentence includes not only a subject but also an object, which may be either a human being (animate) or an inanimate object. For example, when you say in Swahili *Nimefurahi ku*ku*ona* (I am glad to see you), the pronoun "I" is the subject, and "you" is the animate object. As you know, the subject "I" is represented by the prefix *ni*–, but the object "you" is expressed by the object infix –*ku*–. (Remember that the first *ku*– is the infinitive part of the verb, which can be translated as "to.") Another example you have seen in the dialogue above is the question *uli*mw*ona mpokeaji wageni?* (Did you see the receptionist?) The answer was: *Ndiyo, nili*mw*ona mpokeaji wageni.* (Yes, I saw her.) The literal translation of this sentence is "Yes, I saw [her] the receptionist." In an English sentence, having both "the receptionist" and "her" would be redundant, but in Swahili this isn't always the case. You can stress a direct object by including both the object infix and the noun itself.

One of the most important functions of the object infixes is to act as pronouns; that is, they play the role of the English object personal pronouns *me, you, him, her, us, (all of) you,* and *them*. These forms do not exist as independent words in Swahili, but rather are always found as infixes inside the verb. The table below lists all of the object infixes for people, along with their independent subject forms and subject prefixes. We'll come back to the object infixes for things—that is, the infixes that correspond to the other noun classes—later.

	Subject Prefix	Object Infix
mimi	ni– (*I*)	–ni– (*me*)
wewe	u– (*you*)	–ku– (*you*)
yeye	a– (*he/she*)	–m/mw– (*him/her*)
sisi	tu– (*we*)	–tu– (*us*)
nyinyi	m– (*you all, all of you*)	–wa– (*you all, all of you*)
wao	wa– (*they*)	–wa– (*them*)

Let's break that down. To say "I saw you" to your friend, you would need four components on the verb, producing *nilikuona*:

subject prefix	+ tense infix	+ object infix	+ verb
ni–	–li–	–ku–	–ona

Let's look at some more examples:

Nita*ku*peleka ...	*I will take you to ...*
Ata*ku*onyesha ofisi yako.	*He will show you your office.*
Ume*wa*ona walimu wetu?	*Have you seen [them] our teachers?*
Karibu u*wa*one walimu wetu.	*Welcome, meet ("see") [them] our teachers.*
Mkurugenzi ana*tu*subiri.	*The director is waiting [for] us.*
Uta*wa*fundisha Kiingereza na hesabu.	*You will teach them English and math.*
Nitafurahi ku*wa*ona wenzangu.	*I will be glad to see [them] my colleagues.*
Juma ata*ku*onyesha wanafunzi wako.	*Juma will show you your students.*
Kufundisha kuna*ni*furahisha.	*Teaching pleases me (gives me pleasure).*

Negating verbs with object infixes is no problem, because this follows the same rules as in other verb forms. Here are examples:

Haja*ni*onyesha wanafunzi.	*He has not shown me the students.*
Mkurugenzi ha*tu*subiri.	*The director is not waiting [for] us.*
Huta*wa*fundisha Kiingereza na hesabu.	*You will not teach them English and math.*
Sitafurahi ku*wa*ona wenzangu.	*I will not be glad to see [them] my colleagues.*
Kufundisha haku*ni*furahishi.	*Teaching does not please me.*

Grammar Topic 2: The *Ku*– Class

In English, you can turn a verb into a noun by adding "–ing" or by using the "to" infinitive form. So, from the verb "swim," as in "I swim every morning," you can also form nouns, as in "Swimming is great exercise," or "To swim in the warm sea is a pleasure." In Swahili, you can do the same thing with the help of the seventh noun class that you'll learn, known as the *Ku*- Class. These are actually the familiar infinitive forms of the verbs that you've been learning all along; in Swahili, there is no distinction between the infinitive ("to" form) and the gerund ("-ing" form). They're both expressed as the noun form of verbs, the *ku–* form. For example, you know that *kufundisha* means "to teach," so to ask, "Do you like teaching?" simply say, *Unapenda kufundisha?* Similarly, you could say "Teaching is difficult" or "It's difficult to teach" as *Kufundisha ni kugumu.*

Just as in English, there are no plural forms of *Ku–* nouns. The subject prefix that you use with a verb to show agreement with a *Ku–* subject is, unsurprisingly, *ku–*. Demonstratives for *Ku–* Class nouns are *huku* (this) and *kule* (that). Possessives are formed by adding the prefix *kw–* to the possessive stem: *kwangu* (my), *kwako* (your), *kwake* (his/her), *kwetu* (our), *kwenu* (your, plural), *kwao* (their)—for example, *kuimba kwangu* (my singing), *kusoma kwao* (their studying), *kupika kwake* (his/her cooking). Adjective agreement with a *Ku–* Class noun is shown with the prefix *ku–* if the adjective begins with a consonant, or *kw–* if it begins with a vowel: *kuandika kuzuri* (beautiful writing), *kuimba kwema* (pleasant singing). The *a–* of possession has the form *kwa*: *kuenda kwa miguu* (going on foot). The other agreement patterns that you've learned are summarized in the following table:

	–ingi	–ingine	–ote	–o –ote	–enye	–pi?
	(many)	*(other)*	*(all/whole)*	*(any)*	*(having)*	*(which)*
kuishi . . .	kwingi	kwingine	kote	ko kote	kwenye	kupi?
(living, life)	*living a lot, long life*	*another life*	*the whole life*	*any life*	*living that has*	*which life?*

Let's bring all of that together in some example sentences:

Kuimba kwako kunanipendeza.	*Your singing pleases me.*
Kuimba kwako hakunipendezi.	*Your singing does not please me.*
Kufundisha kwake ni kuzuri.	*His teaching is good.*
Kufundisha kwake si kuzuri.	*His teaching isn't good.*
Kuondoka kwa kiongozi kulisababisha hasara.	*The leader's departure (leaving) caused a loss.*
Kuondoka kwa kiongozi hakukusababisha hasara.	*The leader's departure (leaving) did not cause loss.*
Kupika kwao nilikupenda.	*I liked their cooking.*
Kupika kwao sikukupenda.	*I didn't like their cooking.*
Kufika kwetu kuliwafurahisha.	*Our arrival (arriving) pleased them.*
Kufika kwetu hakukuwafurahisha.	*Our arrival (arriving) did not please them.*

One other fact about *Ku*- Class nouns is that they can be negated with the infix *–to–* between the *ku–* prefix and the root. So, you have: *kusoma/kutosoma* (studying/not studying), *kujua/kutojua* (to know/not to know), *kuwa/kutokuwa* (to be/not to be), *kufanya kazi/kutofanya kazi* (working/not working), *kula/kutokula* (to eat/not to eat).

Kutojua kusoma na kuandika ni hatari.	*Not to know/knowing (how) to read and write is dangerous.*
Kutokula ni kubaya kwa afya yako.	*Not eating is bad for your health.*
Kutokuwa na pesa ni kugumu.	*Not having money is hard.*
Kutofanya kazi kunaleta umasikini.	*Not working brings poverty.*
Kutosema kweli ni dhambi.	*Not to speak the truth is a sin.*

One area of language where you'll come across a lot of *ku*– forms is in Swahili proverbs. Here are some examples:

Kukopa harusi, kulipa matanga.	*Borrowing is [like] wedding; paying is [like] mourning.*
Kuvunjika kwa koleo sio mwisho wa uhunzi.	*The breaking of the pliers is not the end of forging.*
Kuenda mbio si kufika.	*To run is not to arrive.*
Kuishi kwingi, kuona mengi.	*To live long is to see a lot.*

13G. READING: KUCHAGUA AMALI

Vijana wengi wa Afrika hasa wale ambao wanatoka vijijini hawana fursa nyingi za kuchagua amali zao. Kuna sababu nyingi za vijana hawa kukosa fursa ya kuchagua amali zao. Sababu moja ya kukosekana kwa fursa hizi ni kutokuwapo kwa nafasi nyingi za kuendelea na masomo ya juu.

Kwa mfano katika Tanzania watoto wengi humaliza masomo yao baada ya miaka saba tu ya elimu ya lazima. Watoto hawa wanamaliza masomo yao katika umri wa miaka kumi na nne. Wakati huu bado hawajui wanataka kufanya nini katika maisha yao. Watoto wa vijijini pia hawaoni watu wa kuwaiga ili kujaribu kuwa kama watu hao kwa sababu vijijini hakuna weledi wengi, wala sinema na televisheni nyingi. Kwa watoto wa vijijini huu huwa ndio mwisho wa maisha yao ya masomo. Baada kumaliza shule vijana hawa wadogo huanza kufanya kazi za kilimo, uvuvi, na ufugaji au hukimbilia mijini kufanya kazi za kutumia nguvu. Wengine hufanya biashara ndogo ndogo katika miji.

Watoto wa mijini wana fursa nyingi zaidi kuliko watoto wa vijijini. Katika miji kuna shule nyingi na watoto zaidi huendelea na masomo ya sekondari katika shule za serikali au shule za binafsi. Watoto wa mijini pia wanaona watu wengi ambao wanaweza kufikiri kuwa kama wao. Kwa mfano katika miji kuna watu kama, madaktari, wanasheria, wahasibu, walimu, mahakimu na kadhalika. Watoto wakiwaona watu kama hawa wanapenda kuwa kama wao. Pia watoto wa mijini wanaangalia sinema na televisheni na hujaribu kuwaiga watu ambao wanawaona. Sinema inaweza kuwafundisha watoto mambo mazuri lakini inaweza pia kuwafundisha tabia mbaya.

Choosing a Profession

Many African youths, especially those who come from the countryside, do not have many opportunities to choose their professions. There are many reasons for the youths' lacking the opportunity to choose their professions. One reason for the lack of such opportunities is the absence of opportunities to continue with education.

For example, in Tanzania many children finish their studies after only seven years of compulsory education. These children finish their studies at age fourteen. At this time, they still do not know what they want to do with their lives. Country children also don't see people whom they could imitate and (who could) be their role models, because in the villages there are neither many working professionals nor movies and televisions. For rural children this becomes the end of their educational lives. After finishing primary school, these children start doing agricultural work, fishing, or animal keeping, or they run away to the cities to do manual labor. Some do petty trading in the cities.

Urban children have more opportunities than the rural children. In the cities, there are more opportunities to learn, and more children continue with secondary education either in government or private schools. Urban children also see more people who they can emulate as their role models ("they could think of becoming like them"). For example, in the cities, there are doctors, lawyers, accountants, teachers, judges, etc. If children see people like these they emulate them. Urban children also watch movies and TVs and try to emulate the people they see. Movies can be both positive and negative in their teaching of children.

13H. CULTURE TOPIC 2: LEARNING PROFESSIONS AND SKILLS IN EAST AFRICA

For centuries, people learned professions through practice. In ancient times, there were no schools or other forms of formal training from the Western perspective as we know today. Today in developed societies, there are professional schools for every kind of occupation, be it engineering or culinary arts. Although there are many modern schools and training colleges in Africa, old ways of learning skills through practice still exist. The majority of those who are engaged in farming, for example, are not formally trained as specialized farmers, but they learn farming methods mostly through practice. They learn skills through observation and practice from their parents, who also learned from their parents. This is also true of other occupations, such as fishing, animal husbandry, and so on. The same old skills therefore continue to be handed down from generation to generation.

In East Africa today, traditional methods of learning exist side by side with modern schools and vocational training centers. If you go to any East African city, you may find traditional healers selling their medicine on city streets. These healers learn their trade from their elders. Alongside the traditional schools, modern universities and vocational training centers continue to offer formal training to millions of young people.

Many professionals graduate from East African universities and colleges every year. Some of these young professionals however find it difficult to get good jobs, as governments are unable to employ all of them. The private sector is also unable to absorb all the young people who graduate from universities and professional schools. There is therefore a high rate of unemployment in these countries, which may reach as high as 40 percent in big cities. Unfortunately, even with a good education, many highly qualified young people in these countries are unable to find jobs.

EXERCISES

Exercise 1: Fill the blanks with the appropriate object infix.

1. Mwalimu ana___fundisha wanafunzi Kiswahili. (–m–, –tu–, –wa–)

2. Juma ali___karibisha Megan shuleni. (–m–, –tu–, –wa–)

3. Megan ali___fundisha wanafunzi Kiingereza. (–ku–, –wa–, –tu–)

4. Wanafunzi wali___penda Megan. (–m–, –wa–, –tu–)

5. Mwalimu Mkuu ali___uliza Juma. (–mw–, –ku–, –ni–)

Exercise 2: Negate the following sentences, and translate your answers.

1. Kuchelewa kwake kuliwakera watu wengine.

2. Kufika mapema kulimsaidia.

3. Kuchelewa kazini kuliharibu kazi yake.

4. Kusaidia masikini kulimpa furaha.

5. Kuamka mapema kulimchosha.

Exercise 3: Translate the following into Swahili.

1. The director is waiting for you.

2. Megan will teach us English.

3. Juma will teach them Swahili.

4. The students showed me my teacher.

5. Juma welcomed the teachers.

6. Your desk is next to the meeting room.

7. Attending the meetings is important.

8. I worked for a large company.

INDEPENDENT CHALLENGE

Imagine yourself as the manager of a computer store, interviewing a candidate for a job selling computers. Imagine the types of questions he or she might ask about the job, and prepare your answers. Try to write a short dialogue using the vocabulary and grammar that you know.

ANSWER KEY

Exercise 1: 1. Mwalimu anawafundisha wanafunzi Kiswahili. 2. Juma alimkaribisha Megan shuleni. 3. Megan aliwafundisha wanafunzi Kiingereza. 4. Wanafunzi walimpenda Megan. 5, Mwalimu Mkuu alimwuliza Juma.

Exercise 2: 1. Kuchelewa kwake hakukuwakera watu wengine. *His lateness [being late] did not annoy other people.* 2. Kufika mapema hakukumsaidia. *His early arrival [arriving] did not help him.* 3. Kuchelewa kazini hakukuharibu kazi yake. *Being late to work did not damage his work.* 4. Kusaidia masikini hakukumpa furaha. *Helping the poor did not give him pleasure.* 5. Kuamka mapema hakukumchosha. *Getting up early did not make him tired.*

Exercise 3: 1. Mkurugenzi anakusubiri. 2. Megan atatufundisha Kiingereza. 3. Juma atawafundisha Kiswahili. 4. Wanafunzi walinionyesha mwalimu wangu. 5. Juma aliwakaribisha walimu. 6. Meza yako iko karibu na chumba cha mkutano.

7. Kuhudhuria mikutano ni muhimu. 8. Nilifanya kazi katika kampuni kubwa.

LESSON

14

Muda wa Mapumziko!

Leisure Time!

In this lesson, you'll listen in as two friends plan how they're going to spend some free time. You'll learn a lot of new vocabulary for talking about recreational activities. You'll also learn the object infixes for noun classes other than the M-Wa Class, you'll learn how to express reflexive actions with the equivalent of "self," and finally, you'll learn one more noun class, the *Mahali* Class, and its agreements. Let's begin with a vocabulary warm-up!

14A. VOCABULARY WARM-UP

kuangalia mchezo / sinema	*to watch a movie*
mchezo wa kusikitisha	*sad movie*
mchezo wa kutisha	*horror movie*
mchezo wa kivita	*war movie*
mchezo wa mapenzi	*love story, romantic movie*
mchezo wa kupigana	*action movie*
mchezo wa kuchekesha	*comedy*
mchezo mpya	*new movie*
mchezo mbaya	*bad movie*
mchezo mzuri	*good movie*
Hamna tabu!	*No problem!*
Haina shida hiyo.	*That's no problem.*
muda mrefu	*a long time*

14B. DIALOGUE: LET'S GO TO THE MOVIES

David is talking on the phone with his friend Lucy, his neighbor who sometimes coaches him in Swahili. David wants to ask Lucy to join him to go to the movies and then to go out dancing. Let's listen to their conversation:

David: Hallo. Ninaweza kuongea na Lucy tafadhali?

Lucy: Hallo Lucy hapa anaongea.

David: Hujambo Lucy?

Lucy: Ah! David, mimi sijambo na wewe je?

David: Mimi sijambo. Vipi nimekuamsha?

Lucy: Hapana hujaniamsha. Lakini nilichelewa kuamka leo. Jana tulikuwa tunaangalia mchezo kwenye TV. Ulikuwa mzuri sana.

David: Kweli! Unaitwaje huo mchezo?

Lucy: Mchezo unaitwa *The Innocent*.

David: *The Innocent*? Mmmmm mbona siujui mchezo huo. "Starring," samahani mhusika mkuu ni nani?

Lucy: Hamilton Fred.

David: Ndio namkumbuka sasa. Mchezo unahusu nini?

Lucy: Unajua Hamilton anaigiza kama daktari na anaambiwa kuwa ameuwa lakini yeye sie aliyeuwa.

David: Basi mchezo unasikitisha sana.

Lucy: Ndio kwa sababu imechukua muda mrefu mpaka polisi kujua kuwa yeye hakuwa muuwaji.

David: Vizuri. Sasa lete habari za wikiendi. Vipi umeamua chochote?

Lucy: Hapana. Mie nakusikiliza wewe.

David: Utapenda twende sinema?

Lucy: Hamna tabu. Kuna sinema gani leo nzuri?

David: Kuna mchezo wa Bruce Willis unaitwa *Hostage* unaoneshwa Casino Cinema pale barabara ya Ndumberi.

Lucy: Sawa. Mie nilifikiri filamu iko Numetro. Mimi ninaipenda sinema ya Numetro. Lakini Casino pia nzuri. Sasa saa ngapi filamu yenyewe?

David: Inaanza saa moja mpaka saa tatu hivi.

Lucy: Basi sawa. Haina shida hiyo.

David: Sawa. Sasa naomba umwambie na Peter pia twende pamoja.

Lucy: Sawa nitamwambia

David: Sasa nilikuwa nataka baada ya sinema twende disko pale Cantina, Barabara ya Lang'ata. Unasemaje?

Lucy: Itakuwa poa tu. Kesho hakuna shule kwa hiyo tutaenda.

David: Sawa basi nitakuja na gari nyumbani kwenu kama saa 12 na nusu hivi. Nikija uwe tayari. Baadaye tutampitia Peter.

Lucy: Sawa. Tiketi vipi?

David: Nimeshawekesha tayari. Tukifika nitalipa mie. Kila kitu juu yangu.

Lucy: Sawa asante.

David: Kwahiyo tutaonana baadaye.

Lucy: Sawa. Nitakusubiri.

David: Hello. Can I please speak with Lucy?

Lucy: Hello. This is Lucy speaking.

David: How are you, Lucy?

Lucy: Oh! David, I'm fine. How about you?

David: I'm good. Have I woken you up?

Lucy: No, you haven't. But I woke up late today. We were watching a movie on TV yesterday. It was very good.

David: Oh, yeah! What's the name of the movie?

Lucy: It's called The Innocent.

David: The Innocent. Hmm, I don't seem to remember that movie. Who stars in it?

Lucy: Hamilton Fred.

David: Okay. Now I remember him. What's the film about?

Lucy: You know, Hamilton plays a doctor, and he's accused of being a murderer, but he wasn't the one.

David: So, it's a very sad story.

Lucy: Yes, because it took a long time for the police to realize that he wasn't the murderer.

David: Well. Now tell me what your plans are for this weekend. Have you decided on anything?

Lucy: Not really. I'm waiting to hear ("listening for") what you're going to decide.

David: Would you like to go the movies?

Lucy: Sure, no problem. What movie is playing ("do they have") today?

David: There's a film by Bruce Willis called Hostage at the Casino Cinema on Ndumberi Road.

Lucy: That sounds good. I thought the movie was at Numetro. I like Numetro Cinema. But Casino's good, too. What time's the movie?

David: It starts at 7 p.m., to about 9:00.

Lucy: Okay, then. That sounds perfect.

David: Okay. Could you also tell Peter, so that we can go with him?

Lucy: Okay, I'll tell him.

David: I also wanted us to go to the disco at Cantina, Langata Road, after the movie. What do you think?

Lucy: That'll be cool. We'll go; after all, there's no school tomorrow.

David: Okay, then. I'll come to your house by car to pick you up at about 6:30. You should be ready when I get there. We won't have time. Then we'll go and pick up Peter.

Lucy: Okay. What about the tickets?

David: I've already booked. I'll pay when we get there. I'll pay for everything.

Lucy: Thanks.

David: See you later, then.

Lucy: Okay. I'll be waiting.

14C. VOCABULARY

–a kuchosha	*boring*
–a kusisimua	*exciting*
–a kuvutia	*interesting*
chochote	*anything*
kama	*if, as, like*
karata	*card/s*
kichekesho	*fun*
kualika	*to invite*
kuamua	*to decide*
kuanza	*to start*
kuchelewa	*to be late*
kucheza chesi	*to play chess*
kucheza gemu	*to play a game*
kucheza karata	*to play cards*
kuchukua	*to take*
kuendesha baiskeli	*to ride a bike*
kufikiri	*to think*
kuhusu	*to be about, about*
kuigiza	*to act*
kujua	*to know*
kukodi mchezo	*to rent a movie*
kukumbuka	*to remember*
kumaliza	*to finish, to end*
kuona mchezo	*to see a play*
kuongea	*to talk*
kuonyeshwa	*to be shown, to be screened*
kushinda	*to win*
kushindwa	*to lose*
kusikiliza	*to listen*
kuuliwa	*to be killed*

kuuwa	*to kill*
kuwa na tafrija/sherehe	*to have a party*
kuwekesha	*to book, to reserve*
kwa hiyo (kwa hivyo)	*therefore, so*
kweli	*true*
maarufu	*popular*
makumbusho	*museum/s*
maonyesho ya sanaa	*art exhibition*
mchezo wa kuigiza/ michezo ya kuigiza	*play/s (theater)*
mchezo wa kutumia ubao/ michezo ya kutumia mbao	*board game/s*
mchezo/michezo (filamu)	*movie/s*
mhusika mkuu/wahusika wakuu	*movie star/s*
mpaka	*until*
muuwaji/wauaji	*murderer/s*
mwaliko/mialiko	*invitation/s*
mwanzo	*beginning*
mwisho	*end*
nyumba ya sanaa/nyumba za sanaa	*art gallery/ies*
pale	*there*
pamoja	*together*
tafrija, sherehe	*party/ies*
tayari	*ready*
tiketi	*ticket/s*

14D. KEY PHRASES

Here are a few phrases that will come in handy when you want to plan your free time.

Lete habari za wikiendi?	*What are you up to this weekend?*
Umeamua chochote?	*Do you have any plans? Have you decided on anything?*

Utapenda twende sinema?	*Would you like us to go to the movies?*
Unasemaje?	*What do you say?*
Kuna sinema gani leo nzuri?	*What good movie is there today?*
Mchezo unahusu nini?	*What's the film about?*
Nataka kufanya tafrija.	*I want to have a party.*
Leo ni siku yangu ya kuzaliwa—tusherehekee!	*Today is my birthday—let's celebrate!*
Utamwalika nani?	*Who will you invite?*
Twende sehemu tukale.	*Let's go out to eat.*
Twende kwenye baa.	*Let's go out to a bar.*
Twende tukacheze.	*Let's go dancing.*
Twende tukaangalie bendi	*Let's go see a band.*
Itakuwa poa!	*It'll be good! (slang)*
Vizuri sana!	*This is great!*
Pana watu wengi hapa.	*It's too crowded here. There are too many people here.*
Hii haichangamshi!/ Hii ni doro!	*This is boring!*
Nilistarehe sana.	*I had a really good time.*
Nimeona mchezo mzuri sana wikiendi hii.	*I saw a great play this weekend.*
Kulikuwa na onyesho la kuvutia kwenye makumbusho.	*There was an interesting exhibit at the museum.*

14E. CULTURE TOPIC 1: MOVIES IN EAST AFRICA

There is an East African film industry, with such films as the Tanzanian *Tumaini* (Hope), a film about HIV, and the Kenyan *Nakusihi Usiniue* (*Please, Do Not Kill Me*), the story of a young girl struggling with the question of whether or not to have an abortion. *Babu's Babies* is a comedy about a man who brings his family from a small rural town to Nairobi, where he chases his ambitions but finds that his goals aren't quite as easily attainable as he'd hoped. Another film is *Chokora* (*Street Boy*), about a young boy who goes to a children's home to escape the hardships of the street. A joint American-Tanzanian film, *Bongoland*, tells the story of an illegal Tanzanian immigrant in Minnesota. Another Tanzanian-American film is *Tusamehe* (*Forgive Us*), the story of an African immigrant dying of AIDS in the U.S.

Among the popular Hollywood productions are such films as *Out of Africa* and *To Walk with Lions,* which were staged in East Africa. The German film *Nirgendwo in Afrika* (*Nowhere in Africa*), in English, German, and Swahili, tells the story of a German Jewish family that escapes Nazi Germany to 1930s Kenya. Bollywood films, from India, are also quite popular in East Africa.

Rather than movies, the most popular East African film productions are television programs. One of the more notable examples is "Vioja Mahaka-mani" ("Unusual/Marvelous Events in the Court"), which is a satirical show that tries to address the unruly behavior of some people by putting them "on trial." Two soap operas from Kenya are "Kisulisuli" ("The Whirl-wind") and "Tausi" ("The Peacock"). "Vituko vya Mashaka" ("Unusual Events of Hardship"), from Zanzibar, is a critical look at family issues in Zanzibar society, dealing with such issues as polygamy, stepparents, and so on. "Mizengwe" ("Dirty Tricks"), from Tanzania, is a comedy in which characters show how they have tricked people for their own benefit. With Swahili-language television shows, there are naturally Swahili television stars as well. In Kenya, there are Kilonzo, Ojwang, Dama, and Mjuba. On Zanzibar, there are Halikunik and Mashaka. And on the Tanzanian main-land, there are Max, Zembwela, and Waridi. Unlike in the U.S., TV stars in East Africa and most African countries do not live particularly different lives from the rest of us. For them, acting is not so much a profession or a "craft" as a form of entertainment, and in fact most of these actors have their own full-time jobs outside the entertainment industry. But they are still popular and recognized on the street, where people admire them and love to shake their hands.

West African movies (*michezo ya Afrika Magharibi*) have become popu-lar in East Africa, too, but they are not normally shown in movie theaters. Instead, people who watch these movies tend to buy them either on vid-eocassette or DVD. There are also a lot of video rental libraries (*sehemu za kukodi kaseti*), as many people in East Africa, like anywhere else, enjoy renting movies of their choice and watching them at home with friends or family.

14F. GRAMMAR

Grammar Topic 1: Object Infixes for Things

In the last lesson, you learned how to express the equivalent of object pro-nouns for human beings, such as "me," "her," or "us," by using the *M-Wa* Class object infixes. The same goes for inanimate objects, which would be translated as "it" or "them." Again, Swahili doesn't have separate pro-nouns for these concepts; they are infixes within the verbs. And the infix depends—you guessed it—on the noun class of the noun the infix repre-sents. The following table summarizes the object infixes for all of the noun classes that you know, apart from the *M-Wa* Class:

Noun Class:	Singular Infix:	Plural Infix:
Ki-Vi	–ki–	–vi–
N–	–i–	–zi–
Ji-Ma	–li–	–ya–
M-Mi	–u–	–i–
U–	–u–	–zi– / –ya–
Ku–	–ku–	–

As you can see, the plural infix for the *U*- Class will depend on how the noun itself forms its plural. If it takes a plural like an *N*- Class noun, the infix is –*zi*–. If it takes a plural like a *Ma*- Class noun, the infix is –*ya*–. Of course, abstract concepts or non-count nouns in this class have no plural form, so they will never take a plural object infix. Also note that *Ku*- Class nouns have no plurals, so there is no possible plural object infix.

As you learned in the last lesson, object infixes are placed between the tense marker and the verb stem:

Uli*ki*nunua wapi kitanda hiki?   *Where did you buy (it) the bed?*

Nili*ki*nunua Kenya.   *I bought it in Kenya.*

As you learned in the last lesson and can see in the first example above, it's possible to use an object infix even if the noun itself appears in the sentence. This adds more emphasis to that object. If the object is already known from context, the object infix alone may be used, just as is the case with English direct object pronouns. Here are a few more examples, with the noun class indicated to help you pick out the relevant infixes.

Ki–	Kitabu hiki nilikisoma shule.	*I read this book at school.*
Vi–	Vitabu hivi nilivisoma shule.	*I read these books at school.*
N–	Fundi anaiangalia kompyuta.	*The technician is checking the computer.*
N–	Kompyuta zangu nitaziwacha hapa.	*I'll leave my computers here.*
Ji–	Ulilinunua wapi gari hili?	*Where did you buy this car?*
Ji–	Nililinunua Marekani.	*I bought it in America.*
Ma–	Uliyanunua wapi machungwa haya?	*Where did you buy these oranges?*
Ma–	Niliyanunua sokoni.	*I bought them at the market.*
M–	Siujui mchezo huu.	*I do not know this movie.*
Mi–	Kwanini mnaikata miti yangu?	*Why are you cutting my trees?*
U–	Asha aliutia ugali chumvi nyingi.	*Asha put a lot of salt in the ugali.*
U–	Nani aliupoteza ufunguo?	*Who lost the key?*
U–	Mafagio haya uliyanunua wapi?	*Where did you buy these brooms?*
Ku–	Jee alifeli kwa sababu kucheza alikuweka mbele?	*Did he fail because he put playing before everything else?*
Ku–	Ndio alikuweka mbele.	*Yes, he put it before everything else.*

There's just one more point to make about object infixes in general. The infixes you learned in Lesson 13 are the ones you use for people, so they are the ones that correspond to *M-Wa* nouns. However, as you know, there are several examples of nouns referring to people that belong to other noun classes: *baba* (father/s) or *askari* (soldier/s), from the *N-* Class, *daktari/madaktari* (doctor/s), from the *Ji-Ma* class, and so on. Just as with other types of agreement, these nouns denoting human beings use *M-Wa* object infixes, even though they're technically in other classes:

Ulimwona daktari leo asubuhi?	*Did you see the doctor this morning?*
Ndio, nilimwona.	*Yes, I saw him.*

Grammar Topic 2: The Reflexive Infix *–ji–*

The grammatical term "reflexive" describes an action that someone does to him- or herself: "I *see myself* in the mirror." "She *gave herself* a present." "We don't *trust ourselves*." As you can see, reflexives are marked in English with the aid of a reflexive pronoun like "myself," "yourself," or "themselves." In Swahili, there's a special reflexive marker infix, *–ji–*, which is inserted right before the verb stem. So, if *kukuna* means "to scratch," then *kujikuna* means "to scratch oneself/yourself." The infix is always the same, regardless of noun class or number:

Watoto wanajikuna.	*The children are scratching themselves.*
Kompyuta yangu inajizima.	*My computer switches itself off.*
Msichana anajiangalia kwenye kioo.	*The girl is looking at herself in a mirror.*
Mtoto alijikata.	*The child cut herself.*

There are a few very useful reflexive verbs in Swahili that all use the *–ji–* infix. *Kujisaidia* literally means "to help oneself," but it's often used euphemistically to mean "to go to the bathroom." *Kujifunza* literally means "to teach oneself," but it is used to mean "to learn." *Kujistarehesha* means "to entertain oneself" or "to have a good time." Notice that this verb can be followed by *kwa*, meaning "with" or "by."

Ninaenda kujisaidia.	*I am going to the bathroom.*
Tom anajifunza Kiswahili.	*Tom is learning Swahili.*
Vijana wanajistarehesha kwa muziki.	*The young people are entertaining themselves with music / are enjoying themselves listening to music.*

Grammar Topic 3: The *Mahali* Noun Class

The word *mahali* means "place" in Swahili, and, believe it or not, it's the only noun that belongs to the final noun class that you'll learn. It's no wonder that the whole class is named after its sole member! Because *mahali* is about location, this class is also referred to as the "locative" class. Agreement with *mahali* is very simple; the prefix is *p–* before a vowel, and *pa–* before a consonant. For example, the possessives are *pangu* (my), *pako* (your), *pake* (his/her), and so on; the *a–* of possession is *pa*; *penye* means "having," *po pote* means "any," and so on. One minor irregularity is that *p–* + *–ingi* or

–ingine produces *pengi* (many) and *pengine* (other). The demonstratives are *hapa* (this), and *pale* (that). Also note that *hapa* can mean "here," and *pale* can mean "there." One thing to keep in mind is that *mahali* has no plural in Swahili. If you want to make a sentence by using plural, you use the word *sehemu* (place/s), which is an *N-* Class noun. For example, if you want to say "those places are very popular," you will have to say *sehemu zile ni maarufu.* Let's see some examples of *mahali:*

Mahali hapa ni pangu sio pako.	*This place (right here) is mine, not yours.*
Hapa ni Kenya na pale ni Tanzania.	*This (place) is Kenya and that (place) is Tanzania.*
Mahali pananuka.	*The place stinks.*
Mahali hapa pananukia	*This place smells good.*
Mahali pale pana wadudu.	*That place has bugs.*
Chicago ni mahali pakubwa.	*Chicago is a big place.*
Hapa ni mahali pazuri.	*This is a beautiful place.*
Sehemu zote nilizoenda zinavutia.	*All the places I have visited are attractive.*

You may be wondering why the Swahili language would have an entire noun class with just one member. The truth is, it doesn't. Even though *mahali* is the only true member of the *mahali* class, just about any other noun can move into the *mahali* class if it's used to describe a location. This is shown with the addition of *–ni*, a suffix that you learned in Lesson 6. So, while *nyumba* (house) is an *N-* Class noun, *nyumbani* (at home) is a *mahali* noun. Don't be confused if "at home" doesn't sound like a noun to you in English. It's not; it's a location phrase. In Swahili, though, location phrases can function as nouns, which is why you'll sometimes hear them called "locative nouns" or "adverbial nouns." You'll see some examples of this later.

Just as the *mahali* class doesn't actually contain one single noun, it isn't actually one single class, but three! The nouns all look alike—they end in *–ni*—but there are three different agreement patterns that show up elsewhere in the sentence, depending on the type of location. The agreement pattern that you learned above can be called *pa–* location, for obvious reasons, and it refers to a definite or specific place. If you look at the examples, they all refer to a particular place, either with or without a name. The second agreement pattern, which we can call *ku–* location, refers to an indefinite or general place. The third agreement pattern, which we'll call *mu–* location, refers to location inside. This concept of three different kinds of location should be familiar to you; you came across this when you learned the location suffixes *–ko, –po,* and *–mo* in Lesson 6. To make this clearer, take a look at these examples:

nyumbani pangu	*at my home (specific location)*
nyumbani kwangu	*around my home, in the general vicinity*
nyumbani mwangu	*inside my home*

The agreement prefixes for *ku–* and *mu–* location are as straightforward as they are for *pa–* location. For *ku–* location, the prefix is *kw–* before a vowel, and *ku–* before a consonant. The subject agreement prefix is *ku–*. The *ku–* location demonstratives are *huku* (this) and *kule* (that). For *mu–* location, all the relevant prefixes that you've learned are *mw–*, and *mu–* is the subject agreement prefix, although it often comes up as just *m–*. The demonstratives are *humu* (this) and *mle* or *mule* (that). You saw above that the demonstratives for *pa–* location mean "here" (*hapa*) and "there" (*pale*). You've probably guessed that these refer to specific "here's" and "there's." By contrast:

huku	*around here, in this general vicinity, hereabouts*
kule	*somewhere over there, in that area*
humu	*in here, inside here*
mle, mule	*inside that place over there, in that place*

Let's look at a few examples. Obviously, since English doesn't express these fine distinctions in quite the same way, it's not easy to translate. But the following should give you a better sense of this grammar point, and of course as you hear these forms used in conversation, they'll become more familiar to you.

Huku ni Kenya na kule ni Tanzania.	*This way is Kenya, and that way is Tanzania.*
Kule kunanukia.	*That place over there smells nice.*
Burundi na Rwanda kuna amani.	*Burundi and Rwanda have peace.*
Nilienda kule.	*I went over to that place, over there.*
Huku ni kubaya.	*This (general) place (over here) is bad.*
Huku ni kwangu si kwako.	*This (general) place (over here) is mine, not yours.*

To demonstrate that these constructions function as nouns in Swahili, take a look at the following examples. In each sentence, the locative noun functions as the subject of the sentence, so the prefix of the verb agrees with it, either for *pa–*, *ku–*, or *mu–* location. It's a bit like taking a location phrase such as "on-the-wall" and treating it like a big noun, along the lines of, "On-the-wall is a nice place to hang that picture."

Ukutani pana kalenda.	*There's a calendar on the wall. ("On-the-wall there is a calendar.")*
Nyumbani kwao kuna wadudu.	*Their home (their place) over there has bugs.*
Nyumbani kwetu ni kudogo.	*Our place is small. (The general area of our house.)*
Nyumbani mwake munanukia.	*It smells nice inside his/her house.*
Nyumbani mwao muna wadudu.	*Inside their home there are bugs. ("In-their-house there are bugs.")*
Ofisini mwangu muna kompyuta.	*There's a computer inside my office. ("In-my-office there is a computer.")*

Finally, it's also important to note that there are object infixes for these constructions. They're very simple: –pa–, –ku–, and –mu–. Their usage is a bit different from English, but a few examples will give you the right idea.

Anapapenda mahali hapa?	*Does he like this place?*
Ndio, anapapenda.	*Yes, he likes it.*
Zanzibar unakupenda?	*Do you like (the general place of) Zanzibar?*
Ndio, ninakupenda.	*Yes, I like it.*
Nyumbani anamupenda?	*Does he like it in the house?*
Ndio, anamupenda.	*Yes, he likes it.*

14G. READING: VIJANA NA BURUDANI

Ni jambo la kawaida siku hizi kuwauliza vijana ukiwa Tanzania au Kenya juu ya mambo ya burudani wanayoyapenda. Kitu ambacho watakisema mwanzo watakuambia ni kucheza muziki, kuangalia video za muziki na kusikiliza muziki.

Muziki katika Afrika Mashariki una historia refu. Kuna wakati katika miaka ya sabini ambapo muziki wa bendi za asili ulikuwa maarufu sana. Muziki huu ulipigwa na wenyeji. Kawaida vijana walichanganyika na watu wa makamo kupiga na kuimba muziki huu. Muziki wa aina hii ndio uliokuwa unachezwa kwenye kumbi za starehe na hata redioni.

Katika miaka ya themanini, Afrika Mashariki ilivamiwa na muziki wa Zaire (sasa Demokrasia ya Jamhuri ya Kongo). Waimbaji kama Franco, Pepe Kale na wengineo walikuwa maarufu sana. Vijana wengi walipenda muziki wa kizaire japokuwa wengi hawakujua maana ya nyimbo za kizaire ambazo ziliimbwa kwa Kilingala (Lugha ya Zaire).

Katika miaka ya tisini kumezuka muziki wa kizazi kipya ambao ndio umepata umaarufu sana miongoni mwa vijana. Muziki huu ambao unajulikana kama "hip-hop," nyimbo zake kawaida huimbwa kwa Kiswahili au lugha za makabila. Vijana huimba juu ya mambo tofauti ya jamii kuanzia siasa, mapenzi hadi ukimwi. Nyimbo hizi huchezwa katika kila radio ya Afrika Mashariki. Radio za FM ndio maarufu zaidi kwa kupiga muziki huu wa kizazi kipya. Kumeibuka makampuni tofauti ya kurekodi muziki huu katika CD, audio cassette na video. Ni rahisi kununua CD au DVD yenye muziki wa kizazi kipya katika maduka ya muziki. Vijana waimbaji wameweza kujipatia ajira katika fani hii ya muziki.

Utapokuwa unatembea Afrika Mashariki usishangae kusikia nyimbo hizi za hip-hop zikichezwa madukani, majumbani na kwenye magari. Kwa kweli vijana wa Afrika ya Mashariki wanapenda kujistarehesha kwa muziki wa kizazi kipya.

Youth and Entertainment

Nowadays it's not unusual, if you are in Tanzania or Kenya, to ask young people in Tanzania or Kenya about something they like (to do) for entertainment. The first thing they'll mention is dancing. They will also mention listening to music and watching music videos.

Music in East Africa has a long history. There was a time in the '70s when the music played by local traditional bands was very popular. This kind of music was played by local people. Usually the local bands were formed by young and older people who joined together to play instruments and sing. This type of music was what was played at entertainment centers and on the radio.

In the '80s, East Africa was "invaded" by music from Zaire (currently the Democratic Republic of the Congo). Singers like Franco, Pepe Kale, and others were very famous. A lot of young people used to like the music despite the fact that many of them did not know the meaning of the lyrics, which were in Lingala (a language of the DRC).

Since the 1990s, there has emerged what is now called "new generation music," which has become very popular among young people. The songs of this genre of music, also known as hip-hop music, are sung in Swahili or in other local languages. The musicians sing about different social issues, from politics and love to AIDS. The songs are played on all radios in East Africa. FM radios are the most popular for playing this type of music. There are several companies that record the music on CDs, audiocassettes, and video. It's easy to buy the new generation CDs and DVDs from music stores. The young artists have been able to earn money from this type of music.

While visiting East Africa, do not be surprised to hear hip-hop music being played in stores, homes, or cars. Young people really enjoy the music of the new generation.

14H. CULTURE TOPIC 2: ENTERTAINMENT AND CULTURE

Just as in many, if not all, cultures around the world, there is in Swahili-speaking areas a generation gap when it comes to recreation and entertainment. Older people do not appreciate the new ways that young people have found of entertaining themselves. They do not like the music of the new generation, they don't understand the fashion, and they see very little value in an activity that many young people find irresistible—going to dance clubs.

For the older generation, dance clubs are the source of many evils. They believe that places like discotheques are where young people are exposed to drinking and drugs. Some even point to dance clubs as the source of prostitution. For this reason, many parents refuse to allow their children anywhere near dance clubs. They think back to their youth, when people spent the evening watching traditional dances or listening to *taarab* music. Modern recreational activities, they feel, are to be blamed for the destruction of Swahili culture. As much as the older generation is against modern recreational activities, this is not the case with young people. Discotheques remain enormously popular among the new generation, and going clubbing is all the rage for many in large Swahili-speaking areas. Still, young people in Swahili culture are not as independent as people of the same age in Western cultures. Children live with their parents longer, and this gives parents much more say in how teenagers and young adults spend their free time. This is simply a fact of life for young people in Swahili culture.

If you visit Kenya or Tanzania and have a free evening and you enjoy dancing, you won't have any trouble finding a club. Of course, that may not be your cup of tea, and you may prefer a bar or a pub. There are many such places in the big cities, but it's important to keep in mind that there are different cultural norms. For example, you're far more likely to see men than women or teenagers in bars. And drinking is considered by many in Swahili culture to be taboo, especially along the coast, because of the influence of Islam. However, there are other options. There's also the cinema, and many nightclubs, where people go to hear live performances of popular local bands. That's a great way to get a taste of music that's popular in the region, including *taarab.* If you enjoy live music and the nightlife, you'll be able to find many nightclubs in places like Nairobi, Mombasa, or Dar es Salaam.

EXERCISES

Exercise 1: Translate the following sentences into Swahili. Make sure to use object infixes from the inanimate noun classes you know so far. Then, if the object of the original sentence is plural, make it singular, and if the original object is singular, make it plural.

1. I did not see my book.

2. We are selling our car.

3. She likes her new house.

4. He will open his bag tomorrow.

Exercise 2: The following dialogue has some grammatical errors with regard to object infixes. Only the italicized words have the errors. Rewrite the dialogue by correcting the errors, and then read the dialogue aloud.

Juma: Hujambo Aysha? (*How are you, Aisha?*)

Aisha: Sijambo. (*I'm fine.*)

Juma: *Umeona* kitabu changu? (*Have you seen my book?*)

Aisha: Hapana *sijaona*. Kwanini? *Huoni?* (*No I haven't seen it. Why? Don't see you it?*)

Juma: *Sijaona* tokea jana. (*I haven't seen it since yesterday.*)

Aisha: Na mimi pia saa yangu *sioni*. Nilifikiri wewe ulichukua. (*I don't see my watch. I thought you took it.*)

Juma: Hapana mimi *sijachukua* wala *sijaona*. (*No, I didn't take it, and I haven't seen it.*)

Aisha: Labda *nimesahau* shule. (*Perhaps I have forgotten it at school.*)

Juma: Labda. Unaweza *kuona* kesho. (*Perhaps you can see it tomorrow.*)

Aisha: Sawa kwaheri. (*Okay, bye.*)

Juma: Kwaheri. (*Bye.*)

Exercise 3: Translate each of the following English sentences into Swahili. Each sentence includes the *–ji–* reflexive structure. And don't forget to add any necessary object infixes.

1. He went to the hospital because he cut his finger.

2. Before going out every day, I always look at myself in the mirror.

3. Ali has gone to the bathroom.

4. Young people like to entertain themselves with hip-hop music.

5. Why do you like to scratch yourself so hard?

Exercise 4: Translate the following passage into English:

Hivi juzi tulienda Nairobi. Nairobi ni kuzuri. Tulikaa hoteli ya Sheraton. Sheraton ni mahali safi sana. Tulikaa mahali hapa kwa siku tatu. Baadaye tulienda Zanzibar. Zanzibar ni mahali padogo lakini pazuri sana. Zanzibar kuna nyumba nzuri. Baadaye tulienda Dar es Salaam na tulikaa mahali panaitwa Kariakoo. Kariakoo pana soko kubwa. Mahali hapa palikuwa na watu wengi.

INDEPENDENT CHALLENGE

Using the vocabulary and the cultural information you've learned in this lesson, write a short essay showing the similarities and differences between the U.S. and East Africa when it comes to young people's life-style and entertainment.

ANSWER KEY

Exercise 1: 1. (i) Sikukiona kitabu changu. (ii) Sikuviona vitabu vyangu. 2. (i) Tunaiuza gari yetu. (ii) Tunaziuza gari zetu. / Tunayauza magari yetu. 3. (i) Anaipenda nyumba yake mpya. (ii) Anazipenda nyumba zake mpya. 4. (i) Ataufungua mkoba wake kesho. (ii) Ataifungua mikoba yake kesho.

Exercise 2:

Juma:	Hujambo Aysha?
Aisha:	Sijambo.
Juma:	Umekiona kitabu changu?
Aisha:	Hapana sijakiona. Kwanini? Hukioni?
Juma:	Sijakiona tokea jana.
Aisha:	Na mimi pia saa yangu siioni. Nilifikiri wewe uliichukua.
Juma:	Hapana mimi sijaichukua wala sijaiona.
Aisha:	Labda nimeisahau shule.
Juma:	Labda. Unaweza kuiona kesho.
Aisha:	Sawa kwaheri.
Juma:	Kwaheri.

Exercise 3: 1. Alienda hospitali kwa sababu alijikata kidole chake. 2. Kabla ya kuenda nje, kila siku hujiangalia kwenye kioo. 3. Ali ameenda kujisaidia.

4. Vijana wanapenda kujistarehesha kwa muziki wa hip-hop. 5. Kwa nini unapenda kujikuna sana?

Exercise 4:

Recently we went to Nairobi. Nairobi is beautiful. We stayed at the Sheraton Hotel. The Sheraton is a very clean place. We stayed at this place for three days. Then we went to Zanzibar. Zanzibar is a small place, but very nice/ beautiful. Zanzibar has beautiful houses. Later we went to Dar es Salaam, and we stayed at a place called Kariakoo. Kariakoo has a big market. That place had a lot of people.

LESSON

15

Michezo na Mazoezi
Sports and Exercise

In this last lesson, we'll focus on sports and outdoor recreation, so you'll learn a lot more useful vocabulary for talking about spending free time, staying healthy, and having fun. A large part of understanding sports in another country has to do with culture, so you'll learn about the cultural significance of sports in Swahili-speaking countries. Then, you'll be introduced to three new grammar points, including how to say "if," how to say "when," and how to form relative clauses. First, let's begin with a vocabulary warm-up!

15A. VOCABULARY WARM-UP

mpira wa kimarekani	*American football*
uwanja wa mpira wa wavu	*volleyball court*
uwanja wa gofu	*golf course*
kupiga mbizi (kuruka kwenye maji)	*diving*
mazoezi ya mwili (mazoezi ya viungo)	*exercise, working out*
kunyanyua vyuma	*weight lifting*
kuruka chini	*long jump*
kuruka juu	*high jump*
kazi ya kujitolea	*volunteer work*
sehemu ya kucheza mpira wa magongo	*a place to play hockey*

15B. DIALOGUE: SPORTS IN SCHOOL

Tom, a student from United States, is talking to Ania, his neighbor in Zanzibar, who is also a student. Tom is interested in doing some volunteer work, training students in sports in the afternoon.

Tom: Asalaam aleykum.

Ania: Aleykum salaam Tom, Hujambo?

Tom: Sijambo Ania, na wewe je?

Ania: Mimi sijambo. Habari za kazi?

Tom: Nzuri. Habari za shule?

Ania: Sio mbaya.

Tom: Samahani Ania, hivi shuleni mnacheza michezo gani?

Ania: Shuleni tunacheza mpira wa miguu, mpira wa pete, mpira wa kikapu, mpira wa meza na kadhalika.

Tom: Michezo hiyo wanacheza wanawake na wanaume?

Ania: Hapana. Wanawake hatuchezi mpira wa miguu, tunacheza mpira wa pete. Lakini michezo mengine tunacheza.

Tom: Vipi unajua mchezo wa mpira wa kimarekani?

Ania: Nimeona kwenye TV lakini hata sijui kinachoendelea. Naona watu wanaenda mbio tu.

Tom: (anacheka) Ni mchezo maarufu sana Marekani. Takriban kila jimbo wana timu. Watu wengi wanapenda kuuangalia kwenye TV pia. Hapa mnacheza mpira wa wavu?

Ania: Shule yetu sisi hatuchezi kwa sababu hatuna uwanja na pia hatuna mwalimu wa kutufundisha.

Tom: Lakini wapi kuna uwanja wa mpira wa wavu?

Ania: Shule ya Haile Selassie wanao uwanja na wao wanacheza. Mnazi Mmoja na Amani pia kuna viwanja.

Tom: Wewe utapenda kucheza mpira wa wavu?

Ania: Ndio mimi napenda.

Tom: Kuna shule au sehemu ambapo wanacheza gofu?

Ania: Hapa Zanzibar hakuna hata shule moja wanaocheza gofu. Kuna uwanja wa gofu lakini wanacheza watu wazima. Lakini Tanzania Bara na Kenya kuna shule ambazo wanafunzi wanacheza gofu. Na pia huko kuna sehemu tofauti za kucheza gofu kwa watu wazima.

Tom: Mnacheza mpira wa magongo shuleni?

Ania: Hapana hatuchezi. Hapa Zanzibar hapana sehemu ya kucheza mpira wa magongo. Lakini unaweza kupata sehemu za kucheza mpira wa magongo huko Tanzania Bara au Kenya.

Tom: Ni michezo gani ambayo hivi sasa haipo lakini ungependa iwepo?

Ania: Natamani shule yetu ingekuwa na bwawa na tukafanya mchezo wa kuogelea na kuruka kwenye maji. Pia ndugu yangu anasema anapenda kama shuleni kungekuwa na mchezo wa masumbwi.

Tom: Kuna shule ambayo ina sehemu ya kufanya mazoezi ya viungo?

Ania: Tunatamani lakini hamna. Lakini kuna sehemu hapa Zanzibar unaweza kuenda jioni na ukafanya mazoezi ya mwili na kunyanyua vitu vizito.

Tom: Iko wapi sehemu hiyo?

Ania: Iko Mnazi Mmoja. Lakini siku hizi Tanzania Bara kuna sehemu nyingi ambazo unaweza kuenda kufanya mazoezi ya viungo.

Tom: Huwa baadaye kuna mashindano shuleni?

Ania: Ndio. Nimesahau pia kuna michezo mengine ya riadha kama kukimbia, kuruka chini na kuruka juu.

Tom: Sawa asante.

Ania: Hamna tabu. Lakini kwanini umeniuliza masuali yote haya?

Tom: Kwa sababu ninataka kufanya kazi ya kujitolea kufundisha michezo.

Ania: Itakuwa vizuri kama utakuja skuli yetu.

Tom: Sawa nitaangalia. Kwahiyo tutaonana baadaye.

Ania: Sawa. Baadaye.

Tom: *Hello.*

Ania: *Hello, Tom, how are you?*

Tom: *I'm fine, Ania, what about you?*

Ania: *I'm pretty good. How was your work?*

Tom: *Good. How was school?*

Ania: *Not bad.*

Tom: *Excuse me, Ania, what sort of sports do you have at school?*

Ania: *At school, we play soccer, netball, volleyball, table tennis, and so on.*

Tom: *Do both girls and boys play these games?*

Ania: *No. Girls don't play soccer; we play netball. But we play other games.*

Tom: *How do you find American football?*

Ania: *I've seen it on TV, but I don't know or understand what's going on. I just see (people) running!*

Tom: *(chuckling) It's a very popular sport in the U.S. Almost every state has a team. A lot of people like to watch it on TV, too. Do you play volleyball here?*

Ania: *We don't play it at our school, because we don't have a volleyball court or a coach.*

Tom: *Where can I (one) find a volleyball court?*

Ania: *Haile Selassie School has a court, and they play. You can also find a volleyball court at Mnazi Mmoja and Amani.*

Tom: *Would you like to play volleyball?*

Ania: *Yes, I would.*

Tom: *Are there schools or places where they play golf?*

Ania: *No. There's no school here in Zanzibar where they play golf. There's a golf course, but only adults play. But on the Tanzanian mainland and in Kenya, there are schools where golf is played. Also, there are different golf courses for adults.*

Tom: Do you play hockey at school?

Ania: No, we don't. There is no place to play hockey here in Zanzibar. But you can find a place to play hockey on the Tanzanian mainland or in Kenya.

Tom: Which game do you wish you could have at school?

Ania: I wish my school could have a swimming pool, so that we could have swimming and diving. Also, my young brother says he wishes they could have boxing at school.

Tom: Is there a school that has a gym?

Ania: We wish (we had one), but we don't. But there's a place here on Zanzibar where you can go in the afternoon to work out and lift weights.

Tom: Where's that place?

Ania: It's at Mnazi Mmoja. But nowadays on the mainland there are a lot of places where you can go and exercise.

Tom: Do you usually have competitions at school?

Ania: Yes. Also, I'm forgetting that there are other games, like track-and-field, the long jump, and the high jump.

Tom: Okay. Thanks.

Ania: No problem. But why are you asking me all these questions?

Tom: Because I'd like to volunteer to coach sports.

Ania: It'll be nice if you come to our school.

Tom: Okay, I'll see. We'll see each other later.

Ania: Okay. See you later.

15C. VOCABULARY

–a kusisimuwa	*exciting, fun*
bwawa/mabwawa	*swimming pool/s*

dhaifu	*weak*
–enye afya	*healthy*
–enye umbo la kimazoezi	*in shape*
gofu	*golf*
hata	*even*
hema/mahema	*tent/s*
kuangalia	*to watch*
kucheza	*to play*
kuchoka	*to get tired*
kudaka mpira	*to catch a ball*
kuenda kupiga kambi	*to go camping*
kuenda mbio/kukimbia	*to run*
kuendesha baiskeli	*to ride a bike*
kuogelea	*to swim*
kuota jua	*to lie in the sun*
kupanda milima	*to go mountain climbing*
kupata ngozi ya kahawia	*to get a tan*
kuruka	*to jump*
kurusha mpira	*to throw a ball*
kushinda	*to win*
kushindwa	*to lose*
kutamani	*to wish*
kutembea masafa marefu (kwa burudani)	*to hike, go hiking*
kuungua kwa jua	*to get a sunburn*
maarufu	*popular, famous*
madhubuti (–enye nguvu)	*strong*
mchezo wa masumbwi	*boxing*
mchezo/michezo	*game/s, sport/s*
mpira wa kikapu	*basketball*
mpira wa magongo	*hockey*
mpira wa meza	*table tennis, ping pong*

mpira wa miguu	*soccer (football)*
mpira wa pete	*netball*
mpira wa wavu	*volleyball*
riadha	*athletics, track-and-field*
sehemu	*place/s*
shindano/mashindano	*competition/s*
–sie na afya	*unhealthy*
takriban	*almost*
timu	*team/s*
ufukwe/fukwe	*beach/es*
uwanja (kiwanja/viwanja)	*court/s, field/s, ground/s*

15D. KEY PHRASES

Here are some key expressions that you can use to ask or talk about sports
and other outdoor activities that you may enjoy.

Ulifanya nini wikiendi?	*What did you do this weekend?*
Niliangalia mpira wa kimarekani kwenye TV.	*I watched an American football game on TV.*
Ngapi ngapi? Nani anashinda?	*What's the score? Who's winning?*
Unapenda michezo?	*Do you like sports?*
Nilicheza mpira na marafiki.	*I played soccer with some friends.*
Ninapenda kucheza mpira wa kikapu sana.	*I like to play basketball very much.*
Ninacheza tenisi lakini sijui sana.	*I play tennis, but I'm not very good at it.*
Tulienda kutembea masafa marefu kwenye mbuga.	*We went for a hike in the national park.*
Nilienda ufukweni na kulala juani.	*I went to the beach and lay in the sun.*
Ninapenda kutembea masafa marefu msituni.	*I love to go hiking in the woods.*
Tulikuwa na pikiniki (mandari).	*We had a picnic.*
Nilienda kufanya mazoezi kwenye ukumbi wa michezo ya mazoezi ya viungo.	*I went to the gym and worked out.*

Unafanyaje kuwa na umbo la kimazoezi?	*How do you stay in shape?*
Ninajogi mara nne kwa wiki.	*I jog four times every week.*
Ninaogelea bwawani kila asubuhi.	*I swim at the pool every morning.*
Ninataka kufanya kazi ya kujitolea.	*I want to do volunteer work.*

15E. CULTURE TOPIC 1: SPORTS AND LEISURE TIME ACTIVITIES

Recreational activities are not within the reach of all people. For example, in the countryside, if people are busy working in the fields to feed their families, they may not consider purely recreational activities a good use of valuable time and energy. In urban areas, where many poor people eke out a living, membership at a gym is simply a luxury not everyone can afford. But there are still recreational activities that people take part in. For people living in the coastal areas, boat racing (*mashindano ya ngalawa*) and swimming (*kuogelea*) are popular sports. There are also some communities like Wanyore, Wakisii, and Waluo in Western Kenya, where wrestling (*mieleka*) or even war games (*michezo ya vita*) among Maasai are popular. These games are local, though, and do not usually draw very much attention from the general public. Even nontraditional activities have begun to gain momentum throughout Kenya and Tanzania. It's now common, for example, to see people hiking (*kutembea masafa marefu*) in the morning or early evening, especially in cities and towns among the upper classes. In coastal towns, people may hike along the beach (*ufukweni*), but even the streets will do as hiking trails.

Schools have played a major role in introducing modern sports to different communities in East Africa. In the school curriculum, sports and games are compulsory, just like other subjects such as biology, math, language, and so on. Among the sports played in school are soccer, swimming, and volleyball for boys or netball for girls. The emphasis put on athletics in East Africa is no doubt in part behind the fact that the region has produced some of the world's greatest athletes.

Soccer (football) (*mpira wa miguu*) has become one of the most popular sports in the region, both in schools and in the streets. Children play soccer whenever they have free time, even if they have neither an official field (*uwanja maalum*) nor a special ball (*mpira maalum*). They may play on dusty streets (*vichochoroni*), in the schoolyard (*maeneo ya shule*), or anywhere there is a small open space. They can even improvise when it comes to finding a soccer ball, using bundled up rags (*matambara*) or fruit like grapefruits (*mabalungi*) when necessary. There is no any other game that captures the interest of children quite like soccer. And soccer is, of course, not just for kids. It was, however, just for men for many years. In fact, it was completely unimaginable to see women playing soccer in East Africa until recently. Now women have begun to play, and despite the strong objections of religious conservatives, who fear that women's bodies will be displayed during the game, women continue to show great interest in the game. They've even begun to form their own soccer teams (*timu za mpira*). In East Africa, like in so many places throughout the world, soccer is for everyone these days.

15F. GRAMMAR

Grammar Topic 1: Relative Pronouns

A relative clause is a kind of mini-sentence that's attached to a noun to describe it or give more information about it: "The book *that he gave me* was very good." "The man *who you saw crossing the street* is my neighbor." "Mombasa, *which is in Kenya,* is a big city." As you can see, relative clauses in English usually start with what's called a relative pronoun, such as "that," "who," or "which." In Swahili, relative pronouns appear in one of two ways. They can be infixes within the verb of the relative clause ("gave," "saw," "is" in the English examples), or they can appear as words on their own, in which case they'll take the form of the word *amba–* with different suffixes. In either case, the infix or suffix will of course vary depending on the class of the noun being described ("book," "man," or "Mombasa" in the English examples). It's important to note that in English it's possible to drop relative pronouns: "The book *he gave me* was very good." "The man *you saw crossing the street* is my neighbor." This isn't possible in Swahili, though; you'll always need a form of the relative pronoun. Now let's look at the forms of Swahili relative pronouns. Notice that the suffixes attached to *amba–* are identical to the infixes for each class.

	singular infix	plural infix	singular *amba–*	plural *amba–*
M–Wa	–ye–	–o–	ambaye	ambao
Ki–Vi	–cho–	–vyo–	ambacho	ambavyo
N	–yo–	–zo–	ambayo	ambazo
Ji–Ma	–lo–	–yo–	ambalo	ambayo
M–Mi	–o–	–yo–	ambao	ambayo
U–	–o–	–zo– / –yo–	ambao	ambazo / ambayo
Ku–	–ko–	—	ambako	—
mahali (pa–)	–po–	—	ambapo	—
mahali (ku–)	–ko–	—	ambako	—
mahali (mu–)	–mo–	—	ambamo	—

Let's take a look at some Swahili examples with relative pronouns. Notice that the infix appears within the verb of the relative clause, directly after its tense marker. Also note that either the infix or the *amba–* form is used, but not both. Let's go through each class that you've learned.

M–WA (AMBAYE, AMBAO, –YE–, –O–)		
mtoto ambaye alikuja	mtoto aliyekuja	*the child who came*
watoto ambao walikuja	watoto waliokuja	*the children who came*

KI–VI (AMBACHO, AMBAVYO, –CHO–, –VYO–)		
kitabu ambacho ninasoma	kitabu ninachosoma	*the book (that) I'm reading*
vitabu ambavyo ninasoma	vitabu ninavyosoma	*the books (that) I'm reading*

N– (AMBAYO, AMBAZO, –YO–, –ZO–)		
nyumba ambayo niliijenga	nyumba niliyoijenga	*the house (that) I built*
nyumba ambazo nilizijenga	nyumba nilizozijenga	*the houses (that) I built*

JI–MA (AMBALO, AMBAYO, –LO–, –YO–)		
gari ambalo nilinunua	gari nililonunua	*the car (that) I bought*
magari ambayo nilinunua	magari niliyonunua	*the cars (that) I bought*

M-MI (AMBAO, AMBAYO, -0-, -YO-)		
mkate ambao nilikula	mkate niliokula	*the bread (that) I ate*
mikate ambayo nilikula	mikate niliyokula	*the (loaves of) bread I ate*

U- (AMBAO, AMBAZO, -0-, -ZO-)		
ufunguo ambao ulipotea	ufunguo uliopotea	*the key that was lost*
funguo ambazo zilipotea	funguo zilizopotea	*the keys that were lost*

KU- (AMBAKO, -KO-)		
mahali ambako tunaenda	mahali tunapoenda	*the place (where) we go / are going*
kule ambako unakaa	kule unakokaa	*the place where you live*

MAHALI (AMBAPO/AMBAKO/AMBAMO, -PO-, -KO-, -MO-)		
mahali ambapo ninapapenda	mahali ninapopapenda	*the place that I like*
kule ambako unaenda	kule unakoenda	*the place that you go to*
mle ambamo unaenda	mle unamoenda	*the place that you go into*

Now let's see a few more examples with complete sentences.

Mtoto aliyekuja anatoka Kenya.	*The child who came is from Kenya.*
Watoto ambao walikuja walikuwa na njaa.	*The children who came were hungry.*
Gari ambalo nilinunua ni ghali.	*The car that I bought is expensive.*
Magari niliyonunua ni makongwe.	*The cars that I bought are old.*
Kitabu ninachosoma ni kizuri.	*The book that I'm reading is nice.*
Nyumba ambayo nilijenga ninaiuza.	*I am selling the house that I built.*
Mkate niliokula nilinunua bekari.	*I bought at the bakery the bread that I ate.*
Mahali ambapo ninapapenda ni Nairobi.	*The place that I like is Nairobi.*
Kule unakoenda si kuzuri.	*The place where you're going isn't good.*

Grammar Topic 2: Expressing "When" with *-po-*

It's also possible to start a clause in English with "when," as in: "*When I sleep,* I dream." "*When we saw you,* we remembered." "I'm happy *when I study Swahili.*" In Swahili, this construction is made with the help of the infix *-po-*, which appears after the tense marker of the verb within the clause:

Nina*po*lala ninaota.	*When I sleep, I dream.*
Tuli*po*kuona tulikumbuka.	*When we saw you we remembered.*
Ninafurahi nina*po*soma Kiswahili.	*I'm happy when I study Swahili.*
Nili*po*kuwa mdogo sikupenda chakula.	*When I was a child, I didn't like food.*

Grammar Topic 3: Expressing "If" with *-ki-* and *kama*

Another Swahili infix is *-ki-*, which is used in conditional sentences. The *-ki-* is inserted in the verb of the first part of the condition, where the tense marker would normally go. This is the part of a conditional sentence that's expressed in English with the conjunction "if." Note that the word *kama* is sometimes used together with *-ki-* in affirmative sentences.

U*ki*soma Kiswahili utaweza kuzungumza na Waswahili.	*If you study Swahili you'll be able to talk to Swahili people.*
Ni*ki*pata pesa nitanuna gari.	*If I get the money, I'll buy a car.*
(Kama) ni*ki*zaa mtoto mwanamume nitamwita Ali.	*If I give birth to a baby boy, I'll call him Ali.*

With monosyllabic verbs such as *kula* (to eat) or *kuja* (to come), the *ku-* is dropped and replaced by *-ki-*:

Ni*ki*la mkate hivi sasa, sitakuwa na njaa.	*If I eat bread right now, I won't be hungry.*
M*ki*ja nitawapikia wali.	*If you come, I'll cook some rice for you.*

There are two ways to make negative conditional sentences of this sort. The first is to use the word *kama* alone in the "if" clause, without the *-ki-* infix:

Kama hutakuja nitasafiri.	*If you don't come, I will travel.*
Kama hunywi bia hutanenepa.	*If you don't drink beer, you won't put on weight.*

Notice that it's also possible to translate these negative conditionals into English with the word *unless*: "Unless you come, I will travel." "Unless you drink beer, you won't put on weight." The second way of negating these conditionals is to replace the *-ki-* infix with *-sipo-*. If you negate an "if" clause with a monosyllabic verb, though, you keep the *-ku-*:

Nisipokuona sitafurahi.	If I don't see you, I won't be happy.
	Unless I see you, I won't be happy.
Nisipokunywa bia sitatumia pesa.	If I don't drink beer, I won't spend money.
	Unless I drink beer, I won't spend money.

15G. READING: BARUA PEPE KUTOKA KWA RAFIKI

Mpendwa Brian,

Asante sana kwa barua pepe. Niliipata wiki iliyopita, lakini ndio kwanza leo napata nafasi ya kuijibu. Nimekuwa na kazi nyingi sana.

Inaonekana safari yako ya milimani ilikuwa nzuri sana. Sijawahi kusikia juu ya milima ya Sierra Nevada, lakini picha ulizozileta ni nzuri sana. Inaonekana ni sehemu nzuri kwa kustarehe na kukaa kwenye mahema, kuendesha baskeli, na kufanya mazoezi ya kutembea.

Nategemea unafahamu kuwa watu wengi hutembea nchi yangu kupanda mlima Kilimanjaro. Ni kitu cha kufurahisha, lakini ni watu wachache tu wenyeji wa Kenya au Tanzania ambao hupanda mlima kwa ajili ya kujistarehesha. Watu ambao hupanda mlima mara nyingi ni wale ambao huwasindikiza wageni kama viongozi wa msafara au wasaidizi.

Umeniuliza mambo tunayofanya huku Afrika Mashariki kama burudani. Michezo kama vile mpira wa miguu (soka) ni maarufu sana huku. Watu wengine hucheza mpira wa kikapu pia. Mchezo wa beziboli na mpira wa miguu wa Marekani sio maarufu hapa, na hakuna mchezo wa mpira wa magongo wa kwenye barafu. Kwa vile hali ya hewa huku ni joto, michezo ya siku za baridi haijulikani sana huku.

Mbali na michezo, watu hupenda kuenda kwenye mbuga za wanyama kuangalia wanyama. Sio watalii tu! Watu wa Tanzania na Kenya pia hupenda kuenda kuangalia simba, tembo, twiga, na wanyama wengine wakubwa. Watu wengine huenda kwenye mbuga kuwinda wanyama hasa wakati wa kiangazi.

Lakini uwindaji hauruhusiwi kila sehemu na uwindaji haramu unaweza kuleta matatizo makubwa. Kama ni kuenda kuangalia wanyama au kuenda kuwinda, watu hawaendi wakati wa masika. Kipindi hiki huwa kuna mvua kubwa na mbuga huwa zina tope sana.

Mbali na hayo kuna mambo mengine ambayo pia hufanywa huku. Kuna mashindano makubwa ya magari ambayo yanaitwa Safari Rally. Mashindano haya hupita kwenye njia ambazo ni mbaya sana. Na kwa vile mashindano haya hufanywa wakati wa masika, barabara wanazotumia huwa na matope jambo ambalo huwapa changamoto kubwa madereva. Lakini watu wanapenda sana; mashindano haya hupita kwenye vijiji na kwenye mbuga, na watu wengi huangalia. Wakati wa kiangazi huwa kuna mashindano ya mbio ndefu na mashindano ya baiskeli, mambo ambayo ni maarufu sana miongoni mwa vijana.

Mimi hupenda zaidi michezo ya kwenye maji. Hupenda kuenda ufukweni, hasa Zanzibar. Huko huogelea, hupanda ngalawa, na hufanya michezo ya kuteleza kwenye maji. Watalii wengi huja Zanzibar kwa ajili ya fukwe, na pia kwa ajili ya pomboo. Pomboo huruka na kuanguka kwenye maji wanapoona watu. Kuna watu ambao huja Zanzibar na kuenda sehemu inayoitwa Kizimkazi, ili kuona na kuogelea na pomboo.

Sawa, naona nimalize hapo. Natumai mambo yote yako sawa. Nasubiri barua pepe yako nyengine kwa hamu sana.

Rafiki yako,

Ali

An E-mail from a Friend

Dear Brian,

Thanks for your e-mail. I got it last week, but I haven't had a chance to respond until today. I've been very busy!

It sounds like you had a really good trip to the mountains. I've never heard of the Sierra Nevada Mountains, but the pictures you sent look very beautiful. It looks like a great place for camping, bike riding, and hiking. You probably know that a lot of people come to my country to climb Mount Kilimanjaro. It's funny, but not a lot of people from Kenya or Tanzania climb mountains for fun and recreation. The only ones who do that are the ones who go with the foreigners, maybe as tour leaders or guides.

You asked about what we like to do in East Africa for recreation. Sports like soccer are very popular here. Some people play basketball, too. Baseball and American football aren't very popular here, and no one plays ice hockey. Since we live in a hot climate, winter sports aren't very well known.

Other than sports, people like to go to the big game parks to see the wild animals. And not just foreign tourists! Kenyans and Tanzanians love to go see lions, elephants, giraffes, and other big animals.

Some people go to parks to hunt, especially during the dry season. But hunting is not allowed in all places, and poaching can be a serious problem. Whether people go to the parks to watch animals or hunt, they don't go visiting during the rainy season. There's a lot of rain during this season, so the parks are full of mud.

There are also other activities that we do in this part of the world. There's an international car race called the Safari Rally. The drivers have to drive through very difficult terrain, and because the rally takes place in the rainy season, the roads are muddy and the rally route is very difficult and challenging to the drivers. But people love the rally very much. The drivers pass through villages and wildlife parks, and lots of people watch it. During the hot, dry season, there are also marathon races and cycling, and these are popular with a lot of young people.

I prefer water sports. I love to go to the beach, especially in Zanzibar. I swim, sail, and go water-skiing. A lot of tourists come to Zanzibar for the beaches, and also for the dolphins. The dolphins splash water when they see people. People actually come to Zanzibar, especially to an area called Kizimkazi, just to see and swim with the dolphins.

Okay, I should finish here. I hope all is well, and I look forward to reading your next e-mail.

Your friend,

Ali

15H. CULTURE TOPIC 2: SPORTS, GAMES, AND FRIENDSHIP

Throughout the world, sports often work to create communities and unite people in the spirit of friendship and honorable competition. This is no different in East Africa, where international sports competitions (*mashindano ya michezo*) are held at least once a year and are one of the things that bring Africans together. For example, there are very popular soccer competitions between soccer clubs (*vilabu/timu za mpira*) organized by CECAFA (Confederation of East and Central Africa Football Association). Teams converge in one country, where they play matches (*mechi*) that determine one winner (*mshindi mmoja*) that receives a trophy (*kikombe*). This competition is a wonderful opportunity for people from across Africa to visit their neighbors and to exchange ideas and learn from one another. Within the Swahili-speaking region there are also sporting events that bring people together. For example, every April there is a friendly competition in different games held between the people of the Tanzanian mainland and the people of Zanzibar. The occasion is called *Michezo ya Pasaka* (Easter Games), in which different soccer, netball, and basketball teams compete. This event consolidates friendship between people and allows Swahili-speaking communities to interact with one another.

As the most popular game in both Kenya and Tanzania, soccer generates a great deal of interest and enthusiasm. With such a high degree of interest, there are plenty of teams, both local and national. One of the most popular teams is Kenya's Gor Mahia, based at Nairobi's City Stadium. In Tanzania, the two big rival (*wapinzani*) teams are Simba and Yanga, which are sure to draw a large crowd of spectators (*watizamaji*). But soccer isn't the only game in the region. Since both countries are home to a large Indian population, the sports of field hockey (*mpira wa magongo*) and cricket are very popular, too. There's also the Safari Rally (*mashindano ya magari*), a long car race over some of the toughest terrain in the world. This sport also enjoys a great deal of popularity in East Africa. Since sports are so popular in Kenya and Tanzania, there are special ministries (*wizara maalum*) responsible for promoting sports, organizing tours at both national and international competitions, and sometimes even solving disputes among the clubs.

Of course not everyone loves sports or the outdoors. There are also some indoor sports, such as bowling or billiards, although they are not very popular. In fact, these games are really only played in big cities like Nairobi and Dar es Salaam. Also, many people in the cities enjoy playing cards and checkers. There are also some very popular traditional games, such as *bao*. This game consists of a wooden board with a number of bowl-shaped indentations, which hold seeds or stones called *kete*. This game is very popular along the coast, played especially as an evening game by men in Zanzibar, Mombasa and Dar es Salaam. But the popularity of *bao* is not confined to Swahili areas; it's a popular pastime throughout much of Africa.

Whether a person enjoys playing a very physical sport, watching a game in a big stadium, or simply staying home for a quiet evening of cards *(karata)* or *bao*, games and sports in East Africa serve the same purpose as they do anywhere. They unite and entertain people of all different walks of life.

EXERCISES

Exercise 1: Complete the following sentences by providing the missing relative pronoun infixes.

1. Mpishi nina_ mtafuta amesafiri.

2. Gari nili_ panda ni bovu.

3. Mkate ali__pika mama ni mtamu.

4. Chupa ili_ vunjika ilikuwa na soda.

5. Vitanda nili__ nunua ni vikubwa.

Exercise 2: Translate each of the following English sentences into Swahili. Each sentence includes a relative pronoun. Again, use the infix form.

1. The house that I rented is not big.

2. The room where I sleep ("that I sleep") does not have a bed.

3. The food that I eat smells good.

4. The houses where we live ("that we live in/at") do not have electricity.

5. The watch that I wear is expensive.

Exercise 3: Translate the following English sentences into Swahili. They all have the infix –po–, meaning "when."

1. When I saw him, he was short.

2. When she was sick, she was thin.

3. When we drink beer we dance.

4. When they hunt, they kill animals.

5. When I go to watch soccer, I'm happy.

Exercise 4: Match an "if" clause from the first column with the appropriate result clause from the second column to form a complete conditional sentence.

1. Ukinywa pombe   a) tutaharibu mazingira
   sana . . .

2. Ukienda Tanzania . . .   b) utatapika

3. Wakipata pesa . . .   c) hutaweza kuendesha gari

4. Tukikata miti sana . . . d) utaona mlima Kilimanjaro

5. Ukila chakula   e) watasafiri
   kibovu . . .

Exercise 5: Translate the following sentences. Use the –sipo– construction instead of kama.

1. If you don't sleep you'll be tired. / Unless you sleep you'll be tired.

2. If you don't eat good food you'll be sick. / Unless you eat good food you'll be sick.

3. If you don't see me I'll be in Zanzibar. / Unless you see me, I'll be in Zanzibar.

4. We won't see the animals if we don't go to Kenya. / We won't see the animals unless we go to Kenya.

5. If you don't learn Swahili you won't go to Tanzania. / Unless you learn Swahili you won't go to Tanzania.

INDEPENDENT CHALLENGE

Imagine that you have a Swahili-speaking pen pal and you'd like to write to him or her to talk about your favorite sports and recreational activities. Using the reading as a sample, write a letter or an e-mail talking about what you like to do for fun, or describe a recent trip that you took. Imagine the types of questions a Swahili-speaking friend might have.

ANSWER KEY

Exercise 1: 1. Mpishi ninayemtafuta amesafiri. 2. Gari nililopanda ni bovu. 3. Mkate aliopika mama ni mtamu. 4. Chupa iliyovunjika ilikuwa na soda. 5. Vitanda nilivyonunua ni vikubwa.

Exercise 2: 1. Nyumba niliyokodi si kubwa. 2. Chumba ninacholala hakina kitanda. 3. Chakula ninachokula kinanukia. 4. Nyumba tunazokaa hazina umeme. 5. Saa ninayovaa ni ghali.

Exercise 3: 1. Nilipomuona alikuwa mfupi. 2. Alipokuwa mgonjwa alikuwa mwembamba. 3. Tunapokunywa bia tunacheza. 4. Wanapowinda wanauwa wanyama. 5. Ninapoenda kuangalia mpira wa miguu ninafurahi.

Exercise 4: 1. (c); 2. (d); 3. (e); 4. (a); 5. (b)

Exercise 5: 1. Usipolala utachoka. 2. Usipokula chakula kizuri utaumwa / utakuwa mgonjwa. 3. Usiponiona nitakuwa Zanzibar. 4. Hatutaona wanyama tusipoenda Kenya. 5. Usipojifunza/Usiposoma Kiswahili hutaenda Tanzania.

Glossary
Swahili-English

A

Swahili	English
–a	of
–a bei nafuu	affordable
–a juu	top
–a kuchosha	boring
–a kufurahisha	pleasant, enjoyable
–a kupendeza	interesting
–a kusisimuwa	exciting, fun
–a kuvutia	interesting
–a kwanza	first
–a mwisho	last
–a pili	second
–a upesi	fast, quick
–a zamani	old
abiria	passenger/s
afadhali	it's better that . . . , ought
Afrika	Africa
Agosti	August
aisikrimu	ice cream
akaunti	account/s
akaunti ya akiba	savings account
akaunti ya hundi	checking account
–ake	his, her
akiba	savings
–ako	your (singular)
alasiri	late afternoon (3:00 p.m.–4:59 p.m.)
alfajiri,	early morning (5:00 a.m.–5:59 a.m.)
Alhamisi (Alkhamisi)	Thursday (Sixth Day)
amali	profession/s
amba–	which, that, who (relative)
–angu	my
anuani (anwani)	address/es
–ao	their
Aprili	April
arobaini	forty
asante	thank you
asilimia	percentage
askari	soldier/s, guard/s
askari wa zimamoto	fireman/men

asubuhi	morning (6:00 a.m.–11:59 a.m.)
asubuhi mapema sana	early morning (5:00 a.m.–5:59 a.m.)
ATM	ATM
au	or

B

baa	bar/s
baada ya	after
baada ya hapo	after that
baadaye	then
baadhi	some
baba	father/s
babu	grandfather/s
bahari	ocean/s, sea/s
bahasha	envelope/s
baidi	far
bajeti	budget
barabara	road/s, street/s
barabara kuu	highway/s
baridi	cool
barua	letter/s
baruapepe	e-mail
basi	so
basi/mabasi	bus/es
–baya	bad
bayolojia	biology
bega/mabega	shoulder/s
bei	price/s
bei gani?	how much?

bei za vyakula	food price list, menu
betri	battery/ies
bia	beer
biashara	business/s
bibi	grandmother, Mrs., Ma'am
bila shaka!	of course!
blauzi	blouse/s
bluu (buluu)	blue
bora	good, better
bosi/mabosi	boss/es
bustani	yard/s, garden/s
bwawa/ mabwawa	swimming pool/s

CH

–chache	few
–chafu	dirty
chai	tea
chakula cha jioni	dinner, evening meal
chakula/ vyakula	food/s
chamsha-kinywa	breakfast
chandarua/ vyandarua	mosquito net/s
–changa	young
chango/ machango	intestine/s
chochote	anything
choo/vyoo	toilet/s, bathroom/s, stool

chui	leopard/s
chumba cha kulala/vyumba vya kulala	bedroom/s
chumba/ vyumba	room/s
chumvi	salt
chungwa/ machungwa	orange/s
chupa	bottle/s

D

dada	sister/s
daftari/ madaftari	notebook/s
dakika	minute/s
daktari wa meno/ madaktari wa meno	dentist/s
daktari/ madaktari	doctor/s
dalili	symptom/s
damu	blood
darasa/ madarasa	classroom/s
dawa	medicine, drug/s
dawa za kinga	preventive drugs
dawa za kufukuza mbu	mosquito spray
dereva wa basi	bus driver/s
dhaifu	weak
dhamana	mortgage
dirisha/ madirisha	window/s

Disemba	December
disketi	diskette/s
divai	wine
–dogo	small, little, a little bit
dokyumenti	document/s
dola	dollar/s
duka la nguo/ maduka ya nguo	clothing store/s
duka la viatu/ maduka ya viatu	shoe store/s
duka/maduka	store/s, shop/s

E

–ekundu	red
elfu	one thousand
–ema	good
email	e-mail/s
–embamba	thin, narrow, skinny
–enu	your (plural)
–enye	having, possessing, with
–enye afya	healthy
–enye nguvu	strong
–enye thamani	valuable
–enye umbo la kimazoezi	in shape
–erevu	smart, cunning
–etu	our
–eupe	white
–eusi	black

F

faili/mafaili	file/s
Februari	February
fedha	money
filamu	movie/s, film/s
fizikia	physics
fleti	apartment/s
fomu	form/s
fotokopi	photocopy/ies
fulana	undershirt/s
fundi/mafundi	mechanic/s
fundi/mafundi bomba	plumber/s
fundi/mafundi umeme	electrician/s
–fupi	short

G

gani?	which?, what kind/sort of?
gari/magari	car/s
gazeti/ magazeti	newspaper/s
–geni	foreign
gereza	prison/s
ghali	expensive
glasi/glasi	glass/es
gofu	golf
goti/magoti	knee/s
gumba	thumb/s
–gumu	hard, difficult

H

habari	news
Habari gani?	How are you doing? How are you?
hadithi	story/ies
halfau	again
hali	situation/s, condition/s
Hamna tabu!	No problem!
hamsini	fifty
hapa	here
hapana	no
Hapana tabu.	No problem.
haragwe/ maharagwe	bean/s
hasa	particularly
hata	even
hatari	danger
hema/mahema	tent/s
hesabu, hesabati	mathematics
hindi/mahindi	corn
hisa	stock/s
historia	history
Hodi hodi!	Knock, knock!
hospitali	hospital/s
hoteli	hotel/s
hudhurungi	brown
Hujambo?	How are you?
hundi	check/s
huru	free

I

Ijumaa	Friday (Congregation Day)
Inategemea.	It depends.
Inawezekana.	It is possible.
–ingi	a lot, many, much
–ingine	other, another
ishirini	twenty
Itabidi . . .	It will be necessary . . .

J

jaketi/majaketi	jacket/s
jambo/mambo	matter/s, affair/s
jana	yesterday
jangwa/ majangwa	desert/s
jani/majani	leaf/ves, grass
Januari	January
jengo la ofisi/ majengo ya ofisi	office building/s
jengo/majengo	building/s
jibu/majibu	answer/s
jicho/macho	eye/s
jiko/majiko	kitchen/s, fireplace/s, oven/s, stove/s, cooker/s
Jina lako ni nani?	What is your name?
jina/majina	name/s
–jinga	stupid
jino/meno	tooth/teeth

jiografia	geography
jioni	evening (5:00 p.m.– 6:59 p.m.)
jirani/majirani	neighbor/s
jiwe/mawe	stone/s
jua	sun
juisi	juice
Julai	July
Jumamosi	Saturday (First Day)
Jumanne	Tuesday (Fourth Day)
Jumapili	Sunday (Second Day)
Jumatano	Wednesday (Fifth Day)
Jumatatu	Monday (Third Day)
Juni	June
juzi	day before yesterday

K

kabati/ makabati	filing cabinet/s
kabila/ makabila	tribe/s
kabla ya	before
kadi ya malipo/ kadi za malipo	credit card/s
kahawa	coffee
kahawia	brown
kaka	brother/s
kalamu	pen/s

kalenda	calendar/s	kesho kutwa	the day after tomorrow
–kali	sour	keyboard	keyboard/s
kalima	word/s	–ki–	if
kama	if, as, like	kiangazi/	summer/s (dry
kamili	sharp (at a specific time), exact	viangazi	season/s)
		kiasi gani?	how much?
kampuni	company/ies	kiatu cha buti/	boot/s
kanisa/ makanisa	church/es	viatu vya buti	
		kiatu/viatu	shoe/s
kanzu	dress/es, robe/s	kiazi/viazi	potato/es
kaptura	shorts	kibanda/	hut/s
karata	card/s	vibanda	
karatasi ya kuchapishia	printing paper	kibiriti/vibiriti	match/es (to light)
		kiboko/viboko	hippopotamus/es
karibu	welcome; nearby, close	kichekesho	fun
		kichwa/vichwa	head/s
karibu na	close to, near, next to	kidole/vidole	finger/s, toe/s
Karibu.	Welcome.	kifaa/vifaa	tool/s, accessory/ies, item/s
karoti	carrot/s		
kaskazini	north	kifaru/vifaru	rhinoceros/es
kasorobo	a quarter before, quarter to (the hour)	kifua/vifua	chest/s
		Kiingereza	English language
		kijani	green
kati kati ya mji	downtown, city center	kijiji/vijiji	village/s
		kijiko/vijiko	spoon/s
katibu muhutasi	secretary/ies	kikombe/ vikombe	cup/s
kazi	job/s, work	kikopo/vikopo	can/s, tin/s
kazi ya kujitolea	volunteer work	kila	every
		kila kitu	everything
kazi za shule	homework	kilima/vilima	hill/s
kemia	chemistry	kima	monkey/s
kesho	tomorrow		

kimya	quiet	kitunguu/ vitunguu	onion/s
kinga	prevention	kituo cha basi/ vituo vya basi	bus station/s
kinywaji/ vinywaji	drink/s	kituo/vituo	station/s, stop/s, stand/s
kioo/vioo cha/ vya kompyuta	screen/s	kiu	thirst
kipande/piece/s vipande		kiungo/viungo	spice/s
kipima joto/ vipima joto	thermometer/s	kiuno/viuno	hip/s
		kivuli/vivuli	shadow/s
kipupwe/ vipupwe	spring season/s (cold season/s)	kiwango cha riba/viwango vya riba	interest rate/s
kisha	then		
kisu/visu	knife/knives	kiwanja/ viwanja	court/s, field/s, ground/s
kisugudi/ visugudi	elbow/s	kizunguzungu	dizziness
ˋKiswahili	Swahili language	kliniki	clinic/s
kitabu cha anuani/vitabu vya anuani	address book/s	kofia/makofia	hat/s, cap/s
		kompyuta	computer/s
kitabu cha/ vitabu vya tarehe	datebook/s	kompyuta ya/za mkononi	laptop computer/s
		–kongwe	old
kitabu/vitabu	book/s	koo/makoo	throat/s
kitambulisho	identity card	kosa/makosa	error/s, mistake/s
kitanda/ vitanda	bed/s	koti/makoti	coat/s
		krediti kadi	credit card/s
kitango/ vitango	cucumber/s	–ku–	you (object)
kitega uchumi/ vitega uchumi	investment/s	kuacha ujumbe	leave a message (to)
kiti/viti	chair/s	kuajiri	hire (to)
kitu/vitu	thing/s	kualika	invite (to)
kitunguu thomu/ vitunguu thomu	garlic	kuambia	tell (to)
		kuamka	wake up (to), get up (to)

kuamua	decide (to)	kuelewa	understand (to)
kuandika	write (to)	kuenda	go (to)
kuangalia	view (to), watch (to), look at (to)	kuenda kupiga kambi	go camping (to)
kuangalia email	check e-mail (to)	kuenda mapumziko	take a break (to), rest (to)
kuangalia mchezo/ sinema	watch a movie (to)	kuenda mbio	run (to)
		kuenda mkutanoni	go to a meeting (to)
kuanza	begin (to), start (to)	kuendesha baskeli	ride a bike (to)
kubadilisha	change (to), exchange (to)	kufa	die (to)
kubeba	carry (to)	kufanya	do (to)
kuboresha	improve (to)	kufanya jaribio/ mtihani	take a test (to)
–kubwa	big		
kuchagua	choose (to), pick out (to)	kufanya kazi	work (to)
kuchapisha	print (to)	kufanya mazoezi	exercise (to), work out (to)
kucheka	laugh (to)	kufika	arrive (to)
kuchelewa	late (to be)	kufikiri	think (to)
kuchemsha	boil (to)	kufua (nguo)	wash clothes (to)
kucheza	play (to), dance (to)	kufuata	follow (to)
kucheza chesi	play chess (to)	kufuliwa	washed (to be)
kucheza gemu	play a game (to)	kufuma	weave (to)
kucheza karata	play cards (to)	kufundisha	teach (to)
kuchoka	tired (to be)	kufundishwa	taught (to be)
kuchoma	roast (to)	kufunga	close (to), tie (to)
kuchukua	carry (to), take (to), hold (to), keep (to)	kufungua	open (to), turn on (to)
kuchukua ujumbe	take a message (to)	kufungua faili	open a file (to)
		kufungua kompyuta	turn on the computer (to)
kuchukuliwa	carried (to be)		
kuelekeza	explain (to), direct (to)	kufurahi	happy (to be)

kufurahisha	please (to)		kukaanga	fry (to)
kuharibiwa	destroyed (to be)		kukaribisha	welcome (to)
kuharibu	destroy (to)		kukasirika	angry (to be)
kuharisha	cause diarrhea (to)		kukata	cut (to)
kuhifadhi faili	save a file (to)		kukataa	refuse (to)
kuhisi	feel (to)		kukimbia	run (to)
kuhitaji	need (to)		kukodi mchezo	rent a movie (to)
kuhitajiwa	needed (to be)			
kuhusu	about, about (to be)		kukohoa	cough (to)
kuiba	steal (to)		kukojoa	urinate (to)
kuigiza	act (to)		kukopa	borrow (to)
kuimba	sing (to)		kukopesha	lend (to)
kuimbwa	sung (to be)		kuku	chicken/s
kuingia	enter (to), go in (to)		kukubali	accept (to)
			kukubaliwa	accepted (to be)
kuingia katika tovuti	log on to a website (to)		kukumbuka	remember (to)
			kukumbusha	remind (to)
kuishi	live (to)		kukutana	meet (to)
kuita	call (to)		kula	eat (to)
kuja	come (to)		kulala	sleep (to)
kujaribiwa	tried (to be), tested (to be)		kulaza	put to bed (to)
kujaribu	try (to), test (to)		kuleta	bring (to)
kujaza	fill out (to)		kulewa	drunk (to be)
kujaza fomu	fill out forms (to)		kulia	right
kujenga	build (to)		kulipa	pay (to)
kujengwa	built (to be)		kulisha	feed (to)
kujibu	answer (to), respond (to)		kuliwa	eaten by (to be)
			kumaanisha	mean (to)
kujifunza	learn (to)		kumaliza	finish (to), end (to)
kujua	know (to)		kumaliza masomo	finish studies (to)
kukaa	live (to), stay (to), sit (to)		kumi	ten

kumi na mbili	twelve	kuonana na daktari	see the doctor (to)
kumi na moja	eleven		
kumi na nane	eighteen	kuondoa	move something (to), remove (to)
kumi na nne	fourteen	kuondoka	leave (to), depart (to)
kumi na saba	seventeen		
kumi na sita	sixteen	kuondolewa	moved (to be), removed (to be)
kumi na tano	fifteen		
kumi na tatu	thirteen	kuongea	talk (to)
kumi na tisa	nineteen	kuongeza	increase (to)
kumudu	afford (to)	kuonya	warn (to)
kuna	there is, there are	kuonyesha	show (to)
kundi/ makundi	group/s	kuonyeshwa	shown (to be), screened (to be)
kungoja	wait (to)	kuota	dream (to), grow (to)
–kunjufu	happy, cheerful	kuota jua	lie in the sun (to)
kununua	buy (to)	kupa	give (to)
kununuliwa	bought (to be)	kupanda	get on (to), board (to), climb (to)
kunyanyua vyuma	weight lifting		
kunyoa, kunyoa ndevu	shave (to)	kupanda milima	go mountain climbing (to)
kunywa	drink (to)	kupandishwa	get a raise (to)
kunywewa	drunk by (to be)	kupanga miadi	schedule an appointment (to)
kuoga	take a shower or bath (to)	kupata	get (to), obtain (to), catch (to), suffer an illness (to), earn (to), find (to)
kuogelea	swim (to)		
kuogopa	afraid of (to be), fear (to)		
kuoka	bake (to)	kupata mkopo	get a loan (to)
kuomba	ask (to), pray (to)	kupata ngozi ya kahawia	get a tan (to)
kuona	see (to)		
kuona mchezo	see a play (to)	kupatikana	available (to be)
kuonana na	meet with (to)	kupeleka	send (to)

kupenda	like (to), love (to)	kuruka	jump (to)
kupendwa	liked (to be), loved (to be)	kuruka chini	long jump
		kuruka juu	high jump
kupewa	given (to be)	kuruka kwenye maji	dive (to)
kupiga	hit (to), beat (to)		
kupiga chafya	sneeze (to)	kurusha mpira	throw a ball (to)
kupiga chapa	type (to)	kusababisha	cause (to)
kupiga mbizi	dive (to)	kusafisha	clean (to)
kupiga mswaki	brush your teeth (to)	kusahau	forget (to)
		kusahauliwa	forgotten (to be)
kupiga simu	telephone (to), call up (to)	kusahihisha	correct (to)
kupigana	fight (to)	kusaidia	help (to)
kupigwa	hit (to be), beaten (to be)	kusaidiwa	helped (to be)
		kusalimiwa	greeted (to be)
kupigwa shindano	injected (to be)	kusalimu	greet (to)
		kusamehe	forgive (to)
kupika	cook (to)	kusamehewa	forgiven (to be)
kupikwa	cooked (to be)	kusema	say (to), speak (to)
kupinda	turn (to)	kusemwa	spoken (to be)
kupona	get better (to), recover (to)	kushauri	advise (to)
kuponya	cure (to)	kushinda	win (to)
kupotea	lost (to be)	kushindwa	lose (to)
kupoteza	waste (to)	kushona	sew (to)
kupumzika	rest (to), relax (to), take a break (to)	kushoto	left
		kushughulika	busy (be)
kupungua	decrease (to)	kushukuru	thank (to)
kupunguza	reduce (to)	kusikia	hear (to)
kurahisisha	simplify (to)	kusikiliza	listen (to)
kurudi	come back (to), return (to)	kusimama	stop (to)
		kusini	south
kurudisha	bring back (to)	kusoma	read (to), study (to)
kuruhusu	permit (to), let (to)		

kusomesha	teach (to)	kutolewa	taken out (to be), put out (to be)
kusubiri	wait (to), patient (to be)	kutosha	enough (to be), suffice (to)
kusukuma	push (to)	kutuma	send (to)
kusumbuliwa	troubled (to be), disturbed (to be)	kutuma ujumbe	send a message (to)
kutafuta	look for (to), search for (to)	kutumaini	hope (to)
kutaka	want (to)	kutumia	use (to)
kutamani	wish (to)	kutumiwa	used (to be)
kutapika	vomit (to)	kutupa	throw (to)
kutembea	walk (to)	–kuu	great
kutembea masafa marefu (kwa burudani)	hike (to), go hiking (to)	kuua	kill (to)
		kuugua	sick (to get)
kutembelea	visit (to)	kuuliwa	killed (to be)
kutengeneza	manufacture (to), fix (to)	kuuliza	ask (to)
		kuuma	hurt (to)
kutengenezwa	manufactured (to be), fixed (to be)	kuumba	create (to)
		kuumia	hurt (to be), injured (to be)
kuteua	appoint (to)		
kuteuliwa	appointed (be)	kuumiza	hurt (to), cause pain (to)
kutia	put (to)	kuumwa na kichwa	have a headache (to)
kutia sahihi	sign (to)		
kutoa	deliver (to), give (to), offer (to), remove (to); take out (to), put out (to)	kuunga	join (to)
		kuungua kwa jua	get a sunburn (to)
		kuuwa	kill (to)
kutoa damu	take a blood sample (to), give blood (to)	kuuza	sell (to)
		kuuzwa	sold (to be)
kutoa pesa	withdraw money (to)	kuvaa	wear (to)
		kuvua	fish (to), undress (to)
kutoka	come from (to)		
kutokea	happen (to)	kuvunjisha cheki	cash a check (to)

kuvuta	pull (to)		kuzoea	familiar with (to be), know (to), used to (to be)
kuwa na	have (to)			
kuwa na ahadi	have an appointment (to)		kuzungumza	talk (to), converse (to)
kuwa na homa	have a fever (to)		kwa	by
kuwa na tafrija/sherehe	have a party (to), entertain oneself (to)		kwa ajili ya	for (the purpose of)
			kwa gari	by car
kuwaka	burn (to), on fire (to be)		kwa hiyo (kwa hivyo)	therefore, so
kuwasha	switch on (to), light on fire (to)		kwa kawaida	usually
			kwa likizo	for break (vacation)
kuwashwa	switched on (to be), burned (to be)		kwa mfano	for example
			kwa mwezi	per month
kuwasili	arrive (to)		kwa nini?	why?, for what?
kuweka	put (to), place (to)		kwa sababu	because
kuweka akiba	save (to)		kwaheri	good-bye
kuweka kitega uchumi	invest (to)		kwanza	first
kuweka miadi	make an appointment (to)		kwanza	in the beginning, at first
kuweka pesa	deposit money into an account (to)		kweli	true

L

kuweka rehani	mortgage (to)		labda	perhaps, maybe
kuwekesha	book (to), reserve (to)		laini	soft, smooth
kuweza	able to (to be), can		lakini	but
kuwezekana	possible (to be)		lazima	it's necessary that . . . , must
kuwinda	hunt (to)			
kuzaa	have a child (to)		leo	today
kuzaliwa	born (to be)		leseni	license/s
kuzama	drown (to)		likizo	break/s, vacation/s, leave/s
kuzamisha	cause to drown (to), sink (to)		limau/ malimau	lemon/s

lini?	when?	maradhi	disease/s, ailment/s
lipo/malipo	payment/s	mashariki	east
lugha	language/s	mashine	machine/s
		mashine ya/za faksi	fax machine/s

M

		mashine ya/za kuchapisha	printer/s
–m/mw–	him/her	masikini	poor
maana	meaning	masomo ya lugha	language studies
maarufu	popular, famous		
Machi	March	matamshi	pronunciation
madhubuti	strong	matokeo	result/s
mafuta (ji/ma plural)	oil	matokeo ya uchunguzi wa damu	blood test result/s
magharibi	west, dusk		
mahali	place	maumivu (ji/ma plural)	pain
maisha (ji/ma plural)	life		
maji (ji/ma plural)	water	mawasiliano	communication
		mazingira	environment/s
majira ya baridi form)	winter (no singular	maziwa (ji/ma plural)	milk
maktaba	library/ies	mazoezi ya mwili (mazoezi ya viungo)	exercise/s
makumbusho	museum/s		
mama	mother/s		
manjano	yellow	mazoezi ya nyumbani	homework
maonyesho ya sanaa	art exhibition		
		mazungumzo (ji/ma plural)	discussion, conversation
mapema	early		
mapokezi (ji/ma plural)	reception desk	mbali	far
		mbatata	potato/es
mapukutiko	fall (no singular form)	mbele ya	in front of
		mbili	two
mara kwa mara	frequently	mboga	vegetable/s
		mbuga	wildlife park/s, reserve/s
mara nyengine	another time, sometimes		

mbwa	dog/s
mchana	daytime, noon, afternoon (12:00 p.m.– 2:59 p.m.)
mchezo wa kivita	war movie
mchezo wa kuchekesha	comedy
mchezo wa kuigiza/ michezo ya kuigiza	play/s (theater)
mchezo wa kupigana	action movie
mchezo wa kusikitisha	sad movie
mchezo wa kutisha	horror movie
mchezo wa kutumia ubao/ michezo ya kutumia mbao	board game/s
mchezo wa mapenzi	love story, romantic movie
mchezo wa masumbwi	boxing
mchezo/ michezo	game/games, sport/s, movie/s
mchicha	spinach
Mchina/ Wachina	Chinese person/ people
mchungwa/ michungwa	orange tree/s
mchuzi/ michuzi	stew/s
mdomo/ midomo	mouth/s

mdudu/ wadudu	insect/s, bug/s
Mei	May
menyu	menu/s
meza	table/s, desk/s
mfano/mifano	example/s
mfanyabiashara/ wafanyabiashara	businessperson/ businesspeople
Mfaransa/ Wafaransa	French person/ people
mfuko/mifuko	pocket/s
Mganda/ Waganda	Ugandan/s
mgeni/wageni	foreigner/s
mgomba/ migomba	banana plant/s
mgongo/ migongo	back/s
mguu/miguu	leg/s, foot/feet
mhandisi/ wahandisi	engineer/s
Mhindi/ Wahindi	Indian/s
mhusika mkuu/ wahusika wakuu	movie star/s
mia	one hundred
miadi (plural)	appointment/s
mimi	I
Mjerumani/ Wajerumani	German/s
mji/miji	city/ies, town/s
mjomba/ wajomba	maternal uncle/s

mjukuu/ wajukuu	grandchild/ grandchildren	mnanasi/ minanasi	pineapple plant/s
mkahawa wa shule	school cafeteria	mnazi/minazi	coconut palm/s
mkahawa/ mikahawa	restaurant/s	mnyama/ wanyama	animal/s
mkanda/ mikanda	belt/s	mnyamapori/ wanyamapori	wildlife, wild animal/s
mkate/mikate	bread/s	moja (–moja)	one
mke/wake	wife/wives	moto/mioto	fire/s
Mkenya/ Wakenya	Kenyan/s	motokaa	car/s
mkoba/mikoba	bag/s, basket/s	moyo/mioyo	heart/s
mkojo/mikojo	urine	mpaka	until
mkono wa kulia	right hand	mpira	ball/s
mkono/ mikono	arm/s, hand/s	mpira wa kikapu	basketball
mkopo/ mikopo	loan/s	mpira wa kimarekani	American football
mkulima/ wakulima	farmer/s	mpira wa magongo	hockey
mkurufunzi/ wakurufunzi	intern/s, apprentice/s	mpira wa meza	table tennis (ping-pong)
mkurugenzi/ wakurugenzi	director/s	mpira wa miguu	soccer
mkutano/ mikutano	meeting/s	mpira wa pete	netball
mlango/ milango	door/s	mpira wa wavu	volleyball
Mlima wa Kilimanjaro	Mount Kilimanjaro	mpwa/wapwa	nephew/s
mlima/milima	mountain/s	Mrusi/Warusi	Russian/s
mlimau/ milimau	lemon tree/s	msaada/ misaada	help (aid)
Mmarekani/ Wamarekani	American/s	msaidizi/ wasaidizi	assistant/s
		msanii/ wasanii	artist/s
		mshahara/ mishahara	salary/ies

msikiti/ misikiti	mosque/s	mvinjari	unemployed
		mvinyo	wine/s
msimu wa kiangazi/ misimu ya kiangazi	dry season/s	mvua	rain/s
		mwaka/miaka	year/s
		mwaliko/ mialiko	invitation/s
msimu wa mvua/misimu ya mvua	rainy season/s	mwalimu/ walimu	teacher/s
msimu/ misimu	season/s	mwanafunzi/ wanafunzi	student/s
Msumbiji	Mozambique	mwanamuziki/ wanamuziki	musician/s
mtafiti wa wanyama/ watafiti wa wanyama	wildlife researcher/s	mwanasheria/ wanasheria	lawyer/s
mtalii/watalii	tourist/s	mwandishi wa habari/ waandishi wa habari	journalist/s
Mtanzania/ Watanzania	Tanzanian/s		
mteja/wateja	customer/s	mwandishi/ waandishi	writer/s
mti/miti	tree/s		
mtihani/ mitihani	exam/s, test/s	mwanzo/ mianzo	beginning/s
mto/mito	pillow/s; river/s	mwavuli/ miwavuli	umbrella/s
mtoto/watoto	child/ren	mwembe/ miembe	mango tree/s
mtu/watu	person/people		
muda mrefu	a long time	mwenye– nyumba	landlord/s, landlady/ies
muhimu	important		
muhogo/ mihogo	cassava/s	mwenza/ wenza	colleague/s
mume/waume	husband/s	mwezi/miezi	month/s, moon/s
Mungu/ mimungu	God/s	mwigizaji/ waigizaji	actor/s
muuguzi/ wauguzi	nurse/s	mwili/miili	body/ies
muuwaji/ wauaji	murderer/s	mwimbaji/ waimbaji	singer/s
muwa/miwa	sugar cane/s	Muingereza/ Wauingereza	English person/ people

mwisho/miwisho	end/s
mwitu/miwitu	forest/s
mwizi/wezi	thief/ves
mwuuguzi/wauguzi	nurse/s
mwuzaji/wauzaji	salesperson/people
mzazi/wazazi	parent/s
mzee/wazee	elder/s, older person/people
mzigo/mizigo	piece/s of luggage
Mzungu/Wazungu	European/s, white person/people

N

na	and, with
na dakika	minutes after (the hour)
na nusu	half past (the hour)
na robo	quarter past (the hour)
nanasi/mananasi	pineapple/s
nane (–nane)	eight
nani?	who?
nazi	coconut/s
nchi	country/ies
ndani	inside
ndio, ndiyo	yes
ndizi	banana/s
ndoto	dream/s
ndugu	sibling/s, relative/s, comrade/s

–nene	fat
neno la siri	password
neno/maneno	word/s
nepkini	napkin/s
nesi	nurse/s
ng'ambo	overseas
ng'ombe	cow/s
–ngapi?	how many?
ngoma	drum/s
ngozi	skin
nguo	clothes
nguo ya mtumba/nguo za mitumba	used clothes
–ni–	me
ni bei gani?	how much?
Ni kweli.	That's true. That's right. Indeed.
nini?	what?
njaa	hunger
nje	outside
njia	road/s
nne (–nne)	four
noti	bill/s, paper money
Novemba	November
nusu	half
nyama	meat
nyama ya ng'ombe	beef
nyama ya nguruwe	pork
nyani	baboon/s

nyanya	grandmother/s
nyingine nyingi	many more
nyinyi	you (pl.), all of you, you all
nyoka	snake/s
nyuma, nyuma ya	behind
nyumba	house/s
nyumba ya sanaa/nyumba za sanaa	art gallery/ies
nyumbani	home/at home
nyundo	hammer/s

O

–o –ote	any
ofisi	office/s
Oktoba	October
–ote	all, the whole

P

paa	roof/ves
pafu/mapafu	lung/s
paka	cat/s
pale	there, over there
pamoja	together
–pana	wide
pasi ya kusafiria	passport
paundi	pound/s
peke (+ possessive)	alone
peni/mapeni	coin/s

penseli	pencil/s
pesa	money
pesa taslimu	cash
pia	also
picha	picture/s, photograph/s
pilau ya kuku	spiced cooked rice with chicken
pilipili	spicy, pepper, chili
pilipili manga	black pepper
–po–	when (relative)
–pofu	blind
polisi/mapolisi	policeman/men, policewoman/women
pombe	beer
posta	post office/s
printa	printer/s
pua	nose/s
punda milia	zebra/s
pwani	coast/s
–pya	new

R

rafiki	friend/s
rafu	shelf/ves
rahisi	cheap, easy
ramani	map/s
rangi	color/s, paint/s
–refu	long, tall
rehani	mortgage
riadha	athletics
ripoti	report/s
risiti	receipt/s

rubani/ marubani	pilot/s	sehemu	place/s
runinga (televisheni)	television/s	sehemu ya kulaza gari	garage
		sehemu ya kulia/sehemu za kulia	dining room/s

S

saa	time/s, hour/s, watch/s, clock/s	sekunde	second/s
		Septemba	September
saba	seven	serikali	government/s
sababu	reason/s, cause/s	shaka/ mashaka	doubt/s
sabini	seventy		
safari	trip/s, safari/s	shakawa	problem/s, hardship/s, difficulty/ies
safi	clean		
sahani	plate/s	shangazi	paternal aunt/s
sahani nzima	full plate	shati/mashati	shirt/s
sahihi	signature/s	shauri/ mashauri	advice/pieces of advice
saladi	salad		
saladi ya matunda	fruit salad	sherehe	party/ies
		shilingi	shilling/s
salama	peace, peaceful	shindano/ mashindano	competition/s
Samahani.	Sorry. Excuse me.		
samaki mzima	whole fish	shingo	neck/s
samaki wa kipande	fish in pieces	shubaka/ mashubaka	drawer/s
samaki wa kukaanga	fried fish	shule	school/s
		shule ya bweni	boarding school
sana	very much, a lot	shule ya sekondari	secondary school
sanduku/ masanduku	box/es		
		siagi	butter
seremala	carpenter/s	sidiromu	CD-ROM
sasa	now	–sie na afya	unhealthy
sauti	sound/s	sifuri	zero
savieti	napkin/s	sikio/masikio	ear/s
Sawa.	Well. Okay. All the same.	siku	day/s

simba	lion/s	tako/matako	buttock/s
simu	telephone/s	takriban	almost
sindano	needle/s, syringe/s	–tamu	sweet
sinema	cinema/s, movies	tangawizi	ginger
sio sawa	not the same, not okay, not right	tano (–tano)	five
		tarehe	date/s (calendar)
sisi	we	tatizo/ matatizo	problem/s
sita	six		
sitini	sixty	tatu (–tatu)	three
skrini	screen/s	tawi/matawi	branch/es, division/s
skuli	school/s		
soda	soda	tayari	ready
soko la hisa	stock market	teksi	taxi/s
soko/masoko	market/s	tembo	elephant/s
soksi	sock/s	tena	again
somo/masomo	study/studies, subject/s	thelathini	thirty
		theluji	snow
stampu	stamp/s	themanini	eighty
stoo	pantry/ies	tiketi	ticket/s
sukari	sugar	timu	team/s
supamaketi	department store/s	tisa	nine
supu	soup	tisini	ninety
suruali	pants	tofaa/matofaa	apple/s
suruali ya ndani/suruali za ndani	underpants	tofauti	different
		tovuti	website/s
suti	suit/s	treni/matreni	train/s
swali/maswali	question/s	tu	just, only
		–tu–	us
T		tufaa/matufaa	apple/s
tafadhali	please	tumbo/ matumbo	belly/ies, stomach/s
tafrija	party/ies		
tai	tie/s	tunda/ matunda	fruit/s
tajiri	rich		

tungule (nyanya)	tomato/es
Tutaonana!	See you!
twiga	giraffe/s

U

ua/maua	flower/s
ubao/mbao	board/s, plank/s
ubavu/mbavu	rib/s
ubaya	ugliness, badness
ubongo	brain
uchale/chale	cut/s
uchumi	economics
uchunguzi wa damu	blood test
uchunguzi/ chunguzi	investigation/s
udongo	clay, dirt, soil
Ufaransa	France
ufuko/fuko	beach/es
ufukwe/fukwe	beach/es
ufunguo/ funguo	key/s
ugali	maize meal, porridge
ugomvi/ magomvi	argument/s
ugonjwa/ magonjwa	disease/s
ugumu	difficulty
uhifadhi wa wanyama	wildlife conservation
uhuru	freedom

ujumbe/jumbe	message/s
ukumbi/ kumbi	living room/s
ukumbi/ kumbi wa/za mkutano	meeting room/s
ukurasa/ kurasa	page/s
ukuta/kuta	wall/s
ulimi/ndimi	tongue/s
uma/nyuma	fork/s
umeme	electricity
unga	flour
unusu	half past (the hour)
urefu	length, height
usiku	night (7:00 p.m.– 4:59 a.m.)
uso/nyuso	face/s
uwanja/nyanja	court/s, field/s, ground/s, courtyard/s
uwanja wa gofu	golf course
uwanja wa mpira wa wavu	volleyball court
uwanja wa ndege/ viwanja vya ndege	airport/s
uzi/nyuzi	thread/s
uzito	weight
uzuri	beauty/goodness

V

vifaa vya shule	school items
vilevile	also
vipi?	how?
vizuri	well, properly, correctly

W

–wa–	you all, all of you (object); them
wakati/nyakati	time/s, season/s
wali	rice
wali mweupe	plain cooked rice
wao	they
wapi?	where?
waraka/ nyaraka	document/s
wazo/mawazo	idea/s, thought/s
wembamba	thinness, slimness
wewe	you (sing.)
wiki	week/s
wiki ijayo	next week
wikiendi	weekend/s
–wili	two
wimbo/ nyimbo	song/s
wingu/ mawingu	cloud/s
wino	ink

Y

yai/mayai	egg/s
yeni	yen/s
yeye	he, she
yuro	Euro/s

Z

zaidi	more, too much, extra
zambarau	purple
zao/mazao	crop/s
zawadi	gift/s, present/s
–zee	old (people)
–zima	healthy, whole, complete
–zito	heavy
ziwa/maziwa	lake/s
–ziwi	deaf
zoezi/mazoezi	exercise/s
–zuri	good, beautiful, fine, pretty

Glossary

English-Swahili

A

English	Swahili
a little bit	–dogo
a long time	muda mrefu
a lot	–ingi, sana
able to (to be)	kuweza
about	kuhusu
about (to be)	kuhusu
accept (to)	kukubali
accepted (to be)	kukubaliwa
accessory/ies	kifaa/vifaa
account/s	akaunti
act (to)	kuigiza
action movie	mchezo wa kupigana
actor/s	mwigizaji/ waigizaji
address book/s	kitabu cha anuani/ vitabu vya anuani
address/es	anuani (anwani)
advice/pieces of advice	shauri/mashauri
advise (to)	kushauri
affair/s	jambo/mambo
afford (to)	kumudu
affordable	–a bei nafuu
afraid of (to be)	kuogopa
Africa	Afrika
after	baada ya
after that	baada ya hapo
afternoon (12:00 p.m.– 2:59 p.m.)	mchana
again	tena, halfau
ailment/s	maradhi
airport/s	uwanja wa ndege/ viwanja vya ndege
all	–ote
almost	takriban
alone	peke (+ possessive)
also	pia, vilevile
American football	mpira wa kimarekani
American/s	Mmarekani/ Wamarekani
and	na
angry (to be)	kukasirika
animal/s	mnyama/ wanyama

another	–ingine	autumn	mapukutiko (pl.)
another time	mara nyengine	available (to be)	kupatikana
answer (to)	kujibu		
answer/s	jibu/majibu	**B**	
any	–o –ote	baboon/s	nyani
anything	chochote	back/s	mgongo/ migongo
apartment/s	fleti		
apple/s	tofaa/matofaa, tufaa/matufaa	bad	–baya
		badness	ubaya
appoint (to)	kuteua	bag/s	mkoba/mikoba
appointed (be)	kuteuliwa	basket/s	
appointment/s	miadi (plural)	bake (to)	kuoka
apprentice/s	mkurufunzi/ wakurufunzi	ball/s	mpira
		banana plant/s	mgomba/ migomba
April	Aprili		
argument/s	ugomvi/magomvi	banana/s	ndizi
arm/s	mkono/mikono	bar/s	baa
arrive (to)	kufika, kuwasili	basketball	mpira wa kikapu
art exhibition	maonyesho ya sanaa	bathroom/s	choo/vyoo
		battery/ies	betri
art gallery/ies	nyumba ya sanaa/ nyumba za sanaa	beach/es	ufuko/fuko, ufukwe/fukwe
artist/s	msanii/wasanii	bean/s	haragwe/ maharagwe
as	kama		
ask (to)	kuomba, kuuliza	beat (to)	kupiga
assistant/s	msaidizi/wasaidizi	beaten (to be)	kupigwa
at first	kwanza	beautiful	–zuri
at home	nyumbani	beauty	uzuri
athletics	riadha	because	kwa sababu
ATM	ATM	bed/s	kitanda/vitanda
August	Agosti	bedroom/s	chumba cha kulala/vyumba vya kulala
aunt/s	shangazi		

beef	nyama ya ng'ombe	book (to)	kuwekesha
		book/s	kitabu/vitabu
beer	bia, pombe	boot/s	kiatu cha buti/ viatu vya buti
before	kabla ya		
begin (to)	kuanza	boring	–a kuchosha
beginning/s	mwanzo/mianzo		
behind	nyuma, nyuma ya	born (to be)	kuzaliwa
belly/ies	tumbo/matumbo	borrow (to)	kukopa
belt/s	mkanda/mikanda	boss/es	bosi/mabosi
better	bora	bottle/s	chupa
big	–kubwa	bought (to be)	kununuliwa
bill/s (money)	noti	box/es	sanduku/ masanduku
biology	bayolojia		
black	–eusi	boxing	mchezo wa masumbwi
black pepper	pilipili manga	brain	ubongo
blind	–pofu	branch/es	tawi/matawi
blood	damu	bread/s	mkate/mikate
blood test	uchunguzi wa damu	break/s (pause, vacation)	likizo
blood test result/s	matokeo ya uchunguzi wa damu	breakfast	chamshakinywa
		bring (to)	kuleta
blouse/s	blauzi	bring back (to)	kurudisha
blue	bluu (buluu)	brother/s	kaka
board (to)	kupanda	brown	hudhurungi, kahawia
board game/s	mchezo wa kutumia ubao/ michezo ya kutumia mbao	brush your teeth (to)	kupiga mswaki
		budget	bajeti
board/s	ubao/mbao	bug/s	mdudu/wadudu
boarding school	shule ya bweni	build (to)	kujenga
		building/s	jengo/majengo
body/ies	mwili/miili	built (to be)	kujengwa
boil (to)	kuchemsha	burn (to)	kuwaka

burned (to be)	kuwashwa	carry (to)	kubeba, kuchukua
bus driver/s	dereva wa basi	cash	pesa taslimu
bus station/s	kituo cha basi/ vituo vya basi	cash a check (to)	kuvunjisha cheki
bus/es	basi/mabasi	cassava/s	muhogo/mihogo
business/s	biashara	cat/s	paka
businessman/ men	mfanyabiashara/ wafanyabiashara	catch (to)	kupata
		cause (to)	kusababisha
business– woman/ women	mfanyabiashara/ wafanyabiashara	cause diarrhea (to)	kuharisha
busy (be)	kushughulika	cause pain (to)	kuumiza
but	lakini	cause to drown (to)	kuzamisha
butter	siagi		
buttock/s	tako/matako	cause/s	sababu
buy (to)	kununua	CD-ROM/s	CD-ROM, sidiromu
by	kwa	chair/s	kiti/viti
by car	kwa gari	change (to)	kubadilisha
		cheap	rahisi

C

		check e-mail (to)	kuangalia email
calendar/s	kalenda	check/s	hundi
call (to)	kuita	checking account	akaunti ya hundi
call on the phone (to)	kupiga simu	cheerful	–kunjufu
can (be able)	kuweza	chemistry	kemia
can/s	kikopo/vikopo	chest/s	kifua/vifua
cap/s	kofia	chicken/s	kuku
car/s	gari/magari, motokaa	child/ren	mtoto/watoto
		chili	pilipili
card/s	karata	Chinese person/people	Mchina/Wachina
carpenter/s	seremala		
carried (to be)	kuchukuliwa	choose (to)	kuchagua
carrot/s	karoti	church/es	kanisa/makanisa

cinema/s	sinema	company/ies	kampuni
city center	kati kati ya mji	competition/s	shindano/ mashindano
city/ies	mji/miji	complete	–zima
classroom/s	darasa/madarasa	computer/s	kompyuta
clay	udongo	comrade/s	ndugu
clean	safi	concerning	kuhusu
clean (to)	kusafisha	condition/s	hali
climb (to)	kupanda	conversation	mazungumzo (ji/ma plural)
clinic/s	kliniki		
clock/s	saa	converse (to)	kuzungumza
close (to)	kufunga	cook (to)	kupika
close, close by, close to	karibu, karibu na	cooked (to be)	kupikwa
clothes	nguo	cooker/s	jiko/majiko
clothing store/s	duka la nguo/ maduka ya nguo	cool	baridi
		corn	hindi/mahindi
cloud/s	wingu/mawingu	correct (to)	kusahihisha
coast/s	pwani	correctly	vizuri
coat/s	koti/makoti	cough (to)	kukohoa
coconut palm/s	mnazi/minazi	country/ies	nchi
coconut/s	nazi	court/s (field, ground)	kiwanja/viwanja
coffee	kahawa	court/s, courtyard/s	uwanja/nyanja
coin/s	peni/mapeni		
colleague/s	mwenza/wenza	cow/s	ng'ombe
color/s	rangi	create (to)	kuumba
come (to)	kuja	credit card/s	kadi ya malipo/ kadi za malipo, krediti kadi
come back (to)	kurudi		
come from (to)	kutoka	crop/s	zao/mazao
comedy	mchezo wa kuchekesha	cucumber/s	kitango/vitango
		cunning	–erevu
communication	mawasiliano	cup/s	kikombe/vikombe

cure (to)	kuponya
customer/s	mteja/wateja
cut (to)	kukata
cut/s	uchale/chale

D

dance (to)	kucheza
danger	hatari
datebook/s	kitabu cha/vitabu vya tarehe
date/s (calendar)	tarehe
day before yesterday	juzi
day/s	siku
daytime (12:00 p.m.–2:59 p.m.)	mchana
deaf	–ziwi
December	Disemba
decide (to)	kuamua
decrease (to)	kupungua
deliver (to)	kutoa
dentist/s	daktari wa meno/ madaktari wa meno
depart (to)	kuondoka
department store/s	supamaketi
deposit money into an account (to)	kuweka pesa
desert/s	jangwa/majangwa
desk/s	meza
destroy (to)	kuharibu

destroyed (to be)	kuharibiwa
die (to)	kufa
different	tofauti
difficult	–gumu
difficulty/ies	shakawa, ugumu
dining room/s	sehemu ya kulia/ sehemu za kulia
dinner	chakula cha jioni
direct (to)	kuelekeza
director/s	mkurugenzi/ wakurugenzi
dirt	udongo
dirty	–chafu
discussion	mazungumzo (ji/ma plural)
disease/s	ugonjwa/ magonjwa, maradhi
diskette/s	disketi
disturbed (to be)	kusumbuliwa
dive (to)	kupiga mbizi, kuruka kwenye maji
division/s	tawi/matawi
dizziness	kizunguzungu
do (to)	kufanya
doctor/s	daktari/madaktari
document/s	dokyumenti, waraka/nyaraka
dog/s	mbwa
dollar/s	dola
door/s	mlango/milango
doubt/s	shaka/mashaka

downtown	kati kati ya mji		eighteen	kumi na nane
drawer/s	shubaka/ mashubaka		eighty	themanini
			elbow/s	kisugudi/visugudi
dream (to)	kuota		elder/s	mzee/wazee
dream/s	ndoto		electrician/s	fundi/mafundi umeme
dress/es	kanzu			
drink (to)	kunywa		electricity	umeme
drink/s	kinywaji/vinywaji		elephant/s	tembo
drown (to)	kuzama		eleven	kumi na moja
drug/s	dawa		e-mail/s	email, baruapepe
drum/s	ngoma		end (to)	kumaliza
drunk (to be)	kulewa		end/s	mwisho/miwisho
drunk by (to be)	kunywewa		engineer/s	mhandisi/ wahandisi
dry season/s	msimu wa kiangazi/misimu ya kiangazi		English language	Kiingereza
dusk	magharibi		English person/people	Muingereza/ Wauingereza
			enjoyable	–a kufurahisha
E			enough (to be)	kutosha
ear/s	sikio/masikio		enter (to)	kuingia
early	mapema		entertain oneself (to)	kuwa na tafrija/ sherehe
early morning (5:00 a.m.– 5:59 a.m.)	alfajiri, asubuhi mapema sana		envelope/s	bahasha
			environment/s	mazingira
earn (to)	kupata		error/s	kosa/makosa
east	mashariki		Euro/s	yuro
easy	rahisi		European/s	Mzungu/Wazungu
eat (to)	kula		even	hata
eaten by (to be)	kuliwa		evening (5:00 p.m.– 6:59 p.m.)	jioni
economics	uchumi			
egg/s	yai/mayai		evening meal	chakula cha jioni
eight	nane (–nane)		every	kila

everything	kila kitu	feed (to)	kulisha
exact (at a specific time)	kamili	feel (to)	kuhisi
		few	–chache
exam/s	mtihani/mitihani	field/s	kiwanja/viwanja, uwanja/nyanja
example/s	mfano/mifano		
exchange (to)	kubadilisha	fifteen	kumi na tano
exciting	–a kusisimuwa	fifty	hamsini
Excuse me.	Samahani.	fight (to)	kupigana
exercise (to)	kufanya mazoezi	file/s	faili/mafaili
exercise/s	zoezi/mazoezi, mazoezi ya mwili (mazoezi ya viungo)	filing cabinet/s	kabati/makabati
		fill out (to)	kujaza
		fill out forms (to)	kujaza fomu
expensive	ghali	film/s	filamu
explain (to)	kuelekeza	find (to)	kupata
extra	zaidi	fine	–zuri
eye/s	jicho/macho	finger/s	kidole/vidole
		finish (to)	kumaliza
F		finish studies (to)	kumaliza masomo
face/s	uso/nyuso	fire/s	moto/mioto
fall (autumn)	mapukutiko (pl.)	fireman/men	askari wa zimamoto
familiar with (to be)	kuzoea	fireplace/s	jiko/majiko
famous	maarufu	first	–a kwanza
far	baidi, mbali	first, at first	kwanza
farmer/s	mkulima/ wakulima	fish (to)	kuvua
fast	–a upesi	fish in pieces	samaki wa kipande
fat	–nene	five	tano (–tano)
father/s	baba	fix (to)	kutengeneza
fax machine/s	mashine ya/za faksi	fixed (to be)	kutengenezwa
fear (to)	kuogopa	flour	unga
February	Februari		

flower/s	ua/maua		fried fish	samaki wa kukaanga
follow (to)	kufuata		friend/s	rafiki
food price list	bei za vyakula		fruit salad	saladi ya matunda
food/s	chakula/vyakula		fruit/s	tunda/matunda
foot/feet	mguu/miguu		fry (to)	kukaanga
for (the purpose of)	kwa ajili ya		full plate	sahani nzima
for break (vacation)	kwa likizo		fun	–a kusisimuwa, kichekesho
for example	kwa mfano			
for what?	kwa nini?		**G**	
foreign	–geni		game/s	mchezo/michezo
foreigner/s	mgeni/wageni		garage	sehemu ya kulaza gari
forest/s	mwitu/miwitu			
forget (to)	kusahau		garden/s	bustani
forgive (to)	kusamehe		garlic	kitunguu thomu/ vitunguu thomu
forgiven (to be)	kusamehewa		geography	jiografia
forgotten (to be)	kusahauliwa		German/s	Mjerumani/ Wajerumani
fork/s	uma/nyuma		get (to)	kupata
form/s	fomu		get a loan (to)	kupata mkopo
forty	arobaini		get a raise (to)	kupandishwa
four	nne (–nne)		get a sunburn (to)	kuungua kwa jua
fourteen	kumi na nne		get a tan (to)	kupata ngozi ya kahawia
France	Ufaransa			
free	huru		get better (to)	kupona
freedom	uhuru		get on (to)	kupanda
French person/ people	Mfaransa/ Wafaransa		get up (to)	kuamka
			gift/s	zawadi
frequently	mara kwa mara		ginger	tangawizi
Friday (Congregation Day)	Ijumaa		giraffe/s	twiga
			give (to)	kupa, kutoa

give blood (to)	kutoa damu
given (to be)	kupewa
glass/es	glasi
go (to)	kuenda
go camping (to)	kuenda kupiga kambi
go hiking (to)	kutembea masafa marefu (kwa burudani)
go in (to)	kuingia
go mountain climbing (to)	kupanda milima
go to a meeting (to)	kuenda mkutanoni
God/s	Mungu/mimungu
golf	gofu
golf course	uwanja wa gofu
good	bora, –ema, –zuri
good-bye	kwaheri
goodness	uzuri
government/s	serikali
grandchild/ren	mjukuu/wajukuu
grandfather/s	babu
grandmother/s	bibi, nyanya
grass	jani/majani
great	–kuu
green	kijani
greet (to)	kusalimu
greeted (to be)	kusalimiwa
ground/s	kiwanja/viwanja, uwanja/nyanja
group/s	kundi/makundi
grow (to)	kukua, kuota (hair, plants)
guard/s	askari

H

half	nusu
half past (the hour)	na nusu
half past (the hour)	unusu
hammer/s	nyundo
hand/s	mkono/mikono
happen (to)	kutokea
happy	–kunjufu
happy (to be)	kufurahi
hard	–gumu
hardship/s	shakawa
hat/s	kofia/makofia
have (to)	kuwa na
have a child (to)	kuzaa
have a fever (to)	kuwa na homa
have a headache (to)	kuumwa na kichwa
have a party (to)	kuwa na tafrija/ sherehe
have an appointment (to)	kuwa na ahadi
having	–enye
he	yeye
head/s	kichwa/vichwa
healthy	–enye afya, –zima
hear (to)	kusikia
heart/s	moyo/mioyo
heavy	–zito
height	urefu

help (aid)	msaada/misaada
help (to)	kusaidia
helped (to be)	kusaidiwa
her (object pronoun)	–m–/mw–
her (possessive)	–ake
here	hapa
high jump	kuruka juu
highway/s	barabara kuu
hike (to)	kutembea masafa marefu (kwa burudani)
hill/s	kilima/vilima
him	–m/mw–
hip/s	kiuno/viuno
hippopotamus/es	kiboko/viboko
hire (to)	kuajiri
his	–ake
history	historia
hit (to be)	kupigwa
hit (to)	kupiga
hockey	mpira wa magongo
hold (to)	kuchukua
home	nyumbani
homework	kazi za shule, mazoezi ya nyumbani
hope (to)	kutumaini
horror movie	mchezo wa kutisha
hospital/s	hospitali

hotel/s	hoteli
hour/s	saa
house/s	nyumba
How are you?	Habari gani?
How are you?	Hujambo?
how many?	–ngapi?
how much?	bei gani? kiasi gani? ni bei gani?
how?	vipi?
hunger	njaa
hunt (to)	kuwinda
hurt (to be)	kuumia
hurt (to)	kuuma, kuumiza
husband/s	mume/waume
hut/s	kibanda/vibanda

I

I	mimi
ice cream	aisikrimu
idea/	wazo/mawazo
identity card	kitambulisho
if	kama, –ki–
important	muhimu
improve (to)	kuboresha
in front of	mbele ya
in shape	–enye umbo la kimazoezi
in the beginning	kwanza
increase (to)	kuongeza
Indeed.	Ni kweli.
Indian/s	Mhindi/Wahindi

injected (to be)	kupigwa sindano	join (to)	kuunga
injured (to be)	kuumia	journalist/s	mwandishi wa habari/waandishi wa habari
ink	wino		
insect/s	mdudu/wadudu	juice	juisi
inside	ndani	July	Julai
interest rate/s	kiwango cha riba/ viwango vya riba	jump (to)	kuruka
interesting	–a kupendeza, –a kuvutia	June	Juni
		just	tu
intern/s	mkurufunzi/ wakurufunzi	**K**	
intestine/s	chango/machango	keep (to)	kuchukua
invest (to)	kuweka kitega uchumi	Kenyan/s	Mkenya/Wakenya
		key/s	ufunguo/funguo
investigation/s	uchunguzi/ chunguzi	keyboard/s	keyboard
investment/s	kitega uchumi/ vitega uchumi	kill (to)	kuua, kuuwa
		killed (to be)	kuuliwa
invitation/s	mwaliko/mialiko	kind (what . . . of)?	gani?
invite (to)	kualika		
It depends.	Inategemea.	kitchen/s	jiko/majiko
It is possible.	Inawezekana.	knee/s	goti/magoti
It will be necessary . . .	Itabidi . . .	knife/knives	kisu/visu
		Knock, knock!	Hodi hodi!
It's better that . . .	Afadhali . . .	know (to)	kujua, kuzoea
It's necessary that . . .	Lazima . . .	**L**	
item/s	kifaa/vifaa	lake/s	ziwa/maziwa
J		landlady/ies	mwenyenyumba/ wenyenyumba
jacket/s	jaketi/majaketi	landlord/s	mwenyenyumba/ wenyenyumba
January	Januari	language studies	masomo ya lugha
job/s	kazi		

language/s	lugha		like	kama
laptop computer/s	kompyuta ya/za mkononi		like (to)	kupenda
			liked (to be)	kupendwa
last	–a mwisho		lion/s	simba
late (to be)	kuchelewa		listen (to)	kusikiliza
late afternoon (3:00 p.m.– 4:59 p.m.)	alasiri		little	–dogo
			live (to)	kuishi, kukaa
laugh (to)	kucheka		living room/s	ukumbi/kumbi
lawyer/s	mwanasheria/ wanasheria		loan/s	mkopo/mikopo
leaf/ves	jani/majani		log on to a website (to)	kuingia katika tovuti
learn (to)	kujifunza		long	–refu
leave (to)	kuondoka		long jump	kuruka chini
leave a message (to)	kuacha ujumbe		look at (to)	kuangalia
leave/s (of absence)	likizo		look for (to)	kutafuta
			lose (to)	kushindwa
left	kushoto		lost (to be)	kupotea
leg/s	mguu/miguu		love (to)	kupenda
lemon tree/s	mlimau/milimau		love story	mchezo wa mapenzi
lemon/s	limau/malimau			
lend (to)	kukopesha		loved (to be)	kupendwa
length	urefu		luggage/pieces of luggage	mzigo/mizigo
leopard/s	chui			
let (to)	kuruhusu		lung/s	pafu/mapafu
letter/s	barua			
library/ies	maktaba		**M**	
license/s	leseni		ma'am	bibi
lie in the sun (to)	kuota jua		machine/s	mashine
			maize meal	ugali
life	maisha (ji/ma plural)		make an appointment (to)	kuweka miadi
light on fire (to)	kuwasha		mango tree/s	mwembe/miembe

manufacture (to)	kutengeneza	minute/s	dakika
manufactured (to be)	kutengenezwa	minutes after (the hour)	na dakika
many	–ingi	mistake/s	kosa/makosa
many more	nyingine nyingi	Monday (Third Day)	Jumatatu
map/s	ramani	money	fedha, pesa
March	Machi	monkey/s	kima
market/s	soko/masoko	month/s	mwezi/miezi
match/es (to light)	kibiriti/vibiriti	moon/s	mwezi/miezi
maternal uncle/s	mjomba/wajomba	more	zaidi
mathematics	hesabu, hesabati	morning (6:00 a.m.– 11:59 a.m.)	asubuhi
matter/s	jambo/mambo	mortgage	dhamana, rehani
May	Mei	mortgage (to)	kuweka rehani
maybe	labda	mosque/s	msikiti/misikiti
me	–ni– mie	mosquito net/s	chandarua/ vyandarua
mean (to)	kumaanisha	mosquito spray	dawa za kufukuza mbu
meaning	maana		
meat	nyama	mosquito/es	mbu
mechanic/s	fundi/mafundi	mother/s	mama
medicine	dawa	Mount Kilimanjaro	Mlima Kilimanjaro
meet (to)	kukutana	mountain/s	mlima/milima
meet with (to)	kuonana na	mouth/s	mdomo/midomo
meeting room/s	ukumbi/kumbi wa/za mkutano	move something (to)	kuondoa
meeting/s	mkutano/ mikutano	moved (to be)	kuondolewa
		movie star/s	mhusika mkuu/ wahusika wakuu
menu/s	menyu, bei za vyakula		
		movie/s	filamu, mchezo/ michezo
message/s	ujumbe/jumbe		
milk	maziwa (ji/ma plural)	movies, movie theater	sinema

Mozambique	Msumbiji	nine	tisa
Mrs.	bibi	nineteen	kumi na tisa
much, very much	–ingi, sana	ninety	tisini
		no	hapana
murderer/s	muuwaji/wauaji	No problem.	Hamna tabu.,
museum/s	makumbusho		Hapana tabu.
musician/s	mwanamuziki/ wanamuziki	noon (12:00 p.m–	mchana
must, it must be the case that . . .	lazima	2:59 p.m.)	
		north	kaskazini
		nose/s	pua
my	–angu	not okay	sio sawa
N		not right	sio sawa
		not the same	sio sawa
name/s	jina/majina	notebook/s	daftari/madaftari
napkin	nepkini, savieti	November	Novemba
narrow	–embamba	now	sasa
near	karibu na	nurse/s	mwaguzi/waaguzi,
nearby	karibu		mwuguzi/
neck/s	shingo		wauguzi, nesi
need (to)	kuhitaji		
needed (to be)	kuhitajiwa	**O**	
needle/s	sindano	obtain (to)	kupata
neighbor/s	jirani/majirani	ocean/s	bahari
nephew/s	mpwa/wapwa	October	Oktoba
netball	mpira wa pete	of	–a
new	–pya	of course!	bila shaka!
news	habari	offer (to)	kutoa
newspaper/s	gazeti/magazeti	office building/s	jengo la ofisi/ majengo ya ofisi
next to	karibu na	office/s	ofisi
next week	wiki ijayo	oil	mafuta (ji/ma
night (7:00 p.m.– 4:59 a.m.)	usiku		plural)
		okay	sawa

old	–a zamani, –kongwe, –zee (of people)
older person/people	mzee/wazee
on fire (to be)	kuwaka
one	moja (–moja)
one hundred	mia
one thousand	elfu
onion/s	kitunguu/vitunguu
only	tu
open (to)	kufungua
open a file (to)	kufungua faili
or	au
orange tree/s	mchungwa/michungwa
orange/s	chungwa/machungwa
other	–ingine
ought	afadhali
our	–etu
outside	nje
oven/s	jiko/majiko
over there	pale
overseas	ng'ambo

P

page/s	ukurasa/kurasa
pain	maumivu (ji/ma plural)
paint/s	rangi
pantry/ies	stoo
pants	suruali

paper money	noti
parent/s	mzazi/wazazi
particularly	hasa
party/ies	sherehe, tafrija
passenger/s	abiria
passport	pasi ya kusafiria
password	neno la siri
patient (to be)	kusubiri
pay (to)	kulipa
payment/s	lipo/malipo
peace	salama
peaceful	salama
pen/s	kalamu
pencil/s	penseli
pepper	pilipili
per month	kwa mwezi
percentage	asilimia
perhaps	labda
permit (to)	kuruhusu
person/people	mtu/watu
photocopy/ies	fotokopi
photograph/s	picha
physics	fizikia
pick out (to)	kuchagua
picture/s	picha
piece/s	kipande/vipande
pillow/s	mto/mito
pilot/s	rubani/marubani
pineapple plant/s	mnanasi/minanasi
pineapple/s	nanasi/mananasi
ping-pong	mpira wa meza

place	mahali		potato/es	kiazi/viazi, mbatata
place (to)	kuweka		pound/s	paundi
place/s	sehemu		pray (to)	kuomba
plain cooked rice	wali mweupe		present/s	zawadi
plank/s	ubao/mbao		pretty	−zuri
plate/s	sahani		prevention	kinga
play (to)	kucheza		preventive drugs	dawa za kinga
play a game (to)	kucheza gemu		price/s	bei
play cards (to)	kucheza karata		print (to)	kuchapisha
play chess (to)	kucheza chesi		printer/s	mashine ya/za kuchapisha, printa
play/s (theater)	mchezo wa kuigiza/michezo ya kuigiza		printing paper	karatasi ya kuchapishia
pleasant	−a kufurahisha		prison/s	gereza/magereza
please	tafadhali		problem/s	shakawa, tatizo/matatizo
please (to)	kufurahisha		profession/s	amali
plumber/s	fundi/mafundi bomba		pronunciation	matamshi
pocket/s	mfuko/mifuko		properly	vizuri
policeman/men	polisi/mapolisi		pull (to)	kuvuta
policewoman/women	polisi/mapolisi		purple	zambarau
poor	masikini		push (to)	kusukuma
popular	maarufu		put (to)	kutia, kuweka
pork	nyama ya nguruwe		put out (to be)	kutolewa
porridge	ugali/uji		put out (to)	kutoa
possessing	−enye		put to bed (to)	kulaza
possible (to be)	kuwezekana			
post office/s	posta			

Q

quarter before/to (the hour)	kasorobo

quarter past (the hour)	na robo	rest (to)	kuenda mapumziko, kupumzika
question/s	swali/maswali	restaurant/s	mkahawa/ mikahawa
quick	–a upesi		
quiet	kimya	result/s	matokeo
		return (to)	kurudi
R		rhinoceros/es	kifaru/vifaru
rain/s	mvua	rib/s	ubavu/mbavu
rainy season/s	msimu wa mvua/ misimu ya mvua	rice	wali
		rich	tajiri
read (to)	kusoma	ride a bike (to)	kuendesha baskeli
ready	tayari	right	kulia
reason/s	sababu	right hand	mkono wa kulia
receipt/s	risiti	river/s	mto/mito
reception desk	mapokezi (ji/ma plural)	road/s	barabara, njia
		roast (to)	kuchoma
recover (to)	kupona	robe/s	kanzu
red	–ekundu	romantic movie	mchezo wa mapenzi
reduce (to)	kupunguza		
refuse (to)	kukataa	roof/ves	paa
relative/s	ndugu	room/s	chumba/vyumba
relax (to)	kupumzika	run (to)	kuenda mbio, kukimbia
remember (to)	kukumbuka		
remind (to)	kukumbusha	Russian/s	Mrusi/Warusi
remove (to)	kuondoa, kutoa		
removed (to be)	kuondolewa	**S**	
rent a movie (to)	kukodi mchezo/ sinema	sad (to be)	kuhuzunika
		sad movie	mchezo wa kusikitisha
repair (to)	kutengeneza	safari/s	safari
report/s	ripoti	salad	saladi
reserve (to)	kuwekesha	salary/ies	mshahara/ mishahara
reserve/s, wildlife park/s	mbuga		
		salesperson/ people	mwuzaji/wauzaji
respond (to)	kujibu		

salt	chumvi	send a message (to)	kutuma ujumbe
Saturday (First Day)	Jumamosi	September	Septemba
save (to)	kuweka akiba	seven	saba
save a file (to)	kuhifadhi faili	seventeen	kumi na saba
savings	akiba	seventy	sabini
savings account	akaunti ya akiba	sew (to)	kushona
		shadow/s	kivuli/vivuli
say (to)	kusema	sharp (at a specific time)	kamili
schedule an appointment (to)	kupanga miadi	shave (to)	kunyoa, kunyoa ndevu
school cafeteria	mkahawa wa shule	she	yeye
school items	vifaa vya shule	shelf/ves	rafu
school/s	shule, skuli	shilling/s	shilingi
screen/s	kioo/vioo, skrini	shirt/s	shati/mashati
screened (to be)	kuonyeshwa	shoe store/s	duka la viatu/ maduka ya viatu
sea/s	bahari	shoe/s	kiatu/viatu
search for (to)	kutafuta	shop/s	duka/maduka
season/s	msimu/misimu, wakati/nyakati	short	–fupi
		shorts	kaptura
second	–a pili	shoulder/s	bega/mabega
second/s	sekunde	show (to)	kuonyesha
secondary school	shule ya sekondari	shown (to be)	kuonyeshwa
		sibling/s	ndugu
secretary/ies	katibu muhutasi	sick (to get)	kuugua
see (to)	kuona	sign (to)	kutia sahihi
see a play (to)	kuona mchezo	signature/s	sahihi
see the doctor (to)	kuonana na daktari	simplify (to)	kurahisisha
See you!	Tutaonana!	sing (to)	kuimba
sell (to)	kuuza	singer/s	mwimbaji/ waimbaji
send (to)	kupeleka, kutuma	sink (to)	kuzamisha

sister/s	dada	soup	supu
sit (to)	kukaa	sour	–kali
situation/s	hali	south	kusini
six	sita	speak (to)	kusema
sixteen	kumi na sita	spice/s	kiungo/viungo
sixty	sitini	spiced cooked rice with chicken	pilau ya kuku
skin	ngozi		
skinny	–embamba	spicy	pilipili
sleep (to)	kulala	spinach	mchicha
slimness	wembamba	spoken (to be)	kusemwa
small	–dogo	spoon/s	kijiko/vijiko
smart	–erevu	sport/s	mchezo/michezo
smooth	laini	spring season/s	kipupwe/vipupwe
snake/s	nyoka		
sneeze (to)	kupiga chafya	stamp/s	stampu, stempu
snow	theluji	stand/s (bus, taxi)	kituo/vituo
so (therefore)	kwa hiyo, kwa hivyo		
		start (to)	kuanza
so, then	basi	station/s	kituo/vituo
soccer	mpira wa miguu	stay (to)	kukaa
sock/s	soksi	steal (to)	kuiba
soda	soda	stew/s	mchuzi/michuzi
soft	laini	stock market	soko la hisa
soil	udongo	stock/s	hisa
sold (to be)	kuuzwa	stomach/s	tumbo/matumbo
soldier/s	askari	stone/s	jiwe/mawe
some	baadhi	stop (to)	kusimama
sometimes	mara nyengine	stop/s	kituo/vituo
song/s	wimbo/nyimbo	store/s	duka/maduka
Sorry.	Samahani.	story/ies	hadithi
sort (what . . . of)?	gani?	stove/s	jiko/majiko
		street/s	barabara
sound/s	sauti		

strong	–enye nguvu, madhubuti	take (to)	kuchukua
student/s	mwanafunzi/ wanafunzi	take a blood sample (to)	kutoa damu
study (to)	kusoma	take a break (to)	kuenda mapumziko, kupumzika
study/studies	somo/masomo		
stupid	–jinga	take a message (to)	kuchukua ujumbe
subject/s	somo/masomo		
suffer an illness (to)	kupata	take a shower or bath (to)	kuoga
suffice (to)	kutosha	take a test (to)	kufanya jaribio/ mtihani
sugar	sukari	take out (to)	kutoa
sugar cane/s	muwa/miwa	taken out (to be)	kutolewa
suit/s	suti		
summer/s	kiangazi/viangazi	talk (to)	kuongea, kuzungumza
sun	jua	tall	–refu
Sunday (Second Day)	Jumapili	Tanzanian/s	Mtanzania/ Watanzania
sung (to be)	kuimbwa	taught (to be)	kufundishwa
Swahili language	Kiswahili	taxi/s	teksi
sweet	–tamu	tea	chai
swim (to)	kuogelea	teach (to)	kufundisha, kusomesha
swimming pool/s	bwawa/mabwawa	teacher/s	mwalimu/walimu
switch on (to)	kuwasha	team/s	timu
switched on (to be)	kuwashwa	telephone (to)	kupiga simu
		telephone/s	simu
symptom/s	dalili	television/s	runinga (televisheni)
syringe/s	sindano		
		tell (to)	kuambia
T		ten	kumi
table tennis	mpira wa meza	tent/s	hema/mahema
		test (to)	kujaribu
table/s	meza		

test/s	mtihani/mitihani	throw a ball (to)	kurusha mpira
tested (to be)	kujaribiwa	thumb/s	gumba
thank (to)	kushukuru	Thursday (Sixth Day)	Alhamisi (Alkhamisi)
thank you	asante	ticket/s	tiketi
that (relative clause)	amba–	tie (to)	kufunga
That's true. That's right.	Ni kweli.	tie/s	tai
the day after tomorrow	keshokutwa	time/s	saa, wakati/ nyakati
thief/ves	mwizi/wezi	tin/s (can or container)	mkebe/mikebe
their	–ao	tired (to be)	kuchoka
them	–wa–	today	leo
then	baadaye, kisha	toe/s	kidole/vidole
there	pale	together	pamoja
there is/are	kuna	toilet/s	choo/vyoo
therefore	kwa hiyo, kwa hivyo	tomato/es	tungule (nyanya)
thermometer/s	kipima joto/ vipima joto	tomorrow	kesho
		tongue/s	ulimi/ndimi
they	wao	too much	zaidi
thin	–embamba	tool/s	kifaa/vifaa
thing/s	kitu/vitu	tooth/teeth	jino/meno
think (to)	kufikiri	top	–a juu
thinness	wembamba	tourist/s	mtalii/watalii
thirst	kiu	town/s	mji/miji
thirteen	kumi na tatu	train/s	treni/matreni
thirty	thelathini	tree/s	mti/miti
thought/s	wazo/mawazo	tribe/s	kabila/makabila
thread/s	uzi/nyuzi	tried (to be)	kujaribiwa
three	tatu (–tatu)	trip/s	safari
throat/s	koo/makoo	troubled (to be)	kusumbuliwa
throw (to)	kutupa		

true	kweli		used to (to be)	kuzoea
try (to)	kujaribu		usually	kwa kawaida
Tuesday (Fourth Day)	Jumanne		**V**	
turn (to)	kupinda		vacation/s	likizo
turn on (to)	kufungua		valuable	–enye thamani
turn on the computer (to)	kufungua kompyuta		vegetable/s	mboga
twelve	kumi na mbili		view (to)	kuangalia
twenty	ishirini		village/s	kijiji/vijiji
two	mbili, –wili		visit (to)	kutembelea
type (to)	kupiga chapa		volleyball	mpira wa wavu
			volleyball court	uwanja wa mpira wa wavu
U			volunteer work	kazi ya kujitolea
Ugandan/s	Mganda/Waganda		vomit (to)	kutapika
ugliness	ubaya			
umbrella/s	mwavuli/ miwavuli		**W**	
underpants	suruali ya ndani/ suruali za ndani		wait (to)	kungoja, kusubiri
undershirt/s	fulana		wake up (to)	kuamka
understand (to)	kuelewa		walk (to)	kutembea
undress (to)	kuvua		wall/s	ukuta/kuta
unemployed	mvinjari		want (to)	kutaka
unhealthy	–sie na afya		war movie	mchezo wa kivita
until	mpaka		warn (to)	kuonya
urinate (to)	kukojoa		wash clothes (to)	kufua (nguo)
urine	mkojo/mikojo		washed (to be)	kufuliwa
us	–tu–		waste (to)	kupoteza/kutupa
use (to)	kutumia		watch (to)	kuangalia
used (to be)	kutumiwa		watch a movie (to)	kuangalia mchezo / sinema
used clothes	nguo ya mtumba/ nguo za mitumba		watch/s	saa

water	maji (ji/ma plural)	whole, the whole	–ote
we	sisi	why?	kwa nini?
weak	dhaifu	wide	–pana
wear (to)	kuvaa	wife/ves	mke/wake
weave (to)	kufuma	wild animal/s	mnyamapori/ wanyamapori
website/s	tovuti	wildlife	mnyamapori/ wanyamapori
Wednesday (Fifth Day)	Jumatano	wildlife conservation	uhifadhi wa wanyama
weekend/s	wikiendi	wildlife park/s	mbuga
week/s	wiki	wildlife researcher/s	mtafiti wa wanyama/watafiti wa wanyama
weight	uzito		
weight lifting	kunyanyua vyuma		
welcome	karibu		
welcome (to)	kukaribisha	win (to)	kushinda
Welcome.	Karibu.	window/s	dirisha/madirisha
well	vizuri	wine/s	mvinyo, divai
west	magharibi	winter (no singular form)	majira ya baridi
What is your name?	Jina lako ni nani?		
		wish (to)	kutamani
what?	nini?	with	–enye
when (relative)	–po–	with (accompanying)	na
when?	lini?		
where?	wapi?		
which (relative clause)	amba–	withdraw money (to)	kutoa pesa
		word/s	kalima, neno/ maneno
which?	gani?		
white	–eupe	work	kazi
white person/ people	mzungu/wazungu	work (to)	kufanya kazi
		work out (to) (gym, exercise)	kufanya mazoezi
who?	nani?		
whole	–zima	write (to)	kuandika
whole fish	samaki mzima	writer/s	mwandishi/ waandishi

Y

yard/s	bustani
year/s	mwaka/miaka
yellow	manjano
yen	yeni
yes	ndio, ndiyo
yesterday	jana
you (object)	–ku–
you (pl.), all of you, you all	nyinyi
you (pl.), you all, all of you (object)	–wa–
you (sing.)	wewe
young	–changa
your (plural)	–enu
your (singular)	–ako

Z

zebra/s	punda milia
zero	sifuri